경찰학개론 Ⅱ

이정덕 · 남재성

도서출판 대영문화사

머리말

행정학과 사회과학의 일부분으로 여겨지던 경찰학이 눈부신 학문적 발전과 팽창으로 영역을 확대해 가고 있다. 또한 전문성도 인정받고 있다. 이러한 경찰학의 성장 배경에는 학문적 토대를 만들기 위해 다양한 노력을 아끼지 않은 여러 교수님의 노력과 학생들의 탐구열이 있다.

그런데, 최근 경찰학은 큰 문제에 봉착하고 있다. 학문적 역량과 위상을 높이기 위한 학문적 영역의 발전이 중요한 가운데에서 경찰공무원 채용고시에 대한 부담이 그것이다. 따라서 대학이나 연구자 입장에서는 이론적 부분에 모든 역량을 투입할 수도, 그렇다고 수험과 관련된 부분에 모든 역량을 투입할 수도 없는 상황이나. 더구나 이러한 고민은 경찰학을 공부하는 학생들의 입장에서도 마찬가지이다.

따라서 이번 『경찰학개론』은 학문적 영역의 내용의 발전과 함께 경찰공무원을 준비하는 수험생들에게도 동시에 도움이 될 수 있는 방안을 찾는 가운데에서 집필 작업을 시작했다. 즉, 이론적 내용과 함께 경찰공무원 채용고시에도 적용될 수 있는 교과서가 필요하다는 믿음에서 출발한 것이다.

이러한 과정을 통해 이번 『경찰학개론』은 Ⅰ, Ⅱ라는 두 가지로 분리하여 서술했다. 『경찰학개론 Ⅰ』은 흔히 총론으로 불리는 내용으로 경찰의 개념 및 역사, 비교경찰론, 경찰관계법, 경찰관리 등이 포함되었다. 반면에 『경찰학개론 Ⅱ』는 주로 실무상의 내용으로 생활안전, 수사, 경비, 교통, 정보, 보안, 외사 등 경찰의 일선 현장에서 직무를 수행하기 위해 필요한 내용들로 구성했다.

원고를 마무리하고 나니 저자들에게는 아직도 많은 아쉬운 점, 부족한 점이 보인다. 하지만, 이번 교재를 통해 경찰학을 공부하는 학생들이 좀 더 쉽게 이론에 접근하고 경찰공무원의 원대한 꿈에 좀 더 쉽게 한 걸음 더 나아갈 수 있기를 기대한다. 아울러 이 책에서 미처 담지 못한 내용과 부족한 내용은 시간을 두고 지속적으로 보완해 나갈 방침이다.

끝으로 금번 『경찰학개론』이 발간되기까지 너무나 많은 격려와 관심을 보여주신 동국대 이윤호 교수님과 경기대 이민식 교수님, 그리고 한세대 신현기 교수님과 원주 한라대 장노순 교수님, 강원도립대 이강훈 교수님께 진심으로 감사의 말씀을 올린다. 아울러 무엇보다 두 저자의 든든한 버팀목이 되어준 사랑하는 가족에게 사랑의 말씀을 드리고 싶다.

2013년 2월
원주 한라대 교양관 연구실에서
이정덕 · 남재성

차 례

Chapter 01

범죄의 예방활동

제 1 절 범죄통제 방법의 역사적 변천과 범죄학의 이론

1 범죄통제 방법의 역사적 변천

범죄통제의 방법은 형사사법철학의 발전과 더불어 다음과 같이 네 가지 형태로 변화해 왔다. 이러한 변화에 따라 과거에는 주로 범죄 발생 이후에 취해지는 사후적 대응이 강조되었다면 20세기 이후에는 범죄 예방을 통해 범죄문제를 해결하려고 하는 방법들이 강조되고 있다.

	범죄통제 방법	특징
근대 이전	응보와 복수	범죄 발생 이후에 취해지는 범죄 대응 방법
고전주의 사상가	형벌과 제재	
실증주의 사상가	교정과 치료	
20세기 이후	범죄 예방	• 개념: 범죄 발생 이전에 취해지는 범죄 대응 방법 - 범죄의 발생을 미연에 방지하는 것이 최상의 대응 방법

		• 중요성 ① 범죄가 이미 발생한 경우 그 범죄에 의한 피해는 거의 회복이 불가능하다(특히 생명 피해). ② 범죄자의 검거 · 교정 등에 많은 비용이 들며, 실질적인 교정 또한 어렵다. ③ 범죄자의 증가 - 법의 권위 추락, 사회적 불안 조성

2 범죄학의 이론

1) 고전주의 범죄학

18세기 공리주의 영향으로 등장한 범죄학 이론으로 모든 사회에서 사람들은 자신의 욕구를 충족하고 자신의 문제를 해결하기 위해 합법적이거나 불법적인 해결책을 선택할 자유 의사를 가진다는 것을 기초로 한다. 즉, 대부분의 사람은 적은 노력으로 더 많은 이익을 얻기 바라기 때문에 불법적 해결책이 더욱 매력적으로 생각된다고 본다. 따라서 범죄를 선택하는 것은 처벌에 대한 두려움에 의해 통제되며, 범죄를 효과적으로 제지하기 위해서는 처벌이 엄격하고, 확실하며, 신속하게 이루어져야 한다고 강조한다.

고전주의 범죄학은 기본적으로 18세기 이탈리아의 베카리아(Cesare Bonesana Marchese di Beccaria), 영국의 벤담(Jeremy Bentham)의 저술에 근거하고 있다. 두 학자는 주로 범죄행위보다는 법과 형벌의 개혁에 관심을 둔 공리주의 사회철학자이다(로널드 에이커스, 2005: 43). 먼저, 베카리아는 『범죄와 형벌』의 저자로서 형벌은 범죄에 비례하여 부과해야 한다고 주장했다. 대표적 공리주의자인 벤담 역시 형벌을 통한 범죄의 통제를 주장했다.

이후 1960년대에는 무죄 추정의 원칙 등 피의자의 권익 보호를 강조하는 적법절차 모델(due process model)로 발전되었다. 또한 1970년대 이후에는 실현하기 어려운 범죄자의 교화 개선보다는 사회계약과 형벌에 의한 예방 효과를 강조하는 현대 고전주의적 범죄학이 나타났다. 베커(Howard S. Becker) 등이 대표자로서 경제학의 합리적 선택모형을 범죄학에 원용했다.

2) 실증주의

실증주의 범죄학은 고전주의 학자들과는 달리 인간의 이성이 생물학적, 심리학적 그리고 사회학적 요인 등 여러 가지에 의해 제한된다고 보았다. 즉, 범죄자는 여러 요인에 의해 형성된다는 결정주의(determinism)에 근간을 두고 있다. 이에 따라 범죄자의 처벌 이전에 범죄의 원인을 찾으려 했던 것이다(전돈수, 2008: 96-97). 결국 실증주의 범죄학의 목적은 범죄의 원인을 찾는 데 초점이 맞추어져 있다.

따라서 실증주의에서는 범죄는 인간의 자유 의지가 아닌 외적 요소에 의해 강요되는 것으로 판단했으며, 기존의 형벌과 제도로는 통제가 불가능한 것으로 판단했다.

실증주의적 관점에서 범죄의 원인을 규명하려는 수준은 대체로 개인 수준(individual level)과 사회학적 수준(sociological level)으로 구별해 볼 수 있다. 또한 개인적 수준에서의 범죄 설명은 크게 생물학적 이론(biological theory)과 심리학적 이론(psychological theory)으로 나눌 수 있고, 사회학적 수준에서의 설명은 사회적 과정을 중시하는 미시적 수준(micro-level)과 사회적 구조를 중시하는 거시적 수준(macro-level)으로 구별될 수 있다(이윤호, 2010: 199).

(1) 개인적 원인론

인간의 행위를 설명하는 개인에 관한 것은 무엇인가를 알고자 하며 범죄동기의 관점에서 왜 범죄행위를 했는가에 대한 해답을 규명하려 한다. 이들은 개인의 범행 가담을 설명하기 위해 개인적 특성과 경험에 초점을 맞추고 있다(이윤호, 2010: 151).

① 생물학적 원인론

어떠한 특정의 생물학적 구조나 과정이 규범 위반을 야기한다고 가정하는 설명이다(이윤호, 2010: 263). 주로 초기에는 대표적으로 롬브로소(Cesare Lombroso)와 크레치머(Ernst Kretschmer)는 신체적 특성에 의해 범죄자가 결정된다고 주장했고, 현대에 와서는 성염색체, 이상염색체 등과의 신경

생리학적 연구 등이 이어져 왔다(리스카·메스너, 2004: 8-9). 특히, 롬브로소는 생래적 범죄인설을 주장하며, 인간의 인상, 골격, 체형 등 타고난 생물적 특성으로 인해 범죄 발생 원인을 연구했다.

이러한 설명의 문제는 충분한 연구가 부족하여 실증적 검증이 되지 않는다는 것이고, 규범 위반을 야기하는 과정을 분석하지 못한다는 것이 한계로 남을 수 있다. 또한, 생물학적 열등성이나 비정상성에만 초점을 맞춰 제한된 일부에만 적용한다는 점, 사회적 정의로서의 일탈을 분석할 수 없다는 한계를 극복해야 할 것이다.

② 심리학적 원인론

심리학적 원인론은 정신이상, 낮은 지능, 모방학습에 기인한다. 심리학적 이론도 생물학적 이론과 마찬가지로 일탈을 사회적으로 규정하지 않고 규범의 위반을 중시한다. 법 위반 행위가 인생의 초기에 형성되어 그 이후의 인간 행위 선택 과정을 통제하는 비정상적인 성격구조의 결과라고 설명하는 프로이트(Sigmund Freud)의 정신분석이론 이후, 행동심리학자들은 한 개인의 성격은 다른 사람과 상호작용을 중시했고, 인지이론은 범죄 원인을 도덕적 판단력에 따라 결정되고, 인성이론은 범죄가 인간의 심리적 갈등에 의한 것이라고 설명했다(리스카·메스너, 2004: 9-13).

이러한 연구들은 개인의 심리적 구조와 과정, 개인 과거의 사회적 경험이 그 사람의 특정한 심리적 특성을 야기하고, 심리적 특성이 규범 위반을 야기한다고 설명한다. 그러나 규범 위반을 비정상적인 인격 특성의 소산으로 보는 견해는 사회적 상황을 무시한 채 희귀하거나 또는 비정상적인 인격 특성만을 지나치게 강조한다는 비판을 받기도 한다(이윤호, 2010: 263-264).

(2) 사회학적 원인론

① 사회구조이론(거시이론)

사회구조를 중시하는 사회구조이론은 사회적 상호작용의 반복적인 안정된 유형으로서 규범 위반을 설명한다. 또한 범죄의 유형과 정도의 다양성을 설명하기 위해 하위문화를 포함한 문화 및 사회제도의 속성을 중시한다.

여기에는 다양한 형태의 기능주의(functionalism), 갈등이론(conflict theory), 마르크스주의 이론과 아노미이론, 차별적 사회조직화(differential social organization), 하위문화이론 등이 이에 속한다(이윤호, 2010: 263-264). 대표적인 이론은 다음과 같다.

㉠ 아노미이론

• 뒤르켐의 아노미이론(anomie theory)

뒤르켐(Émile Durkheim)에 따르면, 아노미는 한 사회를 지배하는 강력한 가치관의 세력이 약화되고, 한 가지 이상의 서로 다른 가치관이 동등한 세력을 가지면서 한 사회 내에서 공존하는 현상을 의미한다. 이와 같은 아노미 상태에서 살고 있는 개인들은 어떤 가치관을 따라야 할지와 같은 가치관의 혼란을 경험하게 된다. 가치관의 혼란이란 개인들이 어떤 행위를 하는 것이 사회적으로 용인된 정당한 행위인가를 판단하기 어렵다는 것을 의미한다. 따라서 그 사회에서 지배적인 가치·규범에서 벗어난 행동인 일탈행위를 할 가능성이 높아진다고 본다.

또한 뒤르켐은 범죄와 관련해서는 어떠한 사회에서도 범죄행위가 전무할 수 없다는 '범죄정상설'과 범죄가 오히려 사회를 건강하게 만들 수 있다는 '범죄유용설' 등을 주장하기도 했다(전돈수, 2008: 158).

• 머튼의 긴장이론(strain theory)

흔히 '긴장이론'으로 대표되는 아노미이론을 주장한 머튼(Robert Merton)은 특성 사회에서 문화석 목표는 지나치게 강조하는 반면, 제도적 수단으로 그 목표를 달성할 수 있는 합법적 기회가 제한되어 있기 때문에 사회적 '긴장'이 발생한다고 보았다.

머튼은 이러한 상황을 아노미로 인식하고 사회적 기회구조에 접근하기 어려운 개인이나 집단은 정상적이지 않은 방법으로 자신의 목표를 달성하고자 하는 경우가 있으며, 결과적으로 위법적이지만 효과적인 방법을 선택하는 이들은 범죄로 빠져들 개연성이 크다고 보았다.

그러나 머튼은 아노미 상황에서 사람들이 내면화한 문화적 목표와 제도화된 수단에 따라 각기 다른 적응 방식을 보인다고 보았다. 머튼이 제시하는 개인의 적응 방식은 크게 다섯 가지로 ① 동조형(conformity)은 정상적인 기회구조에 접근할 수는 없지만 그래도 문화적 목표와 제도화된 수단을 수용하는 적응 방식이다. 이 유형은 물론 반사회적인 것이 아니다. ② 혁신형(innovation)은 문화적 목표는 수용하지만 제도화된 수단은 거부하는 적응 방식으로서 비합법적인 수단으로 사회적으로 가치 있는 목표를 달성하려 하는 대부분의 범죄가 이에 포함된다고 할 수 있다. ③ 의례형(ritualism)은 문화적 목표를 거부하고 제도화된 수단만을 수용하는 적응 방식이다. 이 유형은 조직의 목표보다는 절차적 규범이나 규칙만을 준수하는 데 치중하는 무사안일한 관료에게서 그 예를 찾을 수 있다. ④ 도피형(retreatism)은 문화적 목표와 제도화된 수단을 모두 거부하고 사회로부터 후퇴 내지는 도피해 버리는 적응 양식이다. 만성적 알코올 중독자 또는 마약 상습자 등이 이러한 적응 양식의 예라고 할 수 있다. ⑤ 반역형(rebellion)은 기존의 문화적 목표와 제도화된 수단을 모두 거부하면서 동시에 새로운 문화적 목표와 제도화된 수단으로 대치하려는 적응 양식이다.

이러한 적응 방식 가운데 머튼이 가장 관심을 둔 것은 혁신형이었다. 이 유형은 합법적인 기회가 중상류층에 비해 차단된 하류계층의 높은 범죄율을 설명하는 논리적 근거로 생각되면서 이후 많은 조사연구의 이론적 근거가 되었다(존 샌더스, 2001: 164-171).

ⓛ 사회해체이론

사회해체이론(social disorganization theory)은 긴장이론, 하위문화이론 등과 함께 사회구조를 강조하는 이론의 하나로서 규범과 가치에 대한 합의론적 시각이라고 할 수 있다. 사회 질서, 안정성, 통합 또는 유대가 약화되면 범죄나 비행(非行)이 증가한다는 입장으로 간단히 설명하면, 질서나 안정성, 유대나 통합이 붕괴된 현상을 사회 해체로 간주하고 사회 해체가 이루어진 지역은 구성원의 변동이 있더라도 지속적으로 높은 범죄율이 나타날 수밖에 없다는 것이다.

이 이론은 1930년대 시카고대학교를 중심으로 주로 도시지역의 범죄와 비행의 지역적 분포에 대한 관심에서 발전하여 최근까지 많은 관심의 대상이 되고 있으며, 범죄학 연구의 주요한 변수를 제시하고 이론적 지향에 영향을 끼쳤다.

주요한 이론인 쇼(Clifford R. Shaw)와 매케이(Henry D. McKay)의 '차별적 조직이론(differential organization theory)'은 도시환경이 어떻게 일탈을 일으키는가에 관심을 두고 시카고시의 청소년 55,998명의 법정 기록을 분석하여 청소년 비행(非行)은 유전적으로 발생하는 것이 아니라 그들이 살고 있는 지역의 환경에서 발생하는 것이라고 주장했다.

구체적으로 쇼와 매케이(Shaw & McKay, 1931)는 그들의 이론에서 사회적 환경이 범죄에 영향을 미친다는 데 주목했다. 지역과 범죄율이 관계있다는 증거로는 ① 학교 결석률이 높은 지역에서 비행 및 범죄율이 높다. ② 범죄율과 비행률은 도시 중심부에서 가장 높으며 외곽으로 갈수록 낮아진다. ③ 거주자들의 사회적 · 민족적 구성이 변동함에도 불구하고 일부 생태학적 지역에서는 높은 비행률이 지속되어 왔다. ④ 비행률이 높은 지역은 사회조직 와해의 지표들(높은 인구 이동, 낮은 수입, 낮은 수택소유율, 높은 비율의 이민자들)로 특정지어져 있다고 강조함으로써 범죄가 지역의 환경에서 발생하는 것이라는 사실을 주장했다(전돈수, 2008: 174-176).

㉢ 하위문화이론

사회경제적 하층민의 사람들이 범죄적 행동을 옹호하는 특성이 있는 하위문화에 의해 사회화되어 범죄를 저질러도 괜찮다고 여기게 된 것을 범죄원인으로 보는 견해들을 통틀어 하위문화이론(subculture theory)이라고 한다. 대표적인 이론은 다음과 같다.

• 중집직 관심(focal concerns)

밀러(Walter Miller)의 이론으로, 하층문화 그 자체가 하나의 고유문화로 이것이 법규범과 충돌할 때 범죄가 발생한다고 본다. 구체적으로 밀러는 하류계층의 문화를 정의하는 독특한 가치 체계를 연구했는데, 이러한 것을 중점적 관심으로 정의했으며, 이에 대한 순응이 하류계층 사람들의 삶을 지배한다고 보았다.

그런데, 하류계층 사람들이 갖게 되는 관심의 초점은 trouble(말썽), toughness(강인), smartness(교활), excitement(흥분), fate(숙명), autonomy(자율) 등이며, 이에 대한 집착이 결국 비합법적이고 폭력적인 행동을 촉진한다는 이론이다(이윤호, 2010: 286-290).

• 비행하위문화이론(非行下位文化理論, delinquent subculture theory)

코헨(Albert Cohen)이 1955년 『비행소년(*Delinquent Boys*)』에서 처음 언급한 이론이다. 이론의 주된 논점은 하류계층 청소년들의 비행행위는 중산층의 규범과 가치에 대한 반항이라는 것이다. 즉, 하류계층의 청소년들에게는 정당한 방법으로 성공할 수 없도록 사회적 조건이 제한되어 있는데, 그들에게는 항상 중산층의 측량 잣대가 강조되어 '지위 좌절(status frustration)'을 경험하게 되고, 그 결과로 인해 그들은 폭력적 집단에 가입하거나 불법적 행위에 가담하게 된다고 본다.

한편, 코헨은 중산층의 의사결정자에 의해 거부를 겪는 하류계층 청소년들을 세 가지의 유형으로 분류했다. ① 코너 보이(corner boy)는 상습적인 비행은 아니지만 가벼운 비행에 가담하는 소년이다. ② 칼리지 보이(college boy)는 중산층의 문화적 · 사회적 가치를 받아들이고 그 기준에 순응해 성공하려고 능동적으로 노력하는 유형이다. ③ 비행소년(delinquent boy)은 중산층의 가치와 직접적으로 반대되는 하류계층만의 규범과 원칙을 선택하여 반동 형성(reaction formation)을 경험하게 되고, 이로 인해 상습적 비행을 저지르게 되는 것이다.

그러나 이 이론은 하류계층 청소년에 대한 이론으로 중산층 청소년들의 비행행위를 설명하기 곤란하고, 하류계층 청소년 중에서도 비(非)범죄 청소년의 수가 더 많다는 점, 그리고 하류계층 청소년의 범죄는 대부분 경제적 이유에서의 절도에 그친다는 점 때문에 비행하위문화는 큰 영향을 미치지 못한다는 비판도 제기된다(래리 시겔, 2008: 204-242).

② 사회과정이론(미시이론)

시간에 따른 사회적 상호작용의 계속적인 변화와 발전의 견지에서 규범위반을 설명하고 있는 이론이다. 이 이론은 집단과 개인의 상호작용의 결과와 유형에 초점을 맞추고, 다양한 형태의 사회학습적 이론들이 이 범주에 속하는 것으로 분류되는 것으로 볼 수 있다.

미시이론은 개인이 처한 사회환경의 차이로 비행을 설명할 수 있다고 보는 입장이며, 개인을 분석 단위로 하는 점에서 생물학적 · 심리학적 이론의 설명과 다를 바 없지만 그 원인을 개인의 사회환경에 두는 점에서 다르다(김준호 외, 2003: 88).

㉠ 차별적 접촉이론

사람들은 일탈 유형과의 접촉을 통해 일탈자로 되어 간다는 미국의 범죄학자 서덜랜드(Edwin H. Sutherland)의 이론으로, 왜 특정한 사람이 일탈적 행위 유형을 학습하게 되는지를 설명한다. 범죄는 일반적인 행위와 마찬가지로 학습을 통해 배우게 되고, 학습은 주로 친밀한 사람들과의 상호작용을 통해 일어난다는 것이 이 차별적 접촉이론(differential association theory)의 중심 내용이다.

그러므로 이 이론은 '차별적 교제'에 범죄의 원인을 둔다. 즉, 범죄행위의 사회화는 비범죄행위의 사회화와 비교하여 좋고 나쁨을 평가할 수 있는 것이 아니라, 단지 '다른 사회화'로 파악해야 한다는 것이다. 그는 구체적으로 개인이 범죄행위로 사회화하는 과정을 다음과 같이 설명했다.

① 범죄행위는 학습되는 것이다.

② 범죄행위의 학습은 사람들 간의 의사소통 과정을 통해 일어난다.

③ 범죄행위의 학습은 주로 친밀한 집단 속에서 잘 일어난다.

④ 범죄행위가 학습될 때, 그 학습 내용에는 범죄행위의 기술뿐 아니라 동기, 충동, 합리화 방법, 태도 등을 모두 포함한다.

⑤ 범죄 동기나 충동은 현행 법률을 긍정적으로 정의하느냐, 아니면 부정적으로 정의하느냐에 따라 학습된다. 즉, 어떤 사람은 법률을 반드시 지켜져야 할 규칙으로 정의하는 사람들 속에 있을 수 있으며, 반면 다른 사람은 법률을 위반하는 것이 바람직하다고 정의하는 사람들 속에 있을 수 있기 때문이다.

⑥ 법 위반에 대해 비우호적인 인식보다 우호적인 인식이 앞서도록 학습된 사람은 비행으로 나아간다.

⑦ 차별적 교제는 만남의 빈도·기간·우선성·강도 등에 따라 다양하게 나타난다.

⑧ 범죄적 또는 비범죄적 유형과 접촉하면서 범죄행위를 학습하는 과정은 일상생활 속에서 다른 행위의 학습 과정에서 작용하는 기제들과

동일하다.

⑨ 범죄행위는 일반적인 욕구나 가치에 의해 일어나지만, 그러한 욕구와 가치가 범죄행위의 본질적 성격을 특징짓지는 않는다. 왜냐하면 비범죄적 행위도 그와 동일한 욕구 및 가치에 의해 이루어지기 때문이다(이윤호, 2010: 295-301).

ⓛ 사회통제이론

사회통제이론(social control theory)은 여타의 범죄이론과 달리 왜 소수의 사람이 범죄를 저지를까가 아니라 왜 다수의 사람은 범죄를 저지르지 않을까라는 의문을 설명하고자 하는 이론이다. 그런데, 사회통제이론은 다수의 사람이 범죄를 저지르지 않는 이유를 그 행동과 욕구가 내적·외적 요소에 따라 통제되기 때문에 사람들이 법을 준수하는 것이라 보고 있다. 즉, 어떠한 사람은 강한 도덕감의 자아통제력(self-control)을 갖고 있어서 다른 사람을 해치거나 사회규범을 위반하지 않으며, 어떠한 사람은 동조에 대한 관여(commitment to conformity)를 발전시켜 사회규칙에 따른다는 것이다. 이와 관련된 대표적인 이론이 허쉬의 사회유대이론이다(이윤호, 2010: 311).

• 사회유대이론

1969년 허쉬(Travis Hirschi)가 『비행의 원인(*Causes of Delinquency*)』에서 제시한 사회통제이론 시각의 가장 지배적인 이론이다. 사회유대이론(social bond theory)은 사람들은 보편적으로 일탈 경향이 있는 잠재적 범죄자라는 것을 전제로, 일탈은 관습적인 신념과 규범에 관한 사회의 일반적인 합의에 기초한 사회통제 기제의 결함 또는 부재 때문에 발생한다는 이론이다.

따라서 사회유대이론은 범행 잠재력이 있는 일반인들이 범죄를 억제하는 것은 자신의 행위로 부모나 친구 등의 중요한 사람과의 유대 관계나 학교와 직장 등 중요한 사회제도와의 유대 관계에 치명적인 해를 입을 수 있다는 두려움 때문이라고 설명하면서 비행 청소년을 기존의 범죄이론과 달리 비행을 야기하는 가치관을 가진 소년으로 보지 않고 비행을 저지하는 규범 내지 가치관이 결여된 소년으로 보았다.

사회 유대의 결정 요소는 ① 애착: 애착이란 애정과 정서적 관심을 통해 개인이 사회와 맺고 있는 유대 관계를 의미하며, 부모와의 사랑이나 학교 선생님에 대한 존경심 등에 의해 형성된다. 허쉬는 사회의 가치나 규범을 개인이 내면화하기 위해서는 다른 사람들에 대한 애착 관계가 형성됨으로써 가능하다는 점에서 애착을 가장 강조했다. ② 전념: 전념이란 규범 준수에 따른 사회적 보상에 얼마나 관심을 갖는가에 관한 것으로 충실한 학교생활은 이후에 안락한 생활을 보장해 줄 수 있다는 정서 등을 의미한다. ③ 참여: 참여는 행위적 측면에서 개인이 사회와 맺고 있는 유대의 한 형태로 관습적 목표에 얼마나 많은 시간을 투자하고 있는가 하는 것으로 평가될 수 있다. ④ 신념: 신념은 관습적인 규범의 내면화를 통해 개인이 사회와 맺고 있는 유대의 형태로 사회 규범을 준수해야 한다고 믿는 정도에 따라 비행의 발생 가능성이 다르다는 것 등으로 구성된다.

한편, 사회유대이론은 애착이 강할수록 비행률이 낮다고 주장하나 비행친구에 대한 애착은 오히려 비행 가능성을 증대시킬 수도 있는 문제점이 있으며, 사회 유대의 결속의 정도가 사람마다 다른 이유를 설명하지 못하고, 나아가 사회 유대가 약한 사람이 일탈하지 않는 이유를 설명하지 못한다는 비판도 제기된다(전돈수, 2008: 201-202).

㉢ 낙인이론

1960년대에 등장한 레머트(Edwin M. Lemert)와 베커(Howard S. Becker)로 대표되는 낙인이론(labeling theory)은 행위 주체들 간의 상호작용 과정을 가장 잘 이론화한 관점으로 볼 수 있다. 사회반응이론으로도 불리는 낙인이론은 범죄를 사회화 과정으로 이해했으나 범죄의 원인을 연구하기보다 범죄 자체를 연구하여 왜 사람이 범죄를 저지르는가에 대한 관심보다 왜 사람을 그렇게 일탈자로 인정하고 차별하고 평가하고 강조하고 자의식을 심어 주는지를 연구하는 사회 과정 이론이다.

낙인이론은 다양한 원인과 영향에 의해 야기되는 범죄행위의 결과로 붙게 된 공식적 낙인이 그 행위자를 관습적 사회와 기회로부터 격리·소외시킨다는 것이다. 또한 그러한 합법적인 기회의 제한은 반대로 불법적 기회를 증대시키게 되고, 이로 인해 지속적인 범죄행위를 야기한다고 본다.

그러나 낙인이론에서는 이차적 일탈에 초점을 두고 있기 때문에 일차적 일탈과 강자(권력을 소유한 사람들)의 일탈을 경시하는 경향이 있으며, 무엇이 일탈을 일으키고, 일탈률의 증가와 감소는 어떠하며, 일탈을 줄일 수 있는 방안은 무엇인가 하는 등의 질문들에는 적절한 대답을 하지 못한다는 등의 비판이 제기된다(전돈수, 2008: 208-211).

㉣ 중화이론

중화이론(neutralization theory)은 범죄자들이 관습적인 가치와 태도를 지니고 있어 그 특정 형태의 행동이 나쁘다는 것을 인정하지만, 자신들의 죄의식을 피할 수 있게 해주는 방식으로 그 행동을 정당화한다는 것이다. 마차(David Matza)와 사이크스(Gresham Sykes)는 그러한 행위를 설명하기 위해 다섯 가지의 중화의 기술을 제시했는데(Matza & Sykes, 1961), 책임의 부인, 가해의 부인, 피해의 부인, 비난자에 대한 비난, 상위의 충성심에의 호소가 그것이다(래리 시겔, 2008: 272-273).

3) 범죄의 통제

(1) 억제이론

억제이론(deterrence theory)은 18세기 고전주의 범죄학의 직접적 영향을 받은 이론으로 신속하고, 확실하고, 엄격한 처벌을 강조했다. 즉, 합리적 인간성에 대한 믿음을 근거로 처벌을 강화함으로써 범죄로 인한 비용을 증대시켜 잠재적 범죄자의 범죄행위 실행을 억제하려는 것이다.

억제정책에 대한 효과는 주로 사형제도, 음주 운전, 마약 등 세 가지 분야에서 이루어져 왔으며, 이 가운데 사형제도와 마약은 거의 효과가 없으며, 음주 운전만 단기적 효과가 있는 것으로 나타난다.

억제이론이 효과를 발휘하기 위해서는 잠재적 범죄인들이 범죄행위에 대한 처벌을 알고 있어야 하며, 범죄로 인한 처벌이 피하고 싶은 불쾌한 것임을 알아야 하고, 잠재적 범죄인들이 범행을 하면, 실제로 체포되고, 기소되고, 실형(實刑)을 사는 등 실질적 처벌이 뒤따를 것이라는 믿음이 있어야 한다(이윤호, 2010: 319).

(2) 치료와 갱생이론

치료와 갱생이론(treatment and rehabilitation theory)은 실증주의 범죄학에 기본적 관점을 둔다. 즉, 범죄행위보다는 범죄자의 속성에 관심을 둔다. 따라서 개인의 책임보다는 사회의 책임을 강조하면서 처벌보다는 범죄자의 치료와 갱생활동을 통한 사회 복귀가 범죄 예방에 도움이 된다고 강조한다(경찰공제회, 2009: 46).

(3) 현대의 범죄예방이론

① 환경설계를 통한 범죄예방이론

환경설계를 통한 범죄예방이론(Crime Prevention Through Environmental Design: CPTED)은 "건축환경의 적절한 설계(design)와 효과적인 사용(use)을 통해 범죄 불안감과 발생 범위를 줄이고 삶의 질을 높이는 기법"을 의미하는 것으로, 도시건축적으로 공간계획 및 시설 디자인 등을 통해 범죄 발생 기회를 사전에 제거하는 등 범죄 발생과 범죄에 대한 불안감을 저감시키는 일련의 예방 대책을 포괄하고 있다.

환경설계를 통해 범죄를 예방할 수 있다는 것은 특정 범죄의 경우 발생 유형을 분석하면 뚜렷한 시·공간적 패턴이 존재한다는 사실에 기인하는데, 이러한 범죄는 대부분 발생 지역의 상황적인 요인들에 영향을 받는 것으로 알려져 있다.

전통 범죄학에서는 범죄를 "가해자에 의한 불법적인 행위"로 규정하고 범죄자에 초점을 두고 있다면, CPTED를 포함하는 이른바 환경범죄학에서는 "범죄자와 피해자가 동시에 특정 장소에서 벌이는 역동적 이벤트"로 규정함에 따라 범죄가 발생하는 환경적 요인에 더욱 초점을 두고 있는 차이가 있다.

CPTED의 기본 원리는 영역성, 자연스러운 감시, 접근 통제, 활동성 증대 등이다. 자연스러운 감시(natural surveillance), 자연적 가시성 혹은 관찰력을 최대화하는 물리적인 형태의 배치, 그리고 활동을 말한다(임준태, 2009: 195). 접근 통제(natural access control) 목표물에 대한 접근을 억제하고 범죄자에게 위험 요소 인식도를 높이는 것을 말한다. 영역성(territoriality)은 사람들은 그들이 느끼는 영역이 그들 자신의 소유라고 느끼는 영역을 보호하며, 다른 사람들의 영역에 대해 존중감을 갖고 있는 것을 말한다. 그리고 활동성 증대(activity support)란 공공장소에 대한 일반 시민들의 활발한 사용을 유도 및 자극함으로써 그들의 눈에 의한 자연스러운 감시를 강화하여 인근 지역의 하는 것보다는 범죄 위험을 감소시키고 주민들로 하여금 안전감을 느끼도록 하는 것이다(임준태, 2009: 195).

현재 CPTED는 각각의 주거단지, 상업업무시설, 학교, 다중이용시설 등 건축물과 도시공간에 맞춤형 전략으로 활용되고 있다(전대양 외, 2011: 315-320).

② 상황이론

가. 일상활동이론

코헨(Lawrence Cohen)과 펠슨(Marcus Felson)에 의하면, 동기가 부여된 범법자(motivated offender), 적절한 표적(suitable target), 보호 능력의 부재(absence of capable guardianship)라는 조건이 동일한 시간과 공간에 주어질 때 범죄가 발생한다고 한다. 그리고 이와 같은 세 가지의 범죄 유발 요인이 동일한 시간과 공간에 나타나는지의 여부는 개인의 일상적인 활동 양상에 의존한다고 한다.

여기서 일상활동은 인간의 기본적인 욕구를 위해 자주 행해지는 활동으로 정의되며, 생활양식의 용어와 유사하게 일상활동은 공식적 작업, 여가, 의식주를 위한 행동, 사교적 욕구 및 성적 욕구 등을 위한 활동이 포함된다.

따라서 일상활동이론은 잠재적 피해자가 높은 가시성(visibility), 접근성(accessibility), 그리고 매력성(attractiveness) 등 높은 표적적합성(target suitability)을 가지지만, 보호 능력(guardianship)이 낮을 때 약탈범죄의 위험성이 가장 높다고 예측할 수 있다는 이론이다.

그러나 이 이론은 범죄행위에 대해 그것을 직접적으로는 설명하지 못한다는 단점이 있다. 즉, 이 이론은 기본적으로 범죄 피해이론이기 때문에 왜 어떤 사람이 특정 범죄를 저지르고자 하는가에 대해서는 설명할 수 없다는 것이다(존 샌더스, 2005: 73).

나. 합리적 선택이론

합리적 선택이론에 의하면, 범죄를 저지르는 행동은 어떠한 방식으로든지 가해자에게 이익이 되는 쪽으로 이루어지게 된다. 따라서 합리적 선택의 관점은 범행 동기를 충족시킬 수 있는 기회를 범죄자에게 제공하는 특수한 환경 안에서 특별한 동기가 부여된 범죄자가 어떻게 범죄를 선택하는가에 대해 이해하는 것이라 할 수 있다(임준태, 2009: 81).

이러한 관점에서 보면 범죄자도 범죄행위에 착수하기에 앞서 우선적으로 범죄행위로 인한 사회적 파장이나 행위를 통해 얻을 수 있는 이익, 형사사법기관에 적발될 가능성, 처벌의 종류와 내용, 정도 등을 판단한다고 볼 수 있다.

다. 범죄패턴이론

잠재적 범죄인은 본인이 잘 알고 있는 이동 경로나 수단을 이용해 범죄를 저지른다(지리학적 프로파일링으로 발전)는 이론이다.

라. 집합효율성이론

집합효율성이론은 사회해체이론과 같이 범죄에 많이 노출된 지역이라도 구성원 간의 합의와 의지, 공동의 노력만 있다면 얼마든지 범죄문제에 효과적으로 억제할 수 있다는 것이다.

마. 깨진 유리창 이론

1982년 미국의 사회학자 윌슨(James Q. Wilson)과 범죄학자 켈링(George L. Kelling)이 *Atlantic Monthly*에 게재한 논문「깨진 유리창(Broken Window)」에 의해 제창된 이론이다. 논문의 부제「경찰과 지역의 안전(The Police and Neighborhood Safety)」에서 보여주듯이, 깨진 유리창 이론(broken-window theory)은 경찰과 지역공동체의 관계에 착안하여, 기존의 시점을 전환해, 범죄를 감소시키고 생활의 질적 향상을 도모하는 것을 목적으로 한다.

특히, 미국에서 지하철의 깨진 유리창을 방치한 결과 시민들의 준법 의식이 사라져 강력범죄가 증가한다는 심리학자의 실험 결과에 착안해서 붙여진 이름이다. 공동체 내의 사소한 무질서를 계속 방치하다 보면 결국에는 사회 전체로 무질서가 확대되어 범죄화되기 때문에 조그만 불법·무질서라도 방치하지 말고 제때에 단속하고 조치를 취해야 한다는 이론으로 기초 질서 단속의 중요성을 말해 준다(강용길 외, 2010b: 44-45).

③ 범죄피해자학

현대의 피해자학에서는 범죄와의 근접성, 범죄에의 노출, 범죄 대상의 매력성, 보호 능력의 부재를 강조한다.

가. 범죄와의 근접성

범죄가 많은 지역에 가까울수록 피해의 가능성을 증대시킨다.

나. 범죄에의 노출

개인의 일상생활의 양식에 의해 범죄 피해 가능성이 증가된다.

다. 범죄 대상의 매력성

고가이거나 이동성이 용이한 재화 등이 범죄의 매력적 표적이다.

라. 보호 능력의 부재

사람이나 물건의 범죄 발생 방지 능력에 따라 범죄 피해의 가능성이 차이난다(이윤호, 2010: 392-394).

3 범죄 예방의 의의

1) 범죄 예방에 대한 견해

(1) 제프리의 범죄통제모형

제프리(C. R. Jeffery)는 범죄통제의 모형을 ① 형벌을 통한 범죄억제모형, ② 범죄자의 치료과 갱생정책을 통한 사회복귀모형, 사회환경 개선을 통한 범죄예방모형으로 구분했다. 또한 범죄 예방의 개념을 범죄가 발생하기 전에 이루어지는 직접적인 활동으로 주로 범죄환경에 초점이 두어지는 활동으로 보았다.

(2) 미국범죄예방연구소

미국범죄예방연구소(National Crime Prevention Institute: NCPI)는 범

죄가 저질러지는 요소를 범죄 욕구, 범죄 기술, 범죄 기회로 구분할 경우 범죄 예방은 범죄 욕구나 범죄 기술에 대한 예방이 아닌, 범죄 기회를 감소시키려는 활동으로 보았다.

즉, 이 견해에 따르면 범죄 예방이란 범죄 기회를 감소시키려는 사전활동이며, 범죄에 관련된 환경적 기회(범죄 기회)를 제거하는 직접적 통제활동으로 규정하고 있다.

(3) 랩(S.P.Lab)의 견해

범죄 예방을 실제의 범죄 발생뿐만 아니라 범죄에 대한 시민의 두려움을 줄이는 사전활동으로 보고 있다. 시민이 갖고 있는 범죄에 대한 불안과 공포를 제거하는 것도 매우 중요하므로 범죄 예방활동을 심리적 측면인 범죄에 대한 두려움의 제거 활동까지 포함한다.

(4) 브랜팅햄(P.J. Brantingham)과 파우스트(F.L. Faust)의 범죄 예방 유형 (범죄 예방의 구조모형론)

① 제1차적 범죄 예방

제1차적 범죄 예방은 일반대중을 대상으로 한다. 따라서 제1차적 범죄 예방활동은 물리적·사회적 환경 중에서 범죄 원인이 되는 조건들을 개선시키는 데 초점을 두는 것으로 환경설계, 이웃감시, 민간경비, 방범교육(경찰이 금융기관에 CCTV 설치를 독려하고 금은방에 비상벨을 달도록 지도하는 경우) 등이 이에 해당하며 형사사법기관의 활동에 의해 이루어진다.

② 제2차적 범죄 예방

제2차적 범죄 예방은 우범자나 우범집단을 대상으로 이루어진다. 따라서 잠재적 범죄자를 초기에 발견하고 비합법적 행위가 발생하기 이전에 예방하고자 하는 것으로 우범환경이나 우범자를 대상으로 이들과 많이 접하는 지역사회 지도자, 교육자, 부모에 의해 이루어진다.

③ 제3차적 범죄 예방

제3차적 범죄 예방은 범죄를 저지른 범죄자를 대상으로 이루어진다. 즉, 실제 범죄자들을 대상으로 하여 그들이 더 이상 범죄를 저지르지 않게 하는 활동으로 이에는 체포, 기소, 교도소 구금, 치료, 사회 복귀와 같은 것이 관련된다. 이러한 활동의 대부분은 형사사법기관이 담당하지만 이외에도 민간단체나 지역사회의 교정프로그램도 이에 포함된다(하상군 · 김종길 · 조성택, 2013: 285-290).

2) 범죄 예방의 의의

(1) 범죄 예방의 개념 및 범위

범죄 예방은 범죄사건의 발생 이후에 대응하는 활동이 아니라 범죄가 발생하기 이전에 수행되는 사전적 활동이다. 또한 실제의 범죄 발생 및 시민들의 범죄에 대한 두려움을 감소시키는 활동이며, 범죄환경에 대한 직접적 통제뿐만 아니라 간접적인 활동도 포함된다. 이러한 간접적 활동에는 범죄가 발생되는 직접적인 상황적 기회를 제거하는 활동, 범죄의 근본적 원인이 되는 사회적 · 경제적 환경을 개선하는 활동(사회 발전활동), 실제 범죄자를 대상으로 하여 범죄자들이 더 이상 범죄를 저지르지 않도록 하기 위한 활동(치료 및 갱생활동) 등이 모두 포함된다.

(2) 범죄 예방과 범죄 진압과의 관계

범죄 예방과 범죄 진압은 경찰의 본연의 임무라고 할 수 있는데, 경찰법 제3조와 경찰관직무집행법 제2조는 범죄의 예방과 진압을 경찰의 임무로 규정하고 있다. 범죄 예방은 사전적 활동이고, 범죄 진압은 사후적 활동이다. 그러나 범죄 진압 능력의 향상은 잠재적 범죄자에게 범죄에 대한 포기의사를 형성하도록 하며 범죄를 예방할 수 있으므로 범죄 예방과 범죄 진압은 직접적으로 연관되어 있다.

4 범죄 예방활동의 패러다임 변화

오늘날 세계의 경찰활동은 패러다임(paradigm)의 대전환기에 있다. 경찰의 범죄 인지 능력과 범인 검거 능력을 향상시켜 많은 범죄를 신속하게 해결하는 것을 목표로 했던 전통적인 법집행 경찰활동으로부터 지역사회 공동체의 모든 분야와 협력하여 범죄 발생을 예방하고 범죄로부터의 피해를 줄이는 것을 목표로 하는 지역사회 경찰활동으로 전환하고 있다.

이로 인해 최근에는 중앙에서 수립한 획일적·통일적 치안정책에서 지역 특성에 맞는 지역사회 경찰활동으로 변화하고 있다. 또한 주민들이 직·간접으로 범죄 예방활동에 참여함으로써 범죄 피해와 범죄에 대한 두려움을 줄이고 경찰과 바람직한 관계를 유지하고자 하는 민간 방범활동이 중시되고 있다.

1) 지역사회 경찰활동

(1) 지역사회 경찰활동의 의의

지역사회 경찰활동(community policing)은 경찰이 시민과 지역사회와의 공동 노력을 통해 범죄를 예방하려는 지역사회 범죄 예방활동으로 이해할 수 있다. 지역사회 경찰활동은 경찰과 지역사회가 범죄와 무질서, 범죄에 대한 두려움과 공포로부터 벗어나기 위해 함께 노력하고 이를 통해 지역사회의 삶의 질을 향상시키는 협력 관계를 조성(민경 협력 방범 체제의 구축)하는 데 있다.

(2) 전통적 경찰활동과의 비교

지역사회 경찰활동은 전통적 경찰활동과는 큰 차이를 보이고 있다. 특히, 범죄 예방의 책임이 경찰뿐만 아니라 시민들에게도 부여되고 있으며, 경찰의 업무 대상과 역할 역시 지역사회의 포괄적 문제를 모두 포함하고 있다. 구체적인 내용은 아래와 같다(강용길 외, 2010b: 20-23).

〈전통적 경찰활동과 지역사회 경찰활동의 비교〉

	전통적 경찰활동	지역사회 경찰활동
구분	경찰을 법집행의 책임을 갖는 유일한 정부기관으로 정의	경찰과 시민 모두에게 범죄 방지의 의무가 있고, 단지 경찰은 범죄 방지에 전적으로 노력을 기울이는 사람으로 정의
역할	범죄 해결사로서의 역할 강조	좀 더 포괄적인 문제 해결사로서의 역할로 접근

업무 평가 방식	범인 검거율로 경찰 업무를 평가	범죄와 무질서가 얼마나 적은가에 의해 경찰 업무를 평가
업무의 우선순위	범죄와 폭력의 퇴치에 치중	범죄와 폭력의 퇴치 이외에도 지역사회 질서를 문란시키는 근본적인 요인의 해결에 최우선순위를 둠
효율성	범죄 신고에 대한 반응 시간이 얼마나 짧은가에 의해 평가	주민의 경찰 업무에의 협조도에 의해 평가
대상	범죄사건	시민의 문제와 걱정거리
조직과 강조점	집중화된 조직구조를 갖고, 법과 규범에 의해 규제되며, 법을 엄격히 준수하는 책임을 강조	지역사회의 요구에 부응하는 분권화된 경찰관 개개인의 능력을 강조
다른 기관과의 관계	책임과 권한 문제로 갈등이 존재	주민의 삶의 질을 높인다는 동일한 목적을 수행하게 되므로 원활한 협조가 이루어짐

(3) 지역사회 경찰활동의 기본 요소

스콜닉(J. Skolnick)은 지역사회 경찰활동의 기본 요소를 아래와 같이 네 가지로 구분하고 있다.

① 지역사회 범죄 예방활동

지역사회 범죄 예방활동은 경찰이 주민과 긴밀한 유대를 갖고 지역사회 문제에 책임을 지는 여러 기관과 협조 체제를 유지하여 범죄 예방활동을 한다는 것이다. 따라서 지역사회 경찰활동에서 경찰의 최종 목표는 범인 검거가 아니라 주민의 안전 확보에 있고 이것은 지역 주민 스스로의 범죄 대처 능력의 향상으로 이루어지기 때문에 경찰은 이를 위한 노력의 촉매자가 되어야 한다.

② 주민에 대한 서비스 제공을 위한 순찰활동

지역사회 경찰활동에서 순찰은 일상적인 대민 봉사활동을 위한 도보순찰이다. 도보순찰은 관할 지역 주민과의 친밀한 관계 유지, 상호 신뢰의 구축을 가능케 하고, 이와 같은 노력은 지역사회가 당면한 문제의 올바른 파악과 해결을 위해 주민의 동참을 유도하는 데 필수적인 요소이다.

③ **주민에 대한 경찰의 책임성 중시**

지역사회 경찰활동은 어린이, 노인, 빈곤자, 장애자, 무주택자와 같은 사회적 약자를 보호하고 생활을 지원하고자 하는 등 광범위하고 장기적인 시점에서 지역 주민의 전반적인 생활의 질 향상을 위한 임무를 수행함으로써 경찰의 자율성, 책임성이 더욱 중요하게 된다.

④ **정책결정 과정에서 주민 참여를 포함한 권한의 분산화**

지역사회 경찰활동에서는 지역사회의 문제를 해결하는 주체를 주민으로 보고 경찰은 지역사회의 안전과 평온의 유지라는 위임받은 임무를 수행하는 사회의 한 구성 부분에 불과하다고 본다.

따라서 그동안 경찰 중심으로 이루어졌던 범죄 대책의 의사결정과 집행과정에 주민의 참여를 인정하고 주민의 의사를 적극 반영한다. 또한 경찰조직 내에서 일선의 경찰관에게 더 많은 자유재량권을 부여하여 현장의 경찰관의 판단을 전문가의 판단으로서 존중한다.

(5) 우리나라에서 지역사회 경찰활동의 제도화 방안

경찰활동의 중점이 방범경찰의 활성화에 있고, 방범경찰의 중점이 지역사회 경찰활동에 있다면 지역사회 경찰활동의 제도화를 위한 조직개편이 필요하다. 상급관서에 집중되어 있는 권한이 일선의 치안 접점 근무자들에게 이양되면 자율성이 향상되면서 창의적 업무 수행을 위한 연구 풍토가 정착되는 한편, 사기와 자긍심이 제고되어 부패를 스스로 통제할 수 있는 능력이 강화될 것이다.

구체적인 방안으로는 첫째, 현재 경찰청, 지방경찰청에 집중된 고급 인력과 정책·기획 기능을 최소화하고, 경찰서 이하의 일선기관의 기능과 인력을 대폭 강화해야 한다. 둘째, 경찰서 단위에서 인력과 장비의 배치, 순찰활동 방법 등 방범경찰 활동 전반에 걸쳐 광범위한 자율권을 행사할 수 있는 체계가 확립되어야 한다. 셋째, 경찰청이나 지방경찰청은 경찰서의 활동을 지원·조정하며 경찰서에 방범 체계의 기본 방향과 모델을 제시하는 역할만을 수행하도록 하고 현재의 지휘·통제·감독 권한을 과감히 축소해야 한다.

2) 범죄 다발지역 경찰활동

'범죄 다발지역 경찰활동(hot spot policing)'은 범죄가 지리적 위치와 밀접한 관계가 있다는 사실에서 출발한다. 이를 '우범지역 경찰활동'이라고도 칭한다.

'범죄 다발지역 경찰활동'은 미국 저지(Jersey)시의 마약단속 프로그램, 휴스턴(Houston)의 특정 구역순찰 프로그램 등을 통해 효과가 증명되었다. 이들 지역에서 실시한 프로그램을 통해 범죄 신고나 무질서 행위가 줄고, 전체적인 범죄나 마약, 총기 범죄의 감소가 다른 지역에 비해 현저히 감소했다. 이로 인해 미국에서는 100명 이상의 경찰관이 근무하는 경찰관서의 80% 이상이 범죄 다발지역 경찰활동을 도입하여 시행하고 있으며, 각 지역의 특성에 따라 집중 발생하는 범죄에 따른 경찰력의 운영 정책이 도입되었다. 예를 들면 폭력이 많은 지역에 대해서는 주요 지점에 순찰을 강화하고, 미약이 많은 도시의 경우 마약 지역을 급습하는 등 강력한 대응을 실시했다.

'범죄 다발지역 경찰활동'에서는 먼저 경찰이 범죄가 발생할 만한 장소를 선점하여 범죄를 원천적으로 봉쇄함으로써 경찰의 범죄 억제력을 강화하는 정책의 실시가 필요하다. 그리고 경찰과 지역 주민들로 구성된 지역 네트워크의 강화를 통해 지역에 관한 정보를 수집해야 하며 우범지역 선정 시에 지역 여론을 충분히 수렴하여 결정하고 적극적인 홍보와 설득이 필요하다 (경찰공제회, 2009: 83).

3) 무관용 경찰활동

뉴욕시의 무관용 경찰활동(zero-tolerance policing) 전략은 '깨진 유리창(broken windows)'이론에 기초하고 있다. 이 이론에 따르면 지역사회 내의 수리되지 않은 깨진 유리창은 이를 아무도 돌보지 않는다는 표시이며, 이로 인해 더 많은 피해와 구걸이나 공공장소에서의 만취, 기물 파손 및 낙서(graffiti)와 같은 경미한 무례한 행위를 가져오며, 만약 이러한 행위들이 통제되지 못한다면 지역사회 내에서 더욱 심각한 범죄가 발생하게 되는 분위기를 가져온다는 것이다. 더불어 개인들에게 경범죄를 저지르고도 붙잡히지 않는다면 이는 좀 더 심각한 범죄들을 저지르도록 장려하거나 적어도 단념케 하지는 않는다는 것이다.

따라서 뉴욕시의 브래튼(William J. Bratton) 경찰청장 등은 깨진 유리창 명제를 적용하여 노상의 경범죄자를 대상으로 하는 적극적인 경찰 가시성은 범죄 수준의 실질적인 감소를 가져올 수 있다고 주장했다(강용길 외, 2010b: 393-394).

4) 민간 방범활동과 민경 협력 방범 체제의 강화

(1) 민간 방범활동의 필요성

다양화·지능화되어 가는 범죄에 대해 경찰만으로는 예방하는 데 한계가 있고, 범죄 예방은 전사회적 책임이라는 인식을 기반으로 민간 차원의 범죄 예방활동을 전개하는 것이 세계적 추세이다.

경찰의 치안 서비스 수준을 향상시키기 위해서는 경찰의 치안 서비스 생산활동에 시민들의 적극적인 참여와 협조가 요구된다. 이를 치안 서비스의 공동 생산이라고 하는데, 예로는 주민신고 체제의 확립, 금융기관 방범시설의 확충, 자율방범대 운용의 활성화 등이 있다(신현기 외, 2011: 393- 394).

(2) 민경 협력 방범 체제의 강화 방안

① 지역사회 경찰활동의 도입

경찰이 주민들에게 먼저 가까이 다가가서 주민들의 고충과 문제점을 해결해 줌으로써 주민들의 신뢰를 받고, 지역사회의 문제를 해결하는 활동에 주민들의 참여를 이끌어 냄으로써 경찰과 주민과의 동반자 관계를 정립한다.

② 민간 방범활동에 대한 홍보

민간 방범활동은 주민들의 참여를 전제로 하는 것이기 때문에 경찰은 포함한 정부는 주민의 자발적인 참여를 이끌어 내기 위해 홍보와 계몽활동을 지속해야 한다.

③ 자율방범단체의 조직 및 운영의 합리화

시민의 자유와 권리에 대한 보호와 규제라는 경찰 업무의 이중적 성격 때문에 경찰 서비스 전달 과정에의 시민 참여를 단지 시민들의 의사에만 맡겨둘 수는 없으므로 엄격한 관리 체제가 전제되어야 한다.

㉠ 참여자 구성의 적정화: 신상 파악, 적격성 검토
㉡ 재정의 확보: 일반 시민에 의한 자체적 재원 확보가 바람직하다.
㉢ 자율방범대원의 교육훈련: 인력의 체계적 관리를 위한 프로그램
㉣ 자율방범 활동의 체계적 운영: 활동 일정과 업무의 계획화, 업무의 감독과 평가제도, 포상 등 사기 제고 방안 등
㉤ 다른 자원봉사단체와의 연계 강화: 정보 교류, 세미나의 개최 등
㉥ 자원봉사자에 대한 지원 강화: 자율방범 활동 중의 사고에 대한 무상 의료 혜택 제공, 봉사활동에 대한 경력 점수 부여, 경찰관・경비원 등 유사 분야의 공직을 맡을 경우 활동 경력 인정 등

④ 민간경비업 육성

외국의 경우 미국・일본 등 국가들은 민간경비업에 종사하는 인원이 경찰관의 수를 상회하고 있으며, 민간경비가 경찰과 거의 동등한 수준으로 범죄 예방활동을 하고 있다. 특히 미국의 경찰과 민간경비는 각자의 독자적 영역을 구축하면서 철저하게 상호 협력 체제를 유지하고 있으며, 민간경비의 범죄 예방 기능이 국민생활 깊숙한 곳까지 스며든 상태이다.

따라서 우리나라 역시 국가 차원의 공(公)경비인 경찰과 민간 차원의 사(私)경비인 민간경비가 독자적 영역을 발전시켜 나가면서 상호 협력할 때 효율적인 범죄 예방활동 체제가 형성되어야 할 것이다. 이를 위해 현재 청원경찰과 경비업으로 이원화되어 있는 민간경비업 체제의 일원화, 경비 인력의 전문화, 경찰과의 협력 체계 구축 등의 노력이 요구된다.

참고 **의원경찰과 법정경찰**

- 청원경찰의 지도・감독 → 경비국 소관 업무
- 경비업의 지도・감독 → 방범국 소관 업무

제 2 절 생활안전경찰의 의의

1 생활안전경찰의 개념 및 특성

1) 생활안전경찰의 개념

생활안전경찰이란 범죄 예방 정책의 수립과 집행, 기타 이에 관련된 활동을 통해 국민의 생명과 재산을 보호하고 공공의 안녕과 질서를 유지하는 경찰의 기능이다. 경찰작용상의 분류에 의해 경찰의 종류를 사법(司法)경찰과 행정경찰로 분류할 때, 생활안전경찰은 행정경찰에 속한다. 행정경찰을 다시 보안경찰과 협의의 행정경찰로 구분했을 때에는 생활안전경찰은 보안경찰에 해당된다. 또한 범죄발생을 기준으로 하여 예방경찰과 진압경찰로 분류할 때, 생활안전경찰은 예방경찰에 속한다(신현기 외, 2011: 402).

2) 생활안전경찰의 특성

(1) 예방경찰

경찰활동의 대상이 되는 모든 범죄를 미연에 방지하는 활동이다.

(2) 업무의 비긴박성 · 비즉효성

생활안전경찰은 범죄 · 사고의 예방이 기본 업무로 되어 있어 수사 · 경비 등에서와 같은 긴박성과 즉효성은 지니지 않는다.

(3) 대상의 복잡성 · 다양성

경찰 대상 중 수사 · 정보 · 교통 · 경비 등 전담 부서가 담당하는 특정 분야를 제외한 경찰 업무 전반이 생활안전경찰의 대상이 되므로 매우 복잡하고 광범위하다.

(4) 대상의 유동성

사회 정세와 국민 의식의 변화에 즉응한 지도 · 단속이 요구되므로 대상 분야가 일정하지 않고 유동성을 지닌다.

(5) 관계 법령의 다양성 · 전문성

생활안전경찰이 관장하는 법령은 종류가 다양하고 내용도 전문적 · 기술적인 것이 많다.

(6) 주민과의 접촉성

생활안전경찰은 주민의 일상생활의 안녕과 질서를 보호함을 주임무로 하고 있어 다른 경찰 분야에 비해 주민과 가장 밀접하게 접촉하고 있다.

(7) 다른 부문에 대한 지원성

생활안전경찰활동은 경찰 업무 전체와 직결되어 있고, 다른 분야 경찰의 업무를 줄이는 등 지원의 성격이 있다(신현기 외, 2011: 402-403).

2 생활안전경찰활동(방범활동)의 법적 근거와 종류

1) 법적 근거

생활안전경찰활동의 법적 근거로는 「경찰법」 제3조와 「경찰관직무집행법」 제2조의 경찰 임무 또는 직무로서의 범죄 예방 규정이 그 예이다. 여기에서의 범죄 예방은 방범활동의 사물 관할(경찰법 제3조 등)을 정한 것으로 볼 수 있다. 따라서 생활안전경찰의 순찰과 같은 비권력적 작용은 이러한 임무 규정만으로도 그 활동을 가능하다. 그러나 생활안전경찰활동 업무 중 침해를 수반하는 권력적 작용, 즉, 풍속영업 단속의 경우에는 반드시 그에 관한 법률의 수권이 필요하다.

2) 관련 법규의 종류

(1) 생활안전 분야

생활안전 분야에는 「경찰법」, 「경찰관직무집행법」, 「유실물법」, 「경범죄처벌법」, 「즉결심판에 관한 절차법」 등이 있다.

(2) 총포·화약 분야

총포·화약 분야에는 「총포·도검·화약류 등 단속법」이 대표적이다.

(3) 풍속 분야

풍속 분야에는 「풍속영업의 규제에 관한 법률」, 「음반·비디오물 및 게임물에 관한 법률」, 「윤락행위 등 방지법」, 「식품위생법」, 「사행행위 등 규제 및 처벌특례법」, 「형법」, 「공중위생관련법」, 「공연법」 등이 있다.

(4) 소년 업무 분야

소년 업무 분야에는 「청소년보호법」, 「청소년의 성보호에 관한 법률」, 「아동복지법」, 「소년법」, 「근로기준법」, 「직업안정법」, 「학교보건법」, 「마약류관리에 관한 법률」, 「학원의 설립·운영에 관한 법률」, 「청소년보호법」, 「청소년의 성보호에 관한 법률」, 「유해화학물질관리법」 등이 있다.

3 생활안전경찰의 조직과 임무

1) 경찰청

(1) 생활안전국 생활안전과(경찰청사무분장규칙)

생활안전 업무	• 범죄 예방에 관한 연구 및 기획 • 지하철수사대 운영 지도 • 산악구조대 운영 지도 • 일반적 범죄 예방을 위한 신변 보호(대상자가 범죄 신고·피해자, 북한이탈 주민, 경호·요인 보호 대상에 해당하는 경우 및 신변 보호 요청이 범죄 신고에 해당하는 경우 등은 제외한다) • 기타 국(局) 내 서무와 다른 과(課)의 주관에 속하지 아니하는 사항
지역경찰 업무	• 지구대·파출소의 외근 업무에 관한 기획 • 112순찰차 운영 지도 • 112제도 발전계획 수립·운영 및 조정 • 112제도 자료관리 및 통계분석 • 112신고센터 운영 지도
협력방범 업무	• 협력 방범에 관한 기획·연구 및 지도 • 경비업 관련 업무 • 방범 홍보에 관한 연구 및 지도

(2) 생활안전국 생활질서과(경찰청사무분장규칙)

생활질서 업무	• 풍속·성매매 사범에 관한 지도 및 단속 • 사행행위 지도 단속 • 기초 및 행락질서 업무지도 • 즉결심판 업무의 지도 • 경범통고처분 업무의 관리지도 • 유실물 처리 업무의 지도 • 보호조치 업무의 지도
총포 · 화약 업무	• 총포 · 도검 · 분사기 · 전자충격기 · 석궁 등의 허가 및 지도 단속 • 화학류의 허가 및 지도 단속 • 수렵총기 안전관리 • 불법무기류 자진신고 및 색출 단속 • 폭발물 사고 방지 및 경호안전 지도 • 총포 · 화약안전기술협회의 임직원 채용, 사업 · 예산 검토 등 지도감독 • 사격장 안전관리 • 총포 · 화약관련 안전사고의 예방에 관한 기획 · 지도

(3) 생활안전국 여성 · 청소년과

여성보호 업무	• 성폭력 · 성매매 · 가정폭력 · 아동 학대에 대한 예방 대책 수립 및 피해자 보호를 위한 정책 기획 • 성폭력 · 성매매센터 운영 • 진술녹화실 및 여성상담실 운영 업무 • 정부의 여성 관련 정책 수행에 관한 사항(경찰청 소속 여성 공무원에 관한 사항은 제외한다)
청소년선도 업무	• 소년 관련 경찰 업무에 관한 주요 계획 · 연구 • 소년비행 방지에 관한 지도 · 조사 • 소년범죄 수사지도 및 비행소년 보호 · 지도 • 청소년단체와의 협력 · 지원 • 청소년 유해환경 단속의 지도 • 가출인 및 실종아동 등 • 실종 관련 업무 총괄 • 아동안전 정책 수립 • 아동안전 협력 치안

2) 경찰서

경찰서 단위의 생활안전경찰 업무는 생활안전과와 여성청소년과를 중심으로 그에 소속된 생활안전계, 생활질서계, 아동여성계, 청소년계, 112 신고센터 등에서 담당하고 있다.

제 3 절 지역경찰활동

1 개념

지난 2003년 이후 실시되고 있는 지역경찰제는 이전의 파출소 3~4개를 통합하여 순찰지구대나 파출소, 치안센터 등으로 인력 및 조직 구조를 개편함으로써 관련 자원을 효율적으로 활용하고, 현장 대응 능력을 강화함과 동시에 지역사회와의 관계를 향상시키기 위한 일련의 경찰활동이다. 현행 「지역경찰 조직 및 운영에 관한 규칙」 제2조와 제3조에서는 관할지역의 실태를 파악하여 그에 알맞은 활동을 하고, 항상 즉응 체제를 유지하여 경찰업무 전반에 걸쳐 초동 조치를 함으로써 주민 생활의 안전과 평온을 확보함과 동시에 주민에 대한 적극적인 봉사 및 원활한 관계 유지에 노력하기 위해 지구대, 파출소, 치안센터, 분소, 초소 등을 설치하도록 규정하고 있다(남재성·이강훈, 2009: 226-227).

2 지역경찰의 조직 및 운영

1) 조직 및 구성

(1) 지역경찰관서

지역경찰관서란 「경찰법」 제17조 및 「경찰청과 그 소속기관 직제」 제44조에 규정된 지구대 및 파출소를 말한다.

① 설치 및 폐지

지방경찰청장은 인구, 면적, 행정구역, 교통·지리적 여건, 각종 사건사고 발생 등을 고려하여 경찰서의 관할구역을 나누어 지역경찰관서를 설치한다. 지역경찰관서의 명칭은 "○○경찰서 ○○지구대(파출소)"로 한다.

② **지역경찰관서장**

지역경찰관서의 사무를 통할하고 소속 지역경찰을 지휘·감독하기 위해 지역경찰관서에 지구대장 및 파출소장을 둔다. 이 중에서 지구대장은 경정 또는 경감, 파출소장은 경감 또는 경위로 보한다. 지역경찰관서장은 다음의 직무를 수행한다.

가. 관내 치안 상황의 분석 및 대책 수립

나. 지역경찰관서의 시설·예산·장비의 관리

다. 소속 지역경찰의 근무와 관련된 제반 사항에 대한 지휘 및 감독

라. 경찰 중요 시책의 홍보 및 협력 치안 활동

③ **하부조직**

지역경찰관서에는 관리팀과 상시·교대 근무로 운영하는 복수의 순찰팀을 둔다. 순찰팀의 수는 지역 치안 수요 및 인력 여건 등을 고려하여 지방경찰청장이 결정한다. 관리팀 및 순찰팀의 인원은 지역 치안 수요 및 인력 여건 등을 고려하여 경찰서장이 결정한다.

가. 관리팀

관리팀은 문서의 접수 및 처리, 시설 및 장비의 관리, 예산의 집행 등 지역경찰관서의 행정 업무를 담당한다.

나. 순찰팀

순찰팀은 범죄 예방 순찰, 각종 사건사고에 대한 초동 조치 등 현장 치안 활동을 담당하며, 팀장은 경감 또는 경위로 보한다. 순찰팀장은 다음의 직무를 수행한다.

㉠ 근무 교대 시 주요 취급 사항 및 장비 등의 인수인계 확인

㉡ 관리팀원 및 순찰팀원에 대한 일일근무 지정 및 지휘·감독

㉢ 관내 중요 사건 발생 시 현장 지휘

㉣ 지역경찰관서장 부재 시 업무 대행

한편, 순찰팀장을 보좌하고 순찰팀장 부재 시 업무를 대행하기 위해 순찰팀별로 부팀장을 둘 수 있다.

④ **지휘 및 감독**

가. 경찰서장

경찰서장은 지역경찰관서의 운영에 관해 총괄 지휘·감독한다.

나. 경찰서 각 과장

경찰서 각 과장은 각 과의 소관 업무와 관련된 지역경찰의 업무에 관해 지휘·감독한다.

다. 지역경찰관서장

지역경찰관서장은 지역경찰관서의 시설·장비·예산 및 소속 지역경찰의 근무에 관한 제반 사항을 지휘·감독한다.

라. 순찰팀장

순찰팀장은 근무 시간 중 소속 지역경찰을 지휘·감독한다.

(2) 치안센터

① **설치 및 폐지**

지방경찰청장은 지역 치안을 효율적으로 수행하기 위해 지역경찰관서장 소속 하에 치안센터를 설치할 수 있다. 치안센터의 명칭은 "○○지구대(파출소) ○○치안센터"로 한다.

② **소속 및 관할**

치안센터는 지역경찰관서장의 소속 하에 두며, 치안센터의 인원, 장비, 예산 등은 지역경찰관서에서 통합 관리한다. 치안센터의 관할구역은 소속 지역경찰관서 관할구역의 일부로 한다. 치안센터 관할구역의 크기는 설치 목적, 배치 인원 및 장비, 교통·지리적 요건 등을 고려하여 경찰서장이 정한다.

③ **운영 시간**

치안센터는 24시간 상시 운영을 원칙으로 한다. 다만, 경찰서장은 지역 치안 여건 및 인원 여건을 고려, 운영 시간을 탄력적으로 조정할 수 있다.

④ **근무자의 배치**

치안센터 운영 시간에는 치안센터 관할구역에 근무자를 배치함을 원칙으로 한다. 경찰서장은 치안센터의 종류 및 지리적 여건 등을 고려하여 필요한 경우 치안센터에 전담 근무자를 배치할 수 있다.

⑤ 치안센터장

경찰서장은 치안센터에 전담 근무자를 배치하는 경우 전담 근무자 중 1명을 치안센터장으로 지정할 수 있으며, 치안센터장의 임무는 다음과 같다.

가. 경찰 민원 접수 및 처리

나. 관할지역 내 주민 여론 수렴 및 보고

다. 타기관 협조 등 협력 방범활동

라. 기타 치안센터 운영과 관련된 문제점 및 개선 대책 수립 및 보고

⑥ 치안센터의 종류

치안센터는 설치 목적에 따라 검문소형과 출장소형으로 구분한다. 출장소형 치안센터는 지리적 여건·치안 수요 등을 고려하여 필요한 경우 직주(職住)일체형으로 운영할 수 있다.

가. 검문소형 치안센터

검문소형 치안센터는 적의 침투 예상로 또는 주요 간선도로의 취약 요소 등에 교통통제 요소 등을 고려하여 설치한다. 다만, 지방경찰청 및 경찰서 관할의 경계에는 인접 관서장과 협의하여 단일 치안센터를 설치하는 것을 원칙으로 한다.

검문소형 치안센터 근무자의 임무는 다음과 같다.

㉠ 거점 형성에 의한 지역 경계

㉡ 불순분자 색출 및 제 경찰사범의 단속 및 검거

㉢ 관할 내 각종 사건·사고 발생 시 초동 조치

나. 출장소형 치안센터

출장소형 치안센터는 지역 치안활동의 효율성 및 주민 편의 등을 고려하여 필요한 지역에 설치한다. 출장소형 치안센터 근무자의 임무는 다음과 같다.

㉠ 범죄 예방 순찰 및 위험 발생 방지

㉡ 방문 민원 접수 및 처리

㉢ 관할 내 각종 사건사고 발생 시 초동 조치

㉣ 관할 내 주민 여론 청취 등 지역사회 경찰활동

한편, 경찰서장은 도서, 접적 지역 등 지리적 여건상 필요한 경우에는 출장소형 치안센터에 검문소형 치안센터의 임무를 병행하도록 할 수 있다.

다. 직주일체형 치안센터

직주일체형 치안센터는 출장소형 치안센터 중 근무자가 치안센터 내에 거주하면서 근무하는 형태의 치안센터를 말한다. 직주일체형 치안센터에는 배우자와 함께 거주함을 원칙으로 하며, 배우자는 근무자 부재 시 방문 민원 접수·처리 등 보조 역할을 수행한다.

이러한 직주일체형 치안센터에 배치된 근무자는 근무 종료 후에도 관할 구역 내에 위치하며 지역경찰관서와 연락 체계를 유지해야 한다. 다만, 휴무일은 제외한다. 지방경찰청장은 직주일체형 치안센터에 배우자가 함께 거주하지 않는 경우에는 전투경찰순경을 상주 배치해야 한다.

한편, 직주일체형 치안센터에는 근무자의 특례가 인정된다. 경찰서장은 직주일체형 치안센터에서 거주하는 근무자의 배우자에게 조력 사례금을 지급해야 하며, 지급 기준 및 금액은 경찰청장이 정한다. 또한 직주일체형 치안센터 근무자의 근무 기간은 1년 이상으로 하며, 임기를 마친 경찰관은 희망 부서로 배치하고, 차기 경비부서의 차출 순서에서 1회 면제한다.

(3) 근무

① 근무 형태 및 시간

가. 지역경찰관서장

지역경찰관서장은 일근근무를 원칙으로 한다. 다만, 경찰서장은 필요하다고 인정되는 경우에는 지역경찰관서장의 근무 시간을 조정하거나, 시간외·휴일 근무 등을 명할 수 있다.

나. 관리팀

관리팀은 일근근무를 원칙으로 한다. 다만, 지역경찰관서장은 필요하다고 인정되는 경우에는 근무 시간을 조정하거나, 시간외·휴일 근무 등을 명할 수 있다.

다. 순찰팀장 및 순찰팀

순찰팀장 및 순찰팀원은 상시·교대 근무를 원칙으로 하며, 근무 교대 시간 및 휴게 시간, 휴무 횟수 등 구체적인 사항은 「국가공무원 복무규정」 및 「경찰기관 상시근무 공무원의 근무 시간 등에 관한 규칙」이 규정한 범위 안에서 지방경찰청장이 정한다.

라. 치안센터 전담 근무자

치안센터 전담 근무자의 근무 형태 및 근무 시간은 치안센터의 종류 및 운영 시간 등을 고려하여 경찰서장이 정한다.

마. 전투경찰순경

전투경찰순경의 근무 형태 및 시간은 지역 치안 여건 등을 고려하여 「전투경찰순경 등 관리규칙」에 규정한 범위 내에서 지역경찰관서장이 정한다.

② 근무의 종류

지역경찰의 근무는 행정근무, 상황근무, 순찰근무, 경계근무, 대기근무, 기타 근무로 구분한다.

가. 행정근무

행정근무를 지정받은 지역경찰은 지역경찰관서 내에서 다음의 업무를 수행한다.

㉠ 문서의 접수 및 처리

㉡ 시설·장비의 관리 및 예산의 집행

㉢ 각종 현황, 통계, 자료, 부책 관리

㉣ 기타 행정 업무 및 지역경찰관서장이 지시한 업무

나. 상황근무

상황근무를 지정받은 지역경찰은 지역경찰관서 및 치안센터 내에서 다음의 업무를 수행한다.

㉠ 시설 및 장비의 작동 여부 확인

㉡ 방문 민원 및 각종 신고사건의 접수 및 처리

㉢ 요보호자 또는 피의자에 대한 보호·감시

㉣ 중요 사건·사고 발생 시 보고 및 전파

ⓜ 기타 필요한 문서의 작성

다. 순찰근무

순찰근무는 그 수단에 따라 112순찰, 방범 오토바이순찰, 자전거순찰 및 도보순찰 등으로 구분한다. 112순찰근무 및 야간 순찰근무는 반드시 2인 이상 합동으로 지정해야 한다.

순찰근무를 지정받은 지역경찰은 지정된 근무구역에서 다음의 업무를 수행한다.

㉠ 주민 여론 및 범죄 첩보 수집

㉡ 각종 사건사고 발생 시 초동 조치 및 보고, 전파

㉢ 범죄 예방 및 위험 발생 방지 활동

㉣ 경찰사범의 단속 및 검거

ⓜ 경찰 방문 및 방범 진단

㉥ 통행인 및 차량에 대한 검문 검색 등

라. 경계근무

경계근무는 반드시 2인 이상 합동으로 지정해야 한다. 경계근무를 지정받은 지역경찰은 지정된 장소에서 다음의 업무를 수행한다.

㉠ 불순분자 및 범법자 등 색출을 위한 통행인 및 차량, 선박 등에 대한 검문 검색 및 후속 조치

㉡ 비상 및 작전사태 등 발생 시 차량, 선박 등의 통행 통제

마. 대기근무

대기근무는「경찰기관 상시근무 공무원의 근무 시간 등에 관한 규칙」제2조 제6호의 '대기'를 뜻한다. 대기근무의 장소는 지역경찰관서 및 치안센터 내로 한다. 단, 식사 시간을 대기근무로 지정한 경우에는 식사 장소를 대기근무 장소로 지정할 수 있다. 대기근무를 지정받은 지역경찰은 지정된 장소에서 휴식을 취하되, 무전기를 청취하며 10분 이내 출동이 가능한 상태를 유지해야 한다.

바. 기타 근무

기타 근무는 치안 상황에 효과적으로 대응하기 위해 지역경찰 관리자가 지정하는 근무로서 근무 내용 및 방법 등은 지역경찰관리자가 정한다.

2) 지역경찰운영지침 및 지역경찰관의 동원

① 지역경찰운영지침

지방경찰청장 또는 경찰서장은 다음에 정하는 사항을 준수해야 한다.

가. 지역경찰의 정원을 다른 부서에 우선해서 충원

나. 지역경찰의 근무 방법 등을 표준화하여 능률적으로 수행

다. 지역경찰의 직무 수행 능력 향상을 위해 필요한 교육 실시

라. 지역경찰관의 자율적이고 적극적인 근무 자세 및 의욕 고취

마. 지역경찰활동의 적정 수행 및 고충 해소를 위한 지도 방문 실시

② 지역경찰관의 동원

경찰관서장은 다음에 정하는 사유 등 특히 필요하다고 인정할 때에 한하여 지역경찰관을 동원할 수 있다.

가. 다중범죄 진압, 대간첩작전 기타의 비상사태

나. 경호경비 또는 각종 집회 및 행사의 경비

다. 중요 범인의 체포를 위한 긴급 배치

라. 화재, 폭발물, 풍수설해 등 중요 사고의 발생

마. 기타 다수 경찰관의 동원을 필요로 하는 행사 또는 업무

동원 시에는 당해 시간 근무자를 먼저 소집하고 부득이한 경우에 한해 비번자를 동원할 수 있다.

3) 지역경찰의 순찰활동

(1) 순찰의 의의

순찰이란 외근 경찰관이 개괄적인 경찰 임무의 수행과 관내 정황을 파악하기 위해 관내의 일정한 지역을 순회 시찰하는 외근활동을 말한다. 순찰은 외근근무 중에서도 가장 대표적이며 기본적인 근무이다(신현기, 2010: 413-414).

(2) 순찰의 기능

① 헤일(C. D. Hale)의 논의

순찰의 기능을 범죄 예방과 범인 검거, 법 집행, 질서 유지, 대민 서비스 제공, 교통 지도 단속 등 다섯 가지로 구분하면서 모든 경찰활동의 목적이 순찰을 통해 달성된다고 보았다.

② 워커(S. Walker)의 논의

순찰이 경찰활동의 핵심이라고 보고, 특히 잠재적 범죄자의 범죄를 억제하고 지역 주민들에게 심리적 안정감을 주기 위해서는 가시적 순찰이 필요함을 강조했다. 순찰의 기능으로는 범죄의 억제, 공공 안전감의 증진, 대민 서비스 제공 등을 제시했다.

(3) 순찰의 종류

① 순찰 노선에 의한 구분

가. 정선순찰

가급적 관할구역 전부에 미칠 수 있도록 사전에 정해진 노선을 규칙적으로 순찰하는 방법으로 순찰경찰관에 대한 불신을 바탕으로 감독의 용이성을 위해 순찰함에 일일이 서명(sign)을 하도록 하는 방식이다. 순찰 노선이 일정하고 경찰관 행동이 규칙적이므로 감독·연락이 용이하다. 그러나 근무자의 자율성이 저하되고 책임 회피식 순찰이 될 위험이 있으며, 범죄행위자들이 이를 예측하고 출현할 수 있다는 단점이 있다.

나. 난선순찰

임의로 경찰사고 발생 상황 등을 고려하여 순찰지역이나 노선을 선정, 불규칙적으로 순찰하는 방법으로, 사전에 순찰노선을 정해 놓지 않고 임의로 불규칙적으로 순찰한다. 범죄자의 예측을 교란시킬 수 있고, 종횡무진한 순찰을 통해 범죄 예방을 증대시킬 수 있으나, 순찰 근무자에 대한 위치 추적이 곤란하고, 근무자의 태만과 소홀을 조장할 수 있다.

다. 요점순찰

순찰구역 내의 중요 지점을 지정하여 순찰자는 반드시 그곳을 통과하며, 지정된 요점과 요점 사이에서는 난선순찰 방식에 따라 순찰하는 방법이다.

정선순찰과 난선순찰의 장점을 절충한 방식으로 중요 요점에만 순찰함이 놓이게 되므로 순찰함이 정선순찰에 비해 적게 소요된다.

라. 구역순찰

한편 구역순찰은 순찰구역 내에서의 중요 범죄 혹은 인구 분포, 경찰 대상물의 존재 등을 과학적으로 분석하여 순찰 소(小)구역을 각각 적당 수로 설정하여 그 구역 내에 한해 자율적으로 난선순찰하는 방법이다. 일정한 구역 내에서 계속하여 범죄가 발생하는 경우, 이를 예방하거나 검거하는 데 효과적이라고 한다(임준태, 2004: 269-371).

② 순찰 수단에 의한 구분

가. 도보순찰

도보순찰은 사고 발생 시 신속한 대처가 가능하고 순찰자가 상세하고 치밀하게 정황을 관찰할 수 있다. 특별한 기동 수단이 필요하지 않으므로 경비 소요가 없으며, 야간 등 청력을 필요로 하는 경우에 유리하다. 또한 주민 접촉이 용이하여 대민 관계의 기회를 높일 수 있으며, 도로 사정과 장소 여건과 관계없이 순찰을 용이하게 할 수 있을 뿐만 아니라 은밀한 순행으로 현행범 발견이 용이하다.

반면에 순찰자의 피로로 순찰 노선의 단축과 순찰 횟수 감소를 야기할 수 있으며, 기동성의 부족과 장비 휴대의 한계가 나타난다. 또한 통행자가 다수일 경우 경찰력 발휘가 미흡할 수 있다.

나. 자동차순찰

자동차순찰은 높은 가시 방범 효과와 더불어 기동성에 의한 신속한 사건·사고 처리가 가능하다. 다양한 장치의 적재가 가능하고, 시가지나 고속도로상에서 추적 시 효과적인 순찰 수단이다. 그러나 좁은 골목길에서의 주행이 불가능하고 정황관찰 범위가 제한적이며, 많은 경비가 소요된다.

다. 사이카순찰

사이카순찰은 자동차가 주행할 수 없는 좁은 지역의 순찰이 가능하며 빠른 기동성이 장점이다. 그러나 잦은 사고로 인한 인명 손실과 수선 비용이 막대하며, 날씨 상태에 영향을 많이 받는다.

라. 기타

순찰 시 자전거를 이용하는 순찰은 순찰활동 시 대민과의 접촉이 용이하며, 순찰차로는 순찰하기 어려운 곳도 순찰이 가능하다는 장점이 있다. 또한 도보순찰보다는 육체적 피로를 줄이면서도 더 광범위한 지역의 순찰이 가능하다. 자전거순찰의 단점으로는 자동차나 사이카에 비해 기동성이 떨어지고 장비 적재에 한계가 있다는 점이다. 또한 기후 조건에 따라 제약을 받을 수 있다는 문제도 지적되고 있다(이황우, 2002: 553).

그 밖에도 기마순찰, 인라인순찰 등이 시범적으로 운영되기도 한다. 이는 시민들에게 순찰활동의 홍보성을 알리는 목적이 크다고 할 수 있다. 경찰의 다양한 순찰 수단 개발과 시도로 인해, 일반 시민들은 경찰활동에 더욱 관심을 가지게 되고, 이는 곧 경찰과 일반 시민들의 긍정적인 관계 형성이라는 효과를 낳게 된다.

③ 기타 구분

순찰 인원 수에 따라 단독순찰과 복수순찰로, 순찰자의 복장에 따라 제복순찰과 사복순찰로, 순찰 시간에 따라 주간순찰과 야간순찰로 구분된다.

(4) 대표적인 순찰 실험 결과

① 캔자스 시티 예방순찰실험

미주리 주의 캔자스 시 경찰서에서 1972년 일상적인 예방순찰의 효과를 결정하기 위한 실험으로 캔자스 시내에 순찰구역을 5개씩 3개의 그룹으로 나누어 1구역은 사후 대응적으로, 2구역은 구역당 순찰차 한 대의 평균적인 수준으로 표준 예방순찰을 하는 통제적 순찰로, 3구역은 사전 예방적으로 실시했다. 전체적으로 순찰차가 2~3배로 증가되었으나 각 구역의 범죄율, 경찰 서비스의 전달 또는 시민의 안전감에는 별 영향이 없는 것으로 연구 결과가 발표되었다.

② 뉴어크 도보순찰실험

뉴지지 주의 뉴어크(Newark)에서도 1978년 2월부터 1979년 1월에 기존 도보순찰의 효과성이 떨어지는 점에 대해 경찰관들의 재배치를 통해 도보

순찰 실험을 실시했으며, 주로 순찰경찰관들이 매일매일 작성하는 활동기록표를 토대로 도보순찰의 효과성을 평가했다. 실험 결과 지역 주민의 안전감은 증가했으나 범죄의 감소에는 영향이 없는 것으로 확인되었다.

③ 미시간 주 플린트 시 도보순찰실험

1979년 플린트(Flint) 경찰서에서는 찰스모트(Charles Mott) 재단의 후원금으로 지역사회에 기초한 도보순찰 실험을 실행했으며, 도시 거주자의 20% 정도를 포함하는 14개의 지리적인 지역에 배치된 22명의 도보순찰경관으로 시작하여 상업지역뿐만 아니라 거주지역도 순찰했다. 경찰은 법집행 서비스와 조직화된 지역 감시를 제공하고 자문위원회를 만들어 다른 지역사회 기관과의 연결고리로 활동했으며, 지역사회의 문제 해결과 안전의 확보, 노인들의 희생과 청소년 범죄 등 지역사회 문제 해결을 시도했다. 또한 경찰들은 영구적인 순찰구역을 가지고 지역사회와 상호작용을 증대시켰다. 그 결과 실험지역이 다른 지역에 비해 범죄가 감소되었음이 발견되었고, 시민들은 경찰관의 도보순찰로 안전하다고 느꼈으며, 특정한 문제에 대해 경찰관에게 말하는 빈도도 증가하는 효과가 있었다(강용길 외, 2010b: 29-30).

제 4 절 범죄의 예방활동

1 경찰사범의 단속

1) 풍속사범의 단속

(1) 의의 및 단속 이유

① 의의

풍속사범의 단속이란 사회의 선량한 풍속을 유지하기 위해 사회 일반의 풍기 및 건전한 생활 습관에 영향을 주는 행위를 금지·제한하는 경찰활동이다. 풍속사범이란 공서양속(公序良俗)을 저해하는 사범으로 성매매행위, 사행(射倖)행위, 음란행위 등이 있다.

선량한 풍속이란 어느 특정 시대나 국가에서 일반적으로 용인되고 있는 도덕적 관념과 규범을 말한다. 선량한 풍속은 그 사회의 공공의 안녕과 질서, 윤리적 기반을 이루고 있다는 의미에서 공공의 질서와 선량한 풍속을 합해 흔히 공서양속이라 한다.

한편, 풍속사범의 단속 이유는 풍속영업소가 풍속에 해로운 영향을 미치는 행위를 하는 것을 단속·방지함으로써 건전한 국민의 미풍양속을 보호함과 동시에 범죄 발생의 가능성을 사전 배제하자는 데 있다.

(2) 단속 대상

① 성도덕에 반하는 행위

성도덕에 반하는 행위는 성욕을 원인으로 야기된 범죄 또는 성도덕에 반하는 범죄로 간통행위(형법 제214조)·성매매 행위(성매매 알선 등 행위의 처벌에 관한 법률)·공연음란행위(형법 제245조) 기타 추행행위 등을 들 수 있다.

가. 성매매 행위

성매매 행위라 함은 금품, 그 밖의 재산상의 이익을 수수·약속한 상태에서 이루어지는 직접적인 성행위는 물론, 신체의 일부 또는 도구를 이용한 '유사 성행위'까지 포괄적으로 포함한다. 우리나라는 성매매 알선 등 행위의 처벌에 관한 법률과 풍속영업의 규제에 관한 법률, 청소년의 성보호에 관한 법률 등 특별법에 의해 성매매 행위를 처벌한다.

참고 성매매 행위에 대한 국가별 입법 형태

금지주의	• 성매매 행위를 범죄로 간주하는 입법 태도 • 우리나라, 필리핀, 태국, 뉴욕주 등
규제주의	• 경찰·행정당국의 허가를 받고 등록대장, 의료감시 등 통제 수단을 활용하는 입법 태도 • 독일, 네덜란드, 대만, 호주 등
폐지주의	• 성매매 행위는 자유활동으로 허가되나 착취·조장 등을 금지하는 입법 태도 • 영국, 프랑스, 일본, 스위스, 오스트리아 등

나. 음란행위

음란의 개념에 대해 우리나라의 학설과 판례는 일반적으로 성욕을 자극하거나 흥분 또는 만족하게 하는 내용으로서 일반인의 정상적인 성적 수치심을 해치고, 건전한 성적 도덕 관념에 반하는 것으로 보고 있다. 이것은 매우 추상적인 개념이어서 어떤 행위가 음란한 행위인가에 대한 판단은 구체적 행위를 개별적으로 판단하는 수밖에 없다.

우리나라 형법은 공연한 음란행위를 처벌하고(동법 제245조), 풍속영업의 규제에 관한 법률과 식품위생법은 해당 업소에서의 일체의 음란행위를, 경범죄처벌법은 과다 노출(제1조 41호)을 처벌하고 있다.

한편, 인터넷에서의 행위는 정보통신망 이용 촉진 및 정보보호 등에 관한 법률의 위반행위이다.

② 성도덕에 반하는 행위를 조장하는 행위

성도덕에 반하는 행위를 조장하는 행위는 성매매의 권유·유인·알선행위, 성매매 매개행위 등이다.

③ 현저한 사행적인 행위

사행(射倖)행위란 우연한 사실에 따라 재물의 득실을 거는 행위로, 이는 사람의 사행심을 유발하고 건전한 경제사상의 마비를 초래하고 나아가 범죄를 일으키는 동기가 되므로 이를 풍속사범으로 금지·단속하는 것이다. 사행행위는 반사회성, 다양성, 요행성 등의 특징이 있다.

현재 우리나라에서는 사행행위 중 현저한 사행적 행위만을 처벌한다. 예컨대, 형법에 도박죄(도박·상습도박죄·도박개장죄)와 복표의 발매 등의 죄(제248조)를 규정하고 있고, 특별법인 사행행위 등 규제 및 처벌특례법에 의해 사행행위(복표발행업, 현상업, 기타 사행행위업(회전판돌리기업, 추첨업, 경품업))를 처벌하고 있다.

(3) 풍속사범 관련 법률

①「풍속영업의 규제에 관한 법률」

이 법은 풍속영업(風俗營業)을 하는 장소에서 선량한 풍속을 해치거나 청소년의 건전한 성장을 저해하는 행위 등을 규제하여 미풍양속을 보존하고 청소년을 유해한 환경으로부터 보호함을 목적으로 한다.

풍속영업의 범위란 「게임산업 진흥에 관한 법률」 제2조 제6호에 따른 게임제공업 및 같은 법 제2조 제8호에 따른 복합유통게임제공업, 「영화 및 비디오물의 진흥에 관한 법률」 제2조 제16호 가목에 따른 비디오물감상실업, 「음악산업 진흥에 관한 법률」 제2조 제13호에 따른 노래연습장업, 「공중위생관리법」 제2조 제1항 제2호부터 제4호까지의 규정에 따른 숙박업, 목욕장업(沐浴場業), 이용업(理容業) 중 대통령령으로 정하는 것, 「식품위생법」 제36조 제1항 제3호에 따른 식품접객업 중 대통령령으로 정하는 것, 「체육시설의 설치·이용에 관한 법률」 제10조 제1항 제2호에 따른 무도학원업 및 무도장업, 그 밖에 선량한 풍속을 해치거나 청소년의 건전한 성장을 저해할 우려가 있는 영업으로 대통령령으로 정하는 것 등이 포함된다.

풍속영업을 하는 자는 성매매 알선 등 행위, 음란행위를 하게 하거나 이를 알선 또는 제공하는 행위, 음란한 문서·도화(圖畵)·영화·음반·비디오물, 그 밖의 음란한 물건에 대한 반포(頒布)·판매·대여하거나 이를 하게 하는 행위와 관람·열람하게 하는 행위 및 반포·판매·대여·관람·열람의 목적으로 진열하거나 보관하는 행위, 도박이나 그 밖의 사행(射倖)행위를 하게 하는 행위를 해서는 아니 된다.

② 「성매매 알선 등 행위의 처벌에 관한 법률」

가. 법률 제정의 의의

이 법은 성매매, 성매매 알선 등 행위 및 성매매 목적의 인신 매매를 근절하고, 성매매 피해자의 인권을 보호함을 목적으로 한다.

나. 정의

㉠ 성매매

성매매란 불특정인을 상대로 금품이나 그 밖의 재산상의 이익을 수수(收受)하거나 수수하기로 약속하고 성교행위나 구강, 항문 등 신체의 일부 또는 도구를 이용한 유사 성교행위를 하거나 그 상대방이 되는 것을 말한다.

㉡ 성매매 알선 등 행위

성매매를 알선, 권유, 유인 또는 강요하는 행위, 성매매의 장소를 제공하는 행위, 성매매에 제공되는 사실을 알면서 자금, 토지 또는 건물을 제공하는 행위를 말한다.

㉢ 성매매 목적의 인신 매매

성매매 목적의 인신 매매란 성을 파는 행위 또는 음란행위를 하게 하거나, 성교행위 등 음란한 내용을 표현하는 사진·영상물 등의 촬영 대상으로 삼을 목적으로 위계(僞計), 위력(威力), 그 밖에 이에 준하는 방법으로 대상자를 지배·관리하면서 제3자에게 인계하는 행위, 사물을 변별하거나 의사를 결정할 능력이 없거나 미약한 사람 또는 중대한 장애가 있는 사람이나 그를 보호·감독하는 사람에게 선불금 등 금품이나 그 밖의 재산상의 이익을 제공하거나 제공하기로 약속하고 대상자를 지배·관리하면서 제3자에게 인계하는 행위, 그리고 앞선 행위를 알면서도 전매를 위해 대상자를 인계받는 행위를 말한다.

㉣ 성매매 피해자

성매매 피해자란 위계, 위력, 그 밖에 이에 준하는 방법으로 성매매를 강요당한 사람, 업무 관계, 고용 관계, 그 밖의 관계로 인해 보호 또는 감독하는 사람에 의해 마약·향정신성 의약품 또는 대마에 중독되어 성매매를 한 사람, 청소년, 사물을 변별하거나 의사를 결정할 능력이 없거나 미약한 사람 또는 대통령령으로 정하는 중대한 장애가 있는 사람으로서 성매매를 하도록 알선·유인된 사람, 성매매 목적의 인신 매매를 당한 사람을 말한다.

다. 주요 내용

㉠ 성매매 피해자에 대한 처벌특례와 보호

성매매 피해자의 성매매는 처벌하지 아니한다. 검사 또는 사법경찰관은 수사 과정에서 피의자 또는 참고인이 성매매 피해자에 해당한다고 볼 만한 상당한 이유가 있을 때에는 지체 없이 법정대리인, 친족 또는 변호인에게 통지하고, 신변 보호, 수사의 비공개, 친족 또는 지원 시설·성매매피해상담소에의 인계 등 그 보호에 필요한 조치를 해야 한다.

㉡ 신고 의무 등

성매매피해상담소의 장이나 종사자가 업무와 관련하여 성매매 피해 사실을 알게 되었을 때에는 지체 없이 수사기관에 신고해야 한다.

㉢ 신뢰 관계에 있는 사람의 동석

법원은 신고자 등을 증인으로 신문할 때에는 직권으로 또는 본인·법정대리인이나 검사의 신청에 의해 신뢰 관계에 있는 사람을 동석하게 할 수 있다. 또한 재판이나 수사에 지장을 줄 우려가 있는 등 특별한 사유가 없으면 신뢰 관계에 있는 사람을 동석하게 해야 한다.

㉣ 심리의 비공개

법원은 신고자 등의 사생활이나 신변을 보호하기 위해 필요하면 결정으로 심리를 공개하지 아니할 수 있다.

㉤ 불법 원인으로 인한 채권 무효

성매매 알선 등 행위를 한 사람, 성을 파는 행위를 할 사람을 고용·모집하거나 그 직업을 소개·알선한 사람, 성매매 목적의 인신 매매를 한 사람이 그 행위와 관련하여 성을 파는 행위를 했거나 할 사람에게 가지는 채권은 그 계약의 형식이나 명목에 관계 없이 무효로 한다. 그 채권을 양도하거나 그 채무를 인수한 경우에도 또한 같다.

㉥ 외국인 여성에 대한 특례

성매매사건 관련 수사 중인 외국인 여성에 대해서는 강제 출국이나 외국인 보호소에의 강제수용을 유예한다.

㉦ 처벌 강화

성매매 강요 또는 성매매 알선 등을 목적으로 하는 단체 또는 집단을 구성하는 경우 폭력행위 등 처벌에 관한 법률 제4조의 예에 의해 처벌한다.

㉧ 재산의 몰수 추징

성매매 알선, 광고, 권유 등의 범죄로 얻은 금품, 재산 몰수

㉨ 형의 감면과 보상금 지급

이 법에 규정된 범죄를 범한 자가 신고하거나 자수한 경우 임의적 감면, 범죄단체 구성원이 알선 등 성매매 관련죄를 범한 경우 이를 신고한 자에게 보상금을 지급한다.

참고 **성매매와 청소년 성매매의 비교**

구분	성매매	청소년 성매매
법적 근거	성매매 알선 등 행위의 처벌에 관한 법률	청소년의 성보호에 관한 법률
대상면	불특정	특정인도 상관 없음
행위면	성교행위, 유사행위를 포함	성교행위, 유사행위를 포함
연령	제한 없음	만 19세 미만의 자

※「청소년의 성보호에 관한 법률」은 청소년의 성을 사는 자, 성매매 업주에 대해서는 신상을 공개할 수 있도록 하는 대책의 선진국형으로의 획기적 전환이 이루어진 법률이며, 매춘 청소년에 대해서는 형사 처벌을 면제하고 있다. 이들 청소년에게는 소년법상 보호처분으로 귀가 조치, 보호관찰, 병원 등 위탁, 소년원 수감, 선도보호시설 위탁의 처분을 할 수 있도록 규정하고 있다.

③ **「청소년보호법」**

가. 법률 제정의 의의

19세 미만의 자를 말한다. 따라서 이 법은 청소년에게 유해한 매체물과 약물 등이 청소년에게 유통되는 것과 청소년이 유해한 업소에 출입하는 것 등을 규제하고 청소년을 유해한 환경으로부터 보호·구제함으로써 청소년이 건전한 인격체로 성장할 수 있도록 함을 목적으로 한다.

나. 규제 대상

「청소년보호법」의 규제 대상은 청소년보호법의 청소년 유해매체물, 청소년 유해약물·물건, 청소년 유해업소에의 출입·고용 등이다.

④ **「아동·청소년의 성보호에 관한 법률」**

가. 법률 제정의 의의

아동·청소년은 19세 미만의 자를 말한다. 따라서 이 법은 아동·청소년 대상 성범죄의 처벌과 절차에 관한 특례를 규정하고 피해 아동·청소년을 위한 구제 및 지원 절차를 마련하며, 아동·청소년 대상 성범죄자를 체계적으로 관리함으로써 아동·청소년을 성범죄로부터 보호하고 아동·청소년이 건강한 사회구성원으로 성장할 수 있도록 함을 목적으로 한다.

나. 규제 대상

이 법에서의 규제 대상은 아동·청소년 대상 성폭력 범죄, 아동·청소년의 성을 사는 행위, 아동·청소년 이용 음란물의 제작·배포, 아동·청소년에 대한 매매행위 등이다.

다. 주요 내용

㉠ 청소년 대상 성범죄의 신고 의무자

아동·청소년 관련 기관·시설 또는 단체의 장과 그 종사자는 직무상 아동·청소년 대상 성범죄의 발생 사실을 알게 된 때에는 즉시 수사기관에 신고해야 한다.

㉡ 아동·청소년 대상 성범죄자의 신상정보 등록 등

여성가족부 장관은 아동·청소년 대상 성범죄자의 정보와 등록 대상자의 아동·청소년 대상 성범죄 경력정보를 등록해야 한다. 여성가족부 장관은 등록 대상자가 제출 정보 또는 변경 정보를 정당한 사유 없이 제출하지 아니한 경우에는 신상정보의 등록에 필요한 사항을 관계 행정기관의 장에게 조회를 요청하여 등록할 수 있다.

㉢ 아동·청소년 관련 교육기관 등에의 취업 제한

아동·청소년 대상 성범죄 또는 성인 대상 성범죄로 형 또는 치료감호를 선고받아 확정된 자는 그 형 또는 치료감호의 전부 또는 일부의 집행을 종료하거나 집행이 유예·면제된 날부터 10년 동안, 가정을 방문하여 아동·청소년에게 직접 교육 서비스를 제공하는 업무에 종사할 수 없으며, 관련 시설 또는 기관을 운영하거나 아동·청소년 관련 교육기관 등에 취업 또는 사실상 노무를 제공할 수 없다

㉣ 취업자의 해임 요구 등

아동·청소년 대상 성범죄자 중 아동·청소년 관련 교육기관 등에 취업하거나 사실상 노무를 제공하는 자가 있으면 아동·청소년 관련 교육기관 등의 장에게 그의 해임을 요구할 수 있다.

⑤ **「사행행위 등 규제 및 처벌특례법」**

가. 법률 제정의 의의

이 법은 건전한 국민생활을 해치는 지나친 사행심(射倖心)의 유발을 방지하고 선량한 풍속을 유지하기 위해 사행행위 관련 영업에 대한 지도와 규제에 관한 사항, 사행행위 관련 영업 외에 투전기(投錢機)나 사행성(射倖性) 유기기구(遊技機具)로 사행행위를 하는 자 등에 대한 처벌의 특례에 관한 사항을 규정함을 목적으로 한다.

나. 규제 대상

㉠ 사행행위

사행행위란 여러 사람으로부터 재물이나 재산상의 이익을 모아 우연적(偶然的) 방법으로 득실(得失)을 결정하여 재산상의 이익이나 손실을 주는 행위를 말한다.

㉡ 사행행위 영업

사행행위 영업이란 아래의 어느 하나에 해당하는 영업을 말한다.

가. 복권발행업(福券發行業)

특정한 표찰(컴퓨터 프로그램 등 정보 처리 능력을 가진 장치에 의한 전자적 형태를 포함한다)을 이용하여 여러 사람으로부터 재물 등을 모아 추첨 등의 방법으로 당첨자에게 재산상의 이익을 주고 다른 참가자에게 손실을 주는 행위를 하는 것이다.

나. 현상업(懸賞業)

특정한 설문 또는 예측에 대해 그 답을 제시하거나 예측이 적중하면 이익을 준다는 조건으로 응모자로부터 재물 등을 모아 그 정답자나 적중자의 전부 또는 일부에게 재산상의 이익을 주고 다른 참가자에게 손실을 주는 행위를 하는 영업이다.

다. 그 밖의 사행행위업

영리를 목적으로 회전판돌리기, 추첨, 경품(景品) 등 사행심을 유발할 우려가 있는 기구 또는 방법 등을 이용하는 영업으로서 대통령령으로 정하는 영업 등이다.

㉢ 사행기구 제조업

사행기구 제조업이란 사행행위 영업에 이용되는 기계, 기판(機板), 용구(用具) 또는 컴퓨터 프로그램을 제작·개조하거나 수리하는 영업을 말한다.

㉣ 사행기구 판매업

사행기구 판매업이란 사행기구를 판매하거나 수입(輸入)하는 영업을 말한다.

다. 사행행위 영업의 허가

사행행위 영업을 하려는 자는 관련 시설 등을 갖추어 안전행정부령으로 정하는 바에 따라 지방경찰청장의 허가를 받아야 한다. 다만, 그 영업의 대상 범위가 둘 이상의 특별시·광역시·도 또는 특별자치도에 걸치는 경우에는 경찰청장의 허가를 받아야 한다.

또한 허가를 받은 자가 대통령령으로 정하는 중요 사항을 변경하려면 안전행정부령으로 정하는 바에 따라 경찰청장이나 지방경찰청장의 허가를 받아야 한다. 한편, 국가기관이나 지방자치단체가 사행행위 영업을 하려면 경찰청장의 승인을 받아야 한다.

라. 사행행위 영업의 허가

사행행위 영업 허가의 유효 기간은 사행행위 영업의 종류별로 대통령령으로 정하되, 3년을 초과할 수 없다. 영업 허가의 유효 기간이 지난 후 계속하여 영업을 하려는 자는 안전행정부령으로 정하는 바에 따라 다시 허가를 받아야 한다.

한편, 사행행위의 영업 허가는 경찰청장이나 지방경찰청장은 공공복리의 증진을 위해 특별히 필요하다고 인정되는 경우, 상품을 판매·선전하기 위해 특별히 필요하다고 인정되는 경우, 관광 진흥과 관광객 유치를 위해 특별히 필요하다고 인정되는 경우에 한해 그 영업을 허가할 수 있다.

⑥ 기타

「영화 및 비디오물의 진흥에 관한 법률」, 「음악산업 진흥에 관한 법률」, 「게임산업 진흥에 관한 법률」, 「식품위생법」, 「아동복지법」, 「공중위생관리법」 등이 있다.

2) 기초질서 위반사범의 단속

(1) 개념

기초질서 위반사범이란 사람들이 일상생활에 흔히 범하기 쉬운 경미한 법익의 침해행위로서 경범죄처벌법과 도로교통법에 그 행위 유형들이 규정되어 있으며, 제재 수단이 범칙금 부과로 되어 있는 행위를 말한다. 이러한 기초질서의 개념은 법률상의 용어나 학문적으로 정의된 개념이 아니라 실무상의 용어이다.

기초질서 위반사범 단속은 국민의 일상생활 속에서 준법정신을 높이고 사회적 도덕심을 향상시켜 공동생활의 평화 질서를 확보하고 비교적 경미한 범죄행위의 단속을 통해 그 이후에 발생할 수도 있는 더 큰 범죄를 사전에 예방하는 데 그 의의가 있다(하상군 · 김종길 · 조성택, 2013: 313).

(2) 단속 대상

① 경범죄처벌법 위반행위

오물 방치 및 노상 방뇨, 광고물 무단 첩부, 음주 소란, 새치기, 금연 장소에서의 흡연, 자연 훼손, 담배꽁초 투기, 암표 매매, 허위 신고, 덮개 없는 음식물 판매 등이 있다.

② 도로교통법 위반행위

신호 위반, 무단 횡단, 차도 보행, 차도에서 차 잡는 행위, 주 · 정차 금지 위반, 노상 시비 · 다툼으로 차량의 통행 방해 등이 있다.

(3) 경범죄처벌법

① 목적

경범죄처벌법은 경찰상의 목적을 수행하기 위해 비교적 경미한 경찰 의무 위반자에 대한 제재로서 경한 형벌인 10만 원 이하의 벌금 · 구류 또는 과료에 처할 것을 규정한 경찰범에 관한 법률이다.

② 성질

가. 광의의 형법

경범죄처벌법은 본질에서 형법과 그 내용·성질·기능 등을 같이하고, 형법의 영역에 속하는 사항을 규정하고 있으므로 넓은 의미의 형법이라고 할 수 있다.

나. 형법의 보충법

경범죄처벌법은 형법범의 예비 내지 미수적인 유형의 행위를 처벌함으로써 사회풍속상 발생할 수 있는 위험을 미연에 방지하기 위한 법이다. 따라서 경범죄처벌법은 형법을 보충하는 성질을 가지고 있는 법이며, 특정한 신분·사물·행위·지역 등에 제한 없이 일반적으로 적용된다는 점에서 형법에 대한 특별법은 아니다.

다. 형사실체법

경범죄처벌법은 범죄와 이에 대한 형벌을 규정한 실체법이지 처벌 절차를 규정한 절차법이 아니다. 경범죄처벌법에 대한 절차법으로는 「즉결심판에 관한 절차법」이 있다.

③ 특징

가. 형의 면제와 병과(법 제2조)

제1조의 규정에 의해 사람을 벌함에 있어서는 그 사정과 형편을 헤아려서 그 형을 면제하거나 또는 구류와 과료를 함께 과할 수 있다.

나. 교사 및 방조행위(법 제3조)

제1조의 죄를 범하도록 시키거나 도와준 사람은 죄를 범한 사람에 준하여 벌한다. 따라서 형법이 종범(방조범)에 관해서는 정범의 형보다 감경하도록 한 것과 달리 경범죄처벌법에서는 종범에 대한 형의 감경을 인정하지 않고 있다(교사범에 관해서는 형법과 동일함).

3) 총포·도검·화약류 등의 단속

(1) 의의

총포 및 폭발물 등은 취급 및 사용상 위험성이 크고, 예측하기 어려운 사고로 인해 다수의 사람에게 치명적인 위해를 가할 흉기가 될 수 있는 것이므로 이로 인한 위험과 재해를 방지하고 공공의 안전을 유지하기 위해 총포·도검·화약류 등의 제조·거래·소지·사용 기타의 취급을 규제·단속하는 활동이다(「총포·도검·화약류 등 단속법」).

(2) 총포·도검·화약류 등의 허가권자 등

① 제조업 허가	㉠ 경찰청장 • 총포·화약류의 제조업(총포의 개조·수리업과 화약류의 변형·가공업 포함) • 제조소의 위치·구조·시설 또는 설비 변경 • 총포·화약류의 종류·제조 방법 변경 ㉡ 지방경찰청장 • 도검·분사기·전자충격기·석궁 제조업 • 제조소의 위치·구조·시설 또는 설비 변경 • 도검·분사기·전자충격기·석궁의 종류·제조 방법 변경
② 수출입 허가	㉠ 총포·화약류 수출입: 경찰청장 ㉡ 도검 등 수출입: 지방경찰청장
③ 판매업 허가	지방경찰청장
④ 소지 허가	㉠ 경찰서장 • 총포 중 엽총, 가스발사총, 공기총, 마취총, 산업용총, 구난구명총 • 도검, 화약류, 분사기, 전자충격기, 석궁 ㉡ 지방경찰청장: 그 외 총포의 소지 허가
⑤ 화약류 사용(발파 또는 연소) 허가	화약류의 사용지를 관할하는 경찰서장
⑥ 화약류 저장소 설치	㉠ 지방경찰청장: 1급, 2급, 도화선저장소, 수중저장소, 실탄저장소, 꽃불류저장소, 장난감용 꽃불류저장소 ㉡ 경찰서장: 3급, 간이저장소
⑦ 폐기 시 신고	폐기하고자 하는 곳을 관할하는 경찰서장에게 신고
⑧ 화약류 양도·양수의 제한	㉠ 화약류의 양도·양수 허가: 그 주소지 또는 화약류의 사용지를 관할하는 경찰서장 ㉡ 총포 등의 양도·양수 금지: 총포·도검·분사기·전자충격기·석궁의 제조업자·판매업자 및 수입 허가를 받은 자와 소지 허가를 받은 자는 총포·도검·분사기·전자충격기·석궁의 제조업자·판매업자 및 수입 허가를 받은 자와 소지 허가를 받은 자 외의 사람에게 총포·도검 등을 양도·양수해서는 안 되며, 이들을 빌려주거나 빌려서도 안 된다.
⑨ 총포 등의 취급 금지	㉠ 18세 미만자(단, 대한체육회장이나 시·도의 체육회장이 추천한 선수 또는 후보자가 사격경기용 총·석궁을 소지하는 경우는 제외) ㉡ 총포 등 제조업 결격 사유가 있는 자 및 소지 결격 사유가 있는 자

2 청소년의 선도와 보호 등 소년경찰활동

1) 소년경찰의 의의

오늘날 소년범죄는 양적 증가뿐만 아니라, 질적으로도 비행(非行)의 저연령화 및 일반화, 여자 소년범죄 및 학생 범죄의 증가, 약물 남용 증가, 집단화, 흉포화, 특히 재범화라는 비관적인 현상이 두드러지고 있다. 따라서 소년 범죄 또는 소년 비행의 처리 및 예방 대책은 형사정책상 매우 중요한 문제가 되고 있다.

소년경찰활동은 생활안전경찰활동의 일환으로서 소년 비행을 방지하고 그 건전한 육성을 위해 유해환경을 정화하여 소년들이 올바르게 자라나 사회활동을 할 수 있도록 지도·보호하는 경찰활동을 말한다.

2) 법적 근거

(1) 관계 법령

소년경찰활동은 「경찰법」 제3조(경찰의 임무)와 「경찰관직무집행법」 제2조(직무의 범위)에서 규정한 범죄의 예방 임무에 근거하고 있다. 또한 「소년법」·「형사소송법」·「아동복지법」·「청소년보호법」·「아동·청소년의 성보호에 관한 법률」·「소년경찰직무규칙」·「범죄수사규칙」·「사법경찰관리집무규칙」 등에 의해서도 준용을 받고 있다.

(2) 각종 법률상 소년, 청소년 및 아동에 관한 연령

① 9세 이상 24세 이하

「청소년기본법」

② 19세 미만

「소년법」, 「청소년보호법」, 「아동·청소년의 성보호에 관한 법률」, 「형의 집행 및 수용자의 처우에 관한 법률」

③ **18세 미만**

「아동복지법」, 「공연법」상 연소자(고등학교에 재학 중인 자를 포함), 「음악산업 진흥에 관한 법률」, 「게임산업 진흥에 관한 법률」상의 청소년(고등학교에 재학 중인 자를 포함), 「영화 및 비디오물의 진흥에 관한 법률」상의 청소년(고등학교에 재학 중인 자를 포함), 「소년법」 제59조상 사형 또는 무기형으로 처할 때에는 15년의 유기징역으로 함.

④ **16세 미만**

「형법」상 아동혹사죄의 객체

⑤ **14세 미만**

「실종아동 등의 보호 및 지원에 관한 법률」상 실종아동

⑥ **14세 이상 20세 미만**

「실종아동 등·가출인 업무처리규칙」상 가출 청소년

3) 선도의 대상(소년업무 처리규칙 제2조)

비행소년	범죄소년	형벌 법령에 위반하는 행위를 한 14세 이상 19세 미만의 자로서 죄를 범한 자 중 형사책임이 있는 자
	촉법소년	형벌 법령에 저촉되는 행위를 한 10세 이상 14세 미만의 자로서 형벌 법령에 저촉되는 행위를 한 자 중 형사책임이 없는 자
	우범소년	10세 이상 19세 미만의 자로서 ① 집단적으로 몰려다니며 주위 사람들에게 불안감을 조성하는 성벽(性癖)이 있는 것 ② 정당한 이유 없이 가출하는 것 ③ 술을 마시고 소란을 피우거나 유해환경에 접하는 성벽이 있고 그의 성격이나 환경에 비추어 앞으로 형벌 법령에 저촉되는 행위를 할 우려가 있는 자
불량행위소년 (불량소년)	비행소년은 아니나 음주·흡연·싸움 기타 자기 또는 타인의 덕성을 해하는 행위를 하는 소년	
요보호소년	비행소년은 아니나 학대·혹사·방임된 소년 또는 보호자로부터 유기 또는 이탈되었거나 그 보호자가 양육할 수 없는 경우 기타 경찰관직무집행법 제4조 또는 아동복지법에 의해 보호를 요하는 자(미아, 기아, 가출아, 혹사 소년 등)	

4) 소년법상 보호처분의 종류(제32조 제1항)

소년부 판사는 심리 결과 보호처분을 할 필요가 있다고 인정하면 결정으로써 다음 각 호의 어느 하나에 해당하는 처분을 해야 한다.

(1) 보호자 또는 보호자를 대신하여 소년을 보호할 수 있는 자에게 감호 위탁
(2) 수강명령: 100시간 이내
(3) 사회봉사명령: 200시간 이내
(4) 보호관찰관의 단기 보호관찰: 1년 이내
(5) 보호관찰관의 장기 보호관찰: 2년 이내
(6) 「아동복지법」에 따른 아동복지시설이나 그 밖의 소년보호시설에 감호 위탁
(7) 병원, 요양소 또는 「보호소년 등의 처우에 관한 법률」에 따른 소년의료보호시설에 위탁
(8) 1개월 이내의 소년원 송치
(9) 단기 소년원 송치: 6월 이내
(10) 장기 소년원 송치: 2년 이내

5) 소년형사사건의 특칙

(1) 사건의 송치

① 보호사건의 처리

가. 촉법소년과 우범소년에 해당하는 경우 경찰서장은 직접 관할 소년부에 송치해야 한다.

나. 필요적 송치

㉠ 소년부는 조사 또는 심리한 결과 금고 이상의 형에 해당하는 범죄 사실이 발견된 경우 그 동기와 죄질이 형사처분을 할 필요가 인정되면 결정으로써 사건을 관할 지방법원에 대응한 검찰청 검사에게 송치해야 한다.

㉡ 소년부는 조사 또는 심리한 결과 본인이 19세 이상인 것으로 밝혀진

경우에는 결정으로써 사건을 관할 지방법원에 대응하는 검찰청 검사에게 송치해야 한다.

② **형사사건의 처리**

가. 검사의 송치

㉠ 검사는 소년에 대한 피의사건을 수사한 결과 보호처분에 해당하는 사유가 있다고 인정한 경우에는 사건을 관한 소년부에 송치해야 한다.

㉡ 소년부는 ㉠에 따라 송치된 사건을 조사 또는 심리한 결과 그 동기와 죄질이 금고 이상의 형사처분을 할 필요가 있다고 인정할 때에는 해당 검찰청 검사에게 송치할 수 있다.

㉢ 송치한 사건은 다시 소년부에 송치할 수 없다.

나. 법원의 송치

㉠ 법원은 소년에 대한 피고사건을 심리한 결과 보호처분에 해당할 사유가 있다고 인정하면 결정으로써 사건을 관할 소년부에 송치해야 한다.

㉡ 소년부는 ㉠에 따라 송치받은 사건을 조사 또는 심리한 결과 사건의 보인이 19세 이상인 것으로 밝혀지면 결정으로써 송치한 법원에 사건을 다시 이송해야 한다.

(2) 소송사건에 관한 특칙

① **공소 제기의 제한**

보호처분을 받은 소년에 대해서는 그 심리가 결정된 사건은 다시 공소를 제기할 수 없고 소년부에 송치하지 못한다.

② **공소시효의 정지**

소년부 판사가 송치서와 조사관의 조사보고에 의해 사건을 심리할 필요가 있다고 인정하여 심리 개시의 결정을 한 경우에는 그러한 결정이 있었던 때로부터 그 시건에 대한 보호처분의 결정이 확정될 때까지 공소시효는 그 진행이 정지된다.

(3) 구속영장 발부의 제한과 분리 수용

소년에 대한 구속영장은 부득이한 경우가 아니면 발부하지 못하고 구속하는 경우에는 특별한 사정이 없는 한 다른 피의자나 피고인과 분리하여 수용해야 한다.

(4) 심리에 관한 특칙

소년형사사건에 대한 심리는 다른 피의사건과 관련된 경우에도 심리에 지장이 없으면 그 절차를 분리해야 한다.

(5) 형의 선고에서의 특칙

① 사형, 무기형의 완화

죄를 범할 때 18세 미만인 소년에 대해 사형 또는 무기형으로 처할 경우에는 15년의 유기징역으로 한다.

② 부정기형의 채택

소년이 법정형 장기 2년 이상의 유기형에 해당하는 죄를 범한 경우에는 그 형의 범위에서 장기와 단기를 정해 선고한다. 다만, 장기는 10년, 단기는 5년을 초과하지 못한다.

(6) 형집행에서의 특칙

① 집행 장소

징역 또는 금고의 선고를 받은 소년에 대해서는 특히 설치된 교도소 또는 일반교도소 안에 특별히 분리된 장소에서 그 형을 집행한다. 다만, 소년에 형의 집행 중에 23세가 되면 일반교도소에서 집행할 수 있다.

② 환형처분의 금지

18세 미만인 소년에 대해서는 벌금형의 환형으로서의 노역장 유치처분을 하지 못한다.

③ 가석방 요건의 완화

징역 또는 금고의 선고를 받은 소년에 대해서는 무기형은 5년, 유기형은 3년, 부정기형은 단기의 3분의 1이 경과하면 가석방을 허가할 수 있다.

3 「실종아동 등·가출인 업무처리규칙」에 관한 활동

1) 목적

이 규칙은 실종아동 등 및 가출인의 신속한 발견 등을 위한 업무를 효율적으로 처리하기 위해 필요한 사항을 규정함을 목적으로 한다.

2) 정의

(1) 찾는 실종아동 등

「실종아동 등의 보호 및 지원에 관한 법률」 제2조 제2호에 따른 실종아동 등 중 보호자가 찾고 있는 아동 등을 말한다.

(2) 보호 실종아동

실종아동 등 중 보호자가 확인되지 않아 경찰관이 보호하고 있는 아동 등을 말한다.

(3) 장기 실종아동 등

보호자로부터 신고를 접수한 지 48시간이 경과한 후에도 발견되지 않은 찾는 실종아동 등을 말한다.

(4) 가출인

신고 당시 보호자로부터 이탈된 만 14세 이상의 사람을 말하며, 이 중 「청소년보호법」 제2조 제1호에 따른 청소년을 '가출 청소년'이라 하고, 그 외는 '가출 성인'이라 한다.

(5) 치매 환자

「치매관리법」 제2조 제2호에 의해 기억장애 등 만성 진행성 정신퇴행질환 증상으로 인해 정상적인 정신 능력과 사회적 활동을 할 수 있는 능력이 소실된 자를 말한다.

(6) 발생지

실종아동 등 및 가출인이 실종·가출 전 최종적으로 목격되었거나 목격되었을 것으로 추정하여 신고자 등이 진술한 장소를 말하며, 신고자 등이 최종 목격 장소를 진술하지 못하거나, 목격되었을 것으로 추정되는 장소가 대중교통시설 등일 경우 또는 실종·가출 발생 후 1개월이 경과한 때에는 실종아동 등 및 가출인의 실종 전 최종 주거지를 말한다.

(7) 발견지

실종아동 등 또는 가출인을 발견하여 보호 중인 장소를 말하며, 발견한 장소와 보호 중인 장소가 서로 다른 경우에는 보호 중인 장소를 말한다.

3) 치매 환자에 관한 특례

치매 환자는 연령에 관계 없이 실종아동 등에 준해 처리한다.

4) 실종아동찾기센터

실종아동 등의 조속한 발견 등 관련 업무를 효율적으로 수행하기 위해 경찰청에 실종아동찾기센터를 설치한다. 실종아동찾기센터는 다음의 업무를 수행한다.

(1) 전국에서 발생하는 실종아동 등의 신고 접수·소회·전국 수배 및 수배 해제 등 실종아동 등 발견·보호·지원을 위한 업무
(2) 실종아동 등 신고용 특수번호 전화 서비스인 '182'의 운영
(3) 그 밖의 실종아동 등과 관련하여 경찰청장이 지시하는 사항

5) 실종아동추적반

장기 실종아동 등에 대한 지역별 전담 추적조사를 위해 지방경찰청 또는 경찰서에 실종아동추적반을 설치할 수 있다. 실종아동추적반은 다음의 업무를 수행한다.

(1) 실종아동 등에 대한 전담 조사
(2) 경찰청장 또는 소속 경찰관서의 장이 지시하는 실종아동 등·가출인

관련 사건 수사

(3) 그 밖의 소속 경찰관서의 장이 지시하는 실종아동 등 관련 업무

6) 정보 시스템의 운영

경찰청장은 실종아동 등 프로파일링 시스템 및 실종아동찾기센터 홈페이지를 운영한다. 실종아동 등 프로파일링 시스템은 경찰관서 내에서만 사용할 수 있도록 제한하고, 실종아동찾기센터 홈페이지는 누구든 사용할 수 있도록 공개하는 등 분리하여 운영한다. 다만, 자료의 전송 등을 위해 필요한 경우 상호 연계할 수 있다. 경찰관서의 장은 실종아동 등 프로파일링 시스템에 업무 담당자 등 필요하다고 인정되는 사람만 접근할 수 있도록 권한을 부여하는 등의 방법으로 통제 · 관리해야 한다. 실종아동찾기센터 홈페이지에는 실종아동 등의 신고 또는 예방 · 홍보 등과 관련된 정보를 제공한다.

7) 정보 시스템 입력 대상 및 정보관리

(1) 실종아동 등 프로파일링 시스템의 입력 대상

① 실종아동 등

② 가출인

③ 보호시설 입소자 중 보호자가 확인되지 않는 사람(보호시설 무연고자)

④ 변사자 · 교통사고 사상자 중 신원 불상자

(2) 실종아동 등 프로파일링 시스템 입력 제외 대상자

경찰관서의 장은 실종아동 등 또는 가출인에 대한 신고를 접수한 후 신고 대상자가 다음의 어느 하나에 해당하는 경우에는 신고 내용을 실종아동 등 프로파일링 시스템에 입력하지 않을 수 있다.

① 민사 문제 해결 목적으로 신고된 사람

② 범죄 혐의를 받고 형사 관련 수배된 사람

③ 허위로 신고된 사람

④ 보호자가 가출 시 동행한 실종아동 등

⑤ 그 밖에 신고 내용을 종합했을 때 명백히 제1항에 따른 입력 대상이 아니라고 판단되는 사람

(3) 실종아동 등 프로파일링 시스템상 자료 보존 기간

① 발견된 14세 미만 아동 및 가출인 : 수배 해제 후로부터 5년간 보관
② 발견된 지적·자폐성·정신장애인 등 및 치매 환자 : 수배 해제 후로부터 10년간 보관
③ 미발견자: 소재 발견 시까지 보관
④ 보호시설 무연고자, 신원 불상자: 본인 요청 시 및 신원 확인 시 즉시 삭제

(4) 실종아동찾기센터 홈페이지 공개

경찰관서의 장은 본인 또는 보호자의 동의를 받아 실종아동 등 프로파일링 시스템에서 데이터베이스로 관리하는 실종아동 등 및 보호시설 무연고자 자료를 실종아동찾기센터 홈페이지에 공개할 수 있다.

(5) 공개자료의 삭제

경찰관서의 장은 다음의 어느 하나에 해당하는 때에는 지체 없이 실종아동찾기센터 홈페이지에 공개된 자료를 삭제해야 한다.

① 찾는 실종아동 등을 발견한 때
② 보호 실종아동 등 또는 보호시설 무연고자의 보호자를 확인한 때
③ 본인 또는 보호자가 공개된 자료의 삭제를 요청하는 때

(6) 실종아동 등 프로파일링 시스템 수배

경찰관서의 장은 실종아동 등 프로파일링 시스템 입력 자료를 작성하여 실종아동 등 프로파일링 시스템에 입력하는 방법으로 수배 조치한다.

① 대상별 수배 기간

가. 찾는 실종아동 등 및 가출인: 소재(所在)를 발견하는 때까지 수배
나. 보호 실종아동 등 및 보호시설 무연고자: 대상자의 신원을 확인하거나 보호자를 확인하는 때까지 수배

다. 신원 불상자: 대상자의 신원을 확인하는 때까지 수배

② 수배 자료의 해제

1. 수배 기간 종료 사유에 해당하는 경우
2. 허위 또는 오인 신고인 경우
3. 수배 대상 또는 보호자가 해제를 요청한 경우

8) 실종아동 등

(1) 신고 접수

① 실종아동 등 신고는 관할에 관계 없이 실종아동찾기센터, 각 지방경찰청 및 경찰서에서 전화, 서면, 구술 등의 방법으로 접수하며, 신고를 접수한 경찰관은 범죄와의 관련 여부 등을 확인해야 한다. 이 경우 지방경찰청 및 경찰서에서 신고를 접수한 때에는 즉시 신고 내용을 경찰청장(실종아동찾기센터)에게 보고해야 한다.

② 경찰청장(실종아동찾기센터)은 실종아동 등에 대한 신고를 접수하거나, 신고 접수에 대한 보고를 받은 때에는 즉시 실종아동 등 프로파일링 시스템에 입력, 관할 경찰관서를 지정하는 등 필요한 조치를 해야 한다. 이 경우 관할 경찰관서는 발생지 관할 경찰관서 등 실종아동 등을 신속히 발견할 수 있는 관서로 지정해야 한다.

(2) 신고에 대한 조치 등

① 경찰관서의 장은 찾는 실종아동 등에 대한 신고를 접수한 때에는 정보 시스템의 자료를 조회하는 등의 방법으로 실종아동 등을 찾기 위한 조치를 취하고, 실종아동 등을 발견한 경우에는 즉시 보호자에게 인계하는 등 필요한 조치를 해야 한다.

② 경찰관서의 장은 보호 실종아동 등에 대한 신고를 접수한 때에는 보호자를 찾기 위한 조치를 취하고, 보호자가 확인된 경우에는 즉시 보호자에게 인계하는 등 필요한 조치를 해야 한다.

③ 경찰관서의 장은 위의 조치에도 불구하고 보호자를 발견하지 못한 경

우에는 관할 지방자치단체의 장에게 보호 실종아동 등을 인계한다.

④ 경찰관서의 장은 정보 시스템 검색, 다른 자료와의 대조, 주변 인물과의 연락 등 실종아동 등의 조속한 발견을 위해 지속적인 추적을 해야 한다.

⑤ 경찰관서의 장은 실종아동 등에 대해 현장 탐문 및 수색 후 그 결과를 즉시 보호자에게 통보해야 한다. 이후에는 실종아동 등 프로파일링 시스템에 수배한 날로부터 1개월까지는 15일에 1회, 1개월이 경과한 후부터는 분기별 1회 보호자에게 추적 진행 사항을 통보한다.

⑥ 경찰관서의 장은 찾는 실종아동 등을 발견하거나, 보호 실종아동 등의 보호자를 발견한 경우에는 실종아동찾기센터에 보고하는 등 수배 해제를 위한 조치를 취하고, 해당 실종아동 등에 대한 발견 관서와 관할 관서가 다른 경우에는 발견과 관련된 사실을 관할 경찰관서의 장에게 지체 없이 알려야 한다.

(3) 출생 신고 지연 아동의 확인

경찰관서의 장은 지방자치단체의 장으로부터 출생 후 6개월이 경과한 아동의 신상카드 사본을 제출받은 경우에는 지체 없이 정보 시스템에서 관리하는 자료와의 비교·검색 등을 통해 해당 아동이 실종아동인지를 확인하여 그 결과를 지방자치단체의 장에게 통보해야 한다.

(4) 아동 등 지문 등 정보의 사전 등록 및 관리

① 경찰관서의 장은 보호자가 사전 등록을 신청하는 때에는 신청서를 제출받아 10년간 보관해야 한다.

② 경찰관서의 장은 가족 관계 기록 사항에 관한 증명서, 장애인등록증 등 필요한 서류를 확인하는 등의 방법으로 아동 등이 사전등록 대상에 해당하는지를 확인해야 한다.

③ 경찰관서의 장은 보호자의 신청을 받아 아동 등의 지문·얼굴 사진 정보를 수집 및 인적 사항 등 신청서상 기재된 개인정보를 확인하여 사전등록 시스템에 입력할 수 있다. 다만, 보호자가 지문 또는 얼굴 사진 정보의 수집을 거부하는 때에는 그 의사에 반해 정보를 수집할 수 없다.

④ 경찰관서의 장은 보호 실종아동 등을 발견한 때에는 해당 아동 등의

지문·얼굴 사진 정보를 수집 및 신체 특징을 확인한 후 사전등록 시스템의 데이터베이스와 비교 검색하는 등의 방법으로 신원을 확인하기 위한 조치를 해야 한다. 다만, 해당 아동 등이 지문 또는 얼굴 사진 정보의 수집을 진정한 의사에 의해 명시적으로 거부할 때에는 그 의사에 반해 정보를 수집할 수 없다.

⑤ 경찰관서의 장은 보호자가 사전 등록된 데이터베이스의 폐기를 요청하는 때에는 즉시 해당 데이터베이스를 폐기하고, 제출받은 요청서는 10년간 보관해야 한다.

9) 가출인

(1) 신고 접수

① 가출인 신고는 관할에 관계 없이 접수해야 하며, 신고를 접수한 경찰관은 범죄와 관련 여부를 확인해야 한다.

② 경찰서장은 가출인에 대한 신고를 접수한 때에는 정보 시스템의 자료 조회, 신고자의 진술을 청취하는 방법 등으로 가출인을 발견하기 위한 조치를 해야 하며, 가출인을 발견하지 못한 경우에는 즉시 실종아동 등 프로파일링 시스템에 가출인에 대한 사항을 입력, 수배한다.

③ 경찰서장은 접수한 가출인 신고가 다른 관할인 경우 제2항의 조치 후 지체 없이 가출인의 발생지를 관할하는 경찰서장에게 이첩해야 한다.

(2) 신고에 대한 조치 등

① 가출인 사건을 관할하는 경찰서장은 정보 시스템 자료의 조회, 다른 자료와의 대조, 주변 인물과의 연락 등 가출인을 발견하기 위해 지속적으로 추적하고, 수배일로부터 반기별 1회 보호자에게 귀가 여부를 확인한다.

② 경찰서장은 가출인을 발견한 때에는 수배를 해제하고, 해당 가출인을 발견한 경찰서와 관할하는 경찰서가 다른 경우에는 발견 사실을 관할 경찰서장에게 지체 없이 알려야 한다.

③ 경찰서장은 가출 청소년을 발견한 경우에는 가출 신고가 되어 있음을 고지하고, 즉시 보호자에게 통보 또는 인계한다. 다만, 보호자가 인수를 거

부하거나 인계함이 부적당하다고 판단될 경우에는 청소년 보호 관련 기관에 보호를 의뢰하는 등 필요한 조치를 취할 수 있다.

④ 경찰서장은 가출 성인을 발견한 경우에는 가출 신고가 되어 있음을 고지하고, 보호자에게 통보한다. 다만, 가출인이 거부하는 때에는 보호자에게 가출인의 소재(所在)를 알 수 있는 사항을 통보해서는 아니 된다.

10) 보호시설 무연고자에 대한 조치 및 신원 불상자 수배

① 경찰관서의 장은 관내 보호시설을 방문했을 때에 보호시설 무연고자의 자료가 실종아동 등 프로파일링 시스템에 있는지 확인한 후 없는 경우에는 보호시설 무연고자 실종아동 등 프로파일링 시스템 입력 자료를 작성하여 실종아동 등 프로파일링 시스템에 입력 및 수배하고, 변경 사항이 있거나, 보호자가 확인된 경우에는 보호시설 무연고자 실종아동 등 프로파일링 시스템 수정·해제 자료를 작성하여 변경하거나 수배를 해제한다.

② 경찰서장은 관내에서 발생한 변사사건의 변사자 및 교통사고사건의 사상자 중 신원 불상자에 대해 발생 즉시 실종아동 등 프로파일링 시스템에 수배 조치하고, 수배한 신원 불상자가 신원이 확인된 경우, 즉시 수배를 해제한다.

11) 초동 조치 및 추적·수사

(1) 현장 탐문 및 수색

① 찾는 실종아동 등 및 가출인 발생 신고를 접수 또는 이첩받은 발생지 관할 경찰서장은 즉시 현장 출동 경찰관을 지정하여 탐문·수색하도록 해야 한다. 다만, 찾는 실종아동 등 또는 가출인이 발생한 지 1개월이 경과한 후에 신고한 경우에는 탐문·수색을 생략할 수 있다.

② 경찰서장은 위의 규정에 따라 현장을 탐문·수색한 결과, 정밀 수색이 필요하다고 인정될 경우에는 추가로 필요한 경찰관 등을 출동시킬 수 있다.

③ 현장출동 경찰관은 현장을 탐문·수색한 결과에 대해 필요한 보고서

를 작성하여 경찰서장에게 보고해야 한다.

(2) 합동심의위원회

찾는 실종아동 등 및 가출인에 대한 발생지 관할 경찰서장은 범죄와의 관련 여부를 판단하기 위해 다음에 따른 합동심의위원회를 구성, 심의를 해야 한다.

① 위원회는 위원장을 형사과장(부재 시 또는 직제 미편성 시 수사과장 또는 경찰서장이 지정하는 이와 상응하는 경찰관)으로, 위원은 실종사건 전담수사팀장(부재 시 또는 직제 미편성 시 경찰서장이 지정하는 이와 상응하는 경찰관), 여성청소년계장(부재시 또는 직제 미편성 시 경찰서장이 지정하는 이와 상응하는 경찰관), 현장출동 경찰관, 보호자로 구성하며, 위원장 판단 하에 참석자의 범위를 조정할 수 있다.

② 보호자가 요청하는 경우에는 관련 단체 관계자 등 보호자가 지정하는 자를 참여시킬 수 있다.

③ 위원회는 찾는 실종아동 등 및 가출인 신고를 접수한 후 24시간 이내에 구성하여 심의해야 한다.

④ 찾는 실종아동 등 및 가출인에 대한 관할 경찰서가 변경되거나, 해당 사건에 대해 이미 심의한 위원회의 결정에 영향을 미칠 수 있는 새로운 단서가 생긴 경우에는 위원회를 다시 개최하여 심의할 수 있다.

(3) 추적 및 수사

① 경찰관서의 장은 합동심의위원회 심의 결과 심의 대상자가 범죄와 관련이 없다고 의결된 경우에는 즉시 대상자를 발견하기 위한 추적에 착수한다. 다만, 심의 대상자의 발생지와 주거지가 다른 경우에는 심의 대상자의 실종 전 최종 주거지 관할 경찰관서로 사건을 이첩하고, 심의 대상자의 최종 주거지가 불분명한 경우에는 심의 대상자의 보호자 주거지 관할 경찰관서로 사건을 이첩하며, 심의 대상자의 보호자 주거지 관할 경찰관서도 불분명한 경우에는 신고자의 주거지 관할 경찰관서로 사건을 이첩하여 즉시 추적에 착수하도록 해야 한다.

② 경찰관서의 장은 보호자가 요청하는 경우에는 보호자가 희망하는 경

찰관서로 사건을 이첩할 수 있다. 이때 이첩하는 경찰관서의 장은 이첩을 받는 경찰관서의 장에게 사건 내용 및 이첩하는 이유를 미리 알리는 등 적극 협력해야 한다.

③ 경찰관서의 장은 위원회 심의 결과 심의 대상자가 범죄 피해로 인해 수사가 필요하다고 의결된 경우에는 즉시 수사에 착수해야 한다.

(4) 유전자검사

① 경찰관서의 장은 대상자로부터 유전자검사 대상물을 채취하려면 실종아동 등 프로파일링 시스템의 자료 검색 등을 통해 검사 대상자와 인적사항 등이 유사한 자료가 있는지 미리 확인해야 한다.

② 경찰관서의 장은 검사 대상자가 실종아동 등이라는 것이 확인된 경우에는 해당 자료 화면을 출력하여 유전자검사 동의서 등 유전자 검사 대상물 채취 관련 서류와 함께 보관한다.

③ 유전자 검사 대상물을 채취하고자 하는 아동 등이 위의 방법으로 확인되지 않을 때에는 해당 아동 등에게 보호시설 입·퇴소 기록 및 신상카드 등을 확인한 후 유전자검사 대상물을 채취한다. 이때 해당 기록 및 신상카드 사본은 제출받아 유전자 검사 대상물 채취 관련 서류와 함께 보관해야 한다.

4 즉결심판에 관한 업무

1) 즉결심판의 의의

(1) 개념

즉결심판은 범증이 명백하고 죄질이 경미한 범죄사건을 통상적인 형사소송절차에 의하지 아니하고 신속·적정하게 즉결하는 심판절차로 관할 경찰서장의 청구에 의해 지방법원, 지방법원지원 또는 시·군법원의 판사가 심판하는 특별형사소송절차이다.

(2) 존재 이유

① 소송경제 도모

즉결심판절차는 경미한 형사사건의 신속·적절한 처리를 통해 소송경제를 도모하는 데 주된 목적이 있다. 즉, 20만 원 이하의 벌금·구류 또는 과료에 처할 경미한 범죄에 대해 공소 제기를 거쳐 정식의 공판 절차에 의해 심판한다는 것은 재판의 신속과 소송경제에 반한다는 점에 그 근거가 있다.

② 피고인의 이익 도모

즉결심판절차는 피고인 또는 피의자의 시간적·정신적 부담을 덜어준다는 의미에서 피고인의 이익 보호도 고려한 것이다.

2) 즉결심판의 대상

(1) 20만 원 이하의 벌금, 구류 또는 과료에 처할 범죄사건(법정형이 아닌 선고형)

(2) 경범죄처벌법상의 통고처분 해당자 중 다음에 해당되는 자

경찰서장(해양경찰서장)은 다음에 해당하는 사람에 대해서는 지체 없이 즉결심판을 받도록 해야 한다.

① 통고처분 받기를 거부한 사람

② 주거 또는 신원이 확실하지 아니한 사람

③ 그 밖에 통고처분하기가 매우 어려운 사람

④ 납부 기간 내에 범칙금을 납부하지 아니한 사람.

다만 즉결심판이 청구되기 전까지 통고받은 범칙 금액에 그 50/100을 더한 금액을 납부한 자에 대해서는 그러하지 아니하다. 또한 즉결심판이 청구된 피고인이 즉결심판의 선고 전까지 통고받은 범칙 금액에 그 50/100을 더한 금액을 납부하고 증빙서류를 제출한 때에는 경찰서장(해양경찰서장)은 그 피고인에 대한 즉결심판청구를 취소해야 한다.

(3) 도로교통법상의 통고처분 대상자로서 다음에 해당되는 자

경찰서장은 다음에 해당하는 사람에 대해서는 지체 없이 즉결심판을 받도록 해야 한다.

① 성명 또는 주소가 확실하지 아니한 사람
② 달아날 염려가 있는 사람
③ 범칙금 납부통고서를 받기를 거부한 사람
④ 납부 기한 내에 범칙금을 납부하지 아니한 사람

다만 즉결심판이 청구되기 전까지 통고받은 범칙 금액에 그 50/100을 더한 금액을 납부한 자에 대해서는 그러하지 아니하다. 또한 즉결심판이 청구된 피고인이 즉결심판의 선고 전까지 통고받은 범칙 금액에 그 50/100을 더한 금액을 납부하고 증빙서류를 제출한 때에는 경찰서장은 그 피고인에 대한 즉결심판청구를 취소해야 한다.

3) 즉결심판의 절차

(1) 청구권자

즉결심판은 관할경찰서장(관할 해양경찰서장)이 관할법원에 청구한다. 경찰서장은 즉결심판의 청구와 동시에 즉결심판을 함에 필요한 서류 또는 증거물을 판사에게 제출해야 한다.

(2) 관할법원

지방법원, 지원 또는 시·군법원이 관할법원이다. 즉결심판의 청구가 있는 때에는 판사는 사건이 즉결심판을 할 수 없거나 즉결심판에 의해 심판함이 적당하지 아니하다고 인정할 때를 제외하고는 즉시 심판을 해야 한다.

(3) 개정(開廷)

① 원칙

즉결심판의 심리와 재판의 선고는 공개된 법정에서 행하되, 그 법정은 경찰관서 외의 장소에 설치되어야 한다.

② 예외

판사는 상당한 이유가 있는 경우에는 개정 없이 피고인의 진술서와 경찰서장이 제출한 서류 또는 증거물에 의해 심판할 수 있다(서면심리의 허용). 다만, 구류(拘留)에 처하는 경우에는 그러하지 아니하다. 따라서 구류를 선고할 때에는 공개된 법정에서 원칙적으로 피고인이 출석해야만 한다.

(4) 피고인의 출석

① 원칙

통상의 공판절차에서와 같이 피고인이 기일에 출석하지 아니한 때에는 특별한 규정이 있는 경우를 제외하고는 개정(開廷)할 수 없다.

② 예외

㉠ 벌금 또는 과료를 선고하는 경우와 ㉡ 피고인 또는 즉결심판 출석통지서를 받은 자가 법원에 불출석 심판을 청구하여 법원이 이를 허가한 경우에는 피고인이 출석하지 아니하더라도 심판할 수 있다.

(5) 심리

① 판사는 피고인에게 피고사건의 내용과 형사소송법(제289조)상의 진술거부권이 있음을 알리고 변명할 기회를 주어야 한다.

② 판사는 필요하다고 인정할 때에는 적당한 방법에 의해 재정(在廷)하는 증거에 한해 조사할 수 있다.

③ 변호인은 기일에 출석하여 판사의 증거조사에 참여할 수 있으며 의견을 진술할 수 있다.

④ 증거 능력

즉결심판절차에서는 형사소송법 제310조(자백의 증명력 제한), 제312조 2항(사법경찰관 작성의 피의자 신문조서의 증거 능력) 및 제313조(진술서의 증거 능력)의 규정은 적용하지 아니한다. 따라서 즉결심판절차에서는 보강 증거 없이 피고인의 자백만으로 유죄를 인정할 수 있다. 그러나 임의성 없는 자백 배제 법칙(형소법 제309조)과 위법 수집 증거 배제 법칙은 즉결심판절차에서도 적용된다. 따라서 임의성이 없는 자백은 즉결심판에서도 증거로 사용할 수 없다.

(6) 즉결심판의 선고 · 효력 · 실효 · 형의 집행

① 선고

즉결심판에 의해 선고할 수 있는 형은 20만 원 이하의 벌금, 구류 또는 과료에 한한다. 벌금형을 선고할 경우에 선고유예 판결도 허용된다. 판사는 사건이 무죄·면소 또는 공소 기각을 함이 명백하다고 인정할 때에는 이를 선고·고지할 수 있다.

② 효력

즉결심판이 확정된 때에는 확정 판결과 동일한 효력이 있다. 즉결심판은 정식재판의 청구 기간의 경과, 정식 재판 청구권의 포기 또는 그 청구의 취하에 의해 확정된다. 정식 재판 청구를 기각하는 재판이 확정된 때에도 같다. 따라서 즉결심판이 확정되면 집행력과 기판력이 발생하며 재심이나 비상상고의 대상이 된다.

③ 실효(失效)

즉결심판은 정식재판의 청구에 의한 판결이 있는 때에는 그 효력을 잃는다.

④ 형의 집행

재판의 집행은 원칙적으로 검사가 지휘하는 것이지만(형사소송법 제460조 1항), 즉결심판에 의한 형의 집행은 경찰서장이 하고 그 집행 결과를 지체 없이 검사에게 보고해야 한다. 구류(拘留)는 경찰서 유치장·구치소·교도소에서 집행하며 구치소 또는 교도소에서 집행할 때에는 검사가 이를 지휘한다.

(7) 정식 재판의 청구

① 피고인의 청구

정식 재판을 청구하고자 하는 피고인은 즉결심판의 선고·고지를 받은 날부터 7일 이내에 정식 재판 청구서를 경찰서장에게 제출해야 한다. 정식 재판청구서를 받은 경찰서장은 지체 없이 판사에게 이를 송부해야 한다.

② 경찰서장의 청구

경찰서장은 무죄·면소 또는 공소 기각의 재판이 선고·고지된 때에는 그 선고·고지를 한 날부터 7일 이내에 정식 재판을 청구할 수 있다. 이 경우 경찰서장은 관할지방검찰청(또는 지청) 검사의 승인을 얻어 정식재판청구서를 판사에게 제출해야 한다.

즉결심판의 특징

즉결심판에서는 기소 · 심판 절차 · 증거 능력 등에서 형사소송법에서와는 다른 특칙이 적용된다.

1. 경찰서장의 즉결심판의 청구는 보통의 공판절차에서 검사의 공소 제기와 성질을 같이 한다. 즉결심판은 경미한 사건의 소송을 신속히 처리하기 위해 심판 절차를 간이하게 하고 검사의 직무를 경찰서장에게 대행하게 한 것으로 검사의 기소독점주의에 대한 예외라고 볼 수 있다.
2. 즉결심판절차에서는 형사소송법상의 자백의 증명력 제한의 규정이 적용되지 아니하여 피고인의 자백만으로 유죄를 인정할 수 있다.
3. 벌금 또는 과료를 선고하는 경우에는 피고인이 출석하지 아니하더라도 심판할 수 있다.

Chapter 02

범죄의 진압 및 수사

제 1 절 범죄와 수사의 기초이론

1 범죄 및 범죄 진압의 의의

1) 범죄의 의의

범죄의 개념에는 실질적 범죄 개념(어떤 행위를 형벌에 의해 처벌할 수 있는가, 즉 범죄의 실질적 요건)과 형식적 범죄 개념이 있는데, 형식적 범죄 개념은 실정법에 의해 제재로서 형벌이 과해지는 행위, 즉 구성 요건에 해당하고 위법 · 유책한 행위를 말한다.

범죄는 자연범(형사범)과 법정범(행정범)으로 구분되는데, 행정범은 반드시 유책성을 요구하는 것은 아니다. 그리고 행정범의 경우는 형사 미성년자(14세 미만의 자) 불벌 규정이나 농아자에 대한 형의 감경 등의 규정을 적용하지 않거나 제한하는 규정을 두는 경우가 있다.

범죄는 형벌(사형, 무기, 징역, 금고, 자격 상실, 자격 정지, 구류, 벌금, 과료 · 몰수)이 과해지는 행위이므로 형벌 이외의 제재(예: 과태료, 범칙금)가 과해지는 행위는 범죄가 아니다.

2) 범죄의 진압

범죄의 진압이란 주로 집단적 범죄가 막 일어나려고 하는 것을 미연에 방지하거나 또는 집단적 범죄가 이미 발생된 뒤에 그 확대를 방지하고 또는 이를 종식시키는 활동을 말한다.

따라서 그 활동 내용은 범죄의 예방에도 해당될 수 있고, 범죄 수사에도 관련된다. 특히 집단적 범죄의 경우에는 그 예방과 수사를 합쳐서 진압이라는 용어로 사용하기도 한다. 다중범죄 진압은 경비경찰과 관련되어 있지만, 시위사범을 수사할 때에는 수사경찰이 필요하므로 수사와 밀접한 관련이 있다.

2 수사의 개념

1) 일반적 의의

수사란 범죄의 혐의를 명백히 하여 공소를 제기 · 유지할 것인가의 여부를 결정하기 위해 범인을 발견·확보하고 증거를 수집하는 수사기관의 활동을 말한다(곽영길 외, 2008: 420). 즉, 수사란 수사기관의 공소의 제기 및 유지를 위한 준비 절차로서 범죄 사실을 탐지하고 범인을 검거 · 조사하며, 증거를 수집 · 보전하는 활동이라고 정의할 수 있다. 일반적으로 수사는 공소 제기 전은 물론 공소 제기 이후에도 할 수 있지만, 공소 제기 이후에는 주로 검사에 의해 이루어지는 경우가 많다.

2) 형식적 의의

수단 또는 형식에 관한 절차적 측면에서 보았을 때의 수사를 의미한다. 즉, 수사기관이 어떠한 권한으로 어떠한 활동을 하게 될 것인가?, 수사 대상으로 된 피의자에게는 어떠한 의무가 있는 것인가 등을 의미한다. 이러한 것은 공공복리의 유지와 기본적 인권 보장에 직접 관계되는 것이므로 법률상의 권리·의무 관계로서 형사소송법 기타 절차 법규에 규정되어 있다(중앙결찰학교, 2007: 9).

3) 실질적 의의

수사로서 무엇을 명백히 할 것인가 하는 목적 또는 내용에 관한 실체적인 측면에서 보았을 때 수사를 의미한다. 즉, 구체적으로 문제된 사건이 과연 범죄가 될 것인가?, 범죄가 된다면 범인은 누구인가?, 그 동기는 무엇인가?, 어떠한 수단과 방법에 의해 이루어졌는가?, 용의자로 지목된 사람이 과연 진범인가 등에 관한 수사를 의미한다(중앙결찰학교, 2007: 9).

3 수사의 성질

수사의 성질은 형사절차의 일환이며 심증 형성을 지향하는 활동이고 획득한 판단을 증명하는 활동이다(신현기, 2010: 491-492).

1) 형사절차의 일환

원래 범죄 수사란 공소의 제기를 위한 준비 활동에 해당한다. 그리고 국가가 행하는 형벌권 행사를 지원하는 일종의 형사절차를 말한다. 그리고 공소 제기뿐만 아니라 공소 수행에 필요한 자료 수집도 범죄 수사의 목적이 되는 것이므로 반드시 기소 전뿐만 아니라 기소 후에도 행해지는 것이다.

2) 심증 형성을 지향하는 활동(하강 과정)

범죄 수사란 사실을 정확하게 파악하여 그 결과를 형사절차에 내놓는 중요한 작업이다. 따라서 수사관은 자기가 사실의 진실성에 대해 확신있는 판단을 가지지 않으면 아니 된다. 즉, 수사관이 가지고 있는 판단이 재판에서 법관의 심증을 획득할 수 있는 것이이야 하기 때문이다(강용길 외, 2010b: 151).

3) 획득한 판단을 증명(상승 과정)

수사관이 심증을 굳혔을 때는 증거를 통해 그 심증을 증명해야 한다. 이에 따라 검사는 자신의 심증을 굳혀 소송 제기를 행할 수 있는 것이다. 이것이 재판에서 판사의 심증에 영향을 주게 되고 유죄 판결을 얻어내게 된다. 피의자로부터 자백이 있더라도 수사관은 충분한 증거를 확보하지 않으면 안 된다(신현기 외, 2006: 622).

4 수사의 특성

1) 수사 대상의 다양성과 불예측성

수사 대상의 다양성과 불예측성으로 인해 수사활동의 탄력성 · 임기성 · 기동성이 요청되고, 수사기관의 활동은 공익적인 견지에서 여러 가지 편의와 강제력의 행사가 인정되고 있다(곽영길 외, 2008: 422).

2) 합목적성 원리의 지배

수사절차는 기술성 · 사실성이 농후하고, 법적 안정성보다는 합목적성의 원리(공공복리 목적)에 의해 지배된다.

3) 당사자주의적 관념의 희박

수사는 수사기관에서 행해지므로, 소송과는 달리 당사자주의적 관념이 희박하다.

4) 법률적 색채가 약함

수사는 공판절차보다 법률적 색채가 약하다.

5) 공소 제기 전의 행위

수사는 소송의 전(前) 단계이므로 원칙상 공소 제기 전에 행해지나, 공소 제기 후에 행사되고 사건에 관해 행해지는 경우도 있다. 피고인 조사, 참고인 조사, 임의 제출물 압수 등이 대표적인 예이다.

5 수사의 목적

1) 피의사건의 진상 파악

수사기관이 수사의 단서를 통해 범죄에 관한 주관적 혐의점을 발견하고, 범인 및 범죄 사실에 관한 진위를 명백히 하여 객관적 혐의로 발전시키는 데 있다. 따라서 범죄 사실의 실체적 진실을 발견하는 것을 목적으로 하고 이를 토대로 법률적 평가를 거쳐 기소 여부를 결정한다(곽영길 외, 2008: 422).

2) 기소 · 불기소의 결정

범죄 수사를 통해 파악된 진상을 토대로 이에 대한 법률적 평가를 거쳐 기소 · 불기소의 여부를 결정하고 그 결정에는 범죄의 사실적 실체면(내용)뿐만 아니라, 법률적 실체면(내용), 즉 구성 요건 해당성 · 위법성 · 책임성 및 소송 조건 등을 고려해야 한다.

3) 공소 제기 및 유지(제1차적 목적, 3대 목적)

공소 제기, 즉 기소하기로 결정된 사건에 대해서는 검거된 범인과 수집된 모든 증거를 토대로 공소가 제기되고 수행되며, 필요 시에는 공소의 유지를 위한 추가 수사가 행해지기도 한다.

4) 유죄 판결(궁극적 목적, 3대 목적)

공소의 제기 및 유지에 만전을 기한다는 것은 수사의 가장 궁극적인 목적으로 국가의 형벌권을 적용하기 위한 유죄 판결을 받게 하는 데 있다고 할 수 있다.

5) 형사소송법의 목적 실현(3대 목적)

절차 면에서는 공공복리의 유지와 기본적 인권 보장과의 조화를, 실체 면에서는 실체적 진실 발견을 추구한다.

6 수사의 기본 이념

1) 수사의 기본 이념

(1) 실체적 진실의 발견

실체적 진실주의는 당사자의 주장, 인부(認否) 또는 입증에 구애되지 않고 객관적인 사실의 진상을 규명하려는 절차법상의 이념이다. 따라서 당사자가 범죄 사실을 부인해도 수사경찰은 객관적 진실을 토대로 수사해야 한다.

실체적 진실의 발견은 기본적 인권의 보장과 함께 수사 절차를 포함한 모든 형사소송 절차를 일관하는 기본 이념이다(배철효 외, 2007: 765-766).

(2) 기본적 인권 보장

수사 과정에서 필연적으로 국민의 기본권이 제약되므로, 수사는 임의수사가 원칙이고 강제수사는 예외적으로 인정된다.

증거를 수집하고 범인의 신병을 확보하는 과정에서 필연적으로 신체의 자유 등 국민의 여러 가지 기본권이 제약된다.

헌법과 형사소송법에는 형사소송 절차나 수사절차상 인권 유린이 없도록 국민의 여러 가지 기본권을 보장하고 임의수사 원칙을 선언하면서, 강제처분은 법에 특별히 규정이 있을 때에만 예외적으로 할 수 있도록 규정하여 인권 보장의 이념을 실현하고 있다.

7 수사의 전개 과정

수사의 전개 과정은 광의로 보아 수사의 단서에서 시작하여 사건의 확정 판결에 이르기까지를 의미하기도 하고, 협의로 보아 수사의 단서에서 시작하여 공소 제기까지의 시기를 의미하는 두 가지의 경우가 있다.

수사는 결국 수사의 단서 → 수사활동 → 공소 제기 → 공판 → 판결의 일련성을 가진 형사절차의 일환임에 비추어 공소의 제기와 공판의 심리를 염두에 두고 추진해야 한다(경찰대학, 2004b: 10-13).

1) 범죄 수사의 단계

범죄 수사의 단계는 범죄의 종류와 현장의 상태, 수법 등에 따라 각각 상이하므로 한마디로 논의할 수는 없다. 그러나 수사관은 많은 경험에 의해 수사를 전개하여 가는 동안 자연 합리적인 일정한 순서가 필요하다는 것을 알게 된다.

수사의 진행 과정은 단서 입수에서 시작하여 수사 착수 · 현장 관찰 · 수사 방침 수립 · 수사 실행 · 사람과 물건 등의 조치 · 조사 · 송치의 단계적 과정을 밟게 되는 것이다. 즉, 수사는 공통된 순서에 의해 법령의 규제와 절차에 따라 공소 제기와 유죄 판결을 지향하여 전진하는 목적(유죄 판결) 지향적인 일련의 과정이다.

2) 범죄 수사의 단계적 고찰

(1) 수사의 전 단계(내사)

내사는 수사 이전의 단계로서 신문 등 출판물의 기사, 익명의 신고, 소문 등에 범죄 혐의 유무를 조사할 가치가 있는 내용이 있을 때 그 진상을 밝혀

입건할 것인지 아닌지, 즉 수사를 개시할 것인지 조사하는 단계를 말한다.

실무상 조사 결과 범죄 혐의가 있고 입건의 필요가 있을 때에는 범죄인지보고서를 작성하여 인지한 후(사법경찰관리집무규칙 제20조 제1항) 정식적인 수사를 진행하며, 범죄 혐의가 없거나 입건할 필요가 없을 때에는 내사를 종결한다(동조 제2항).

(2) 수사의 개시(입건)

수사기관 스스로 사건을 인지하여 수사를 개시함을 입건이라 한다. 입건의 원인에는 내사를 통한 범죄의 인지, 고소·고발의 접수, 자수, 자복, 변사체 검시, 검사의 수사 지휘, 다른 사법경찰 업무 취급 관서로부터의 이송사건 수리 등이 있다.

실무상으로 입건이란 수사기관에 비치된 사건접수부에 사건을 기재하고 사건번호를 부여하는 단계를 말하며, 입건 이후에는 혐의자가 피의자 신분이 된다. 사건을 인지하여 수사를 착수한 때에는 범죄인지보고서를 작성하여 사건번호를 부여받아야 한다(사법경찰관리집무규칙 제21조 제1항).

(3) 수사의 실행

사법경찰관은 형사소송법, 사법경찰관리집무규칙, 범죄 수사규칙 등 관계 법령을 준수하면서 그 범위 내에서 수사를 실행해야 한다.

수사의 실행 전에 현장에서 수집된 여러 가지 자료를 검토하여 수사를 어떠한 방향으로 전개할 것인가를 결정해야 한다. 이를 수사 방침의 수립이라고 하며, 만약 수사 방침이 제대로 수립되지 않는다면 범인 검거는 어렵게 되고, 설사 검거된다 하더라도 많은 시간과 노력을 낭비하게 된다.

(4) 사건 송치

사법경찰관은 사건에 대해 진상이 파악되고 적용할 법령, 처리 의견을 제시할 수 있을 정도가 되면 사건을 검찰에 송치한다. 이로써 경찰의 수사 행위는 일단 종결되는 것으로 본다.

(5) 송치 후의 수사

사건 송치 후 피의자의 여죄가 발견되거나 검사의 공소 제기 또는 유지를 위한 보강 수사 지시가 있을 경우 이에 상응하는 추가적인 수사활동이 전개된다.

제2절 범죄 수사의 기본 원칙

1 범죄 수사의 3대 원칙(3S의 원칙)

1) 신속 착수의 원칙

신속 착수(speedy initiation)의 원칙은 가급적 신속히 착수하여 죄증이 인멸되기 전에 수사를 수행하고 종결해야 한다(이상원 · 김상균, 2005: 47).

2) 현장 보존의 법칙

현장 보존(scene preservation)의 법칙이란 범죄의 현장이나 물건 등은 변화를 본질로 하므로 수사관이 범죄 현장을 보존하고 철저히 관찰하지 않으면 수사가 곤경에 빠질 염려가 있다는 것이다. 범죄의 현장을 '증거의 보고'라고 하는 이유가 여기에 있다.

임장수사를 요하는 살인, 방화, 상노 등 상력범죄의 수사에서 이 원칙의 준수 여부는 수사 성패의 관건이 된다.

3) 공중 협력의 원칙

범죄의 흔적은 목격자나 전문자의 기억에 오래 남는 것이므로 목격자나 전문자가 살고 있는 사회는 '증거의 바다'라고 할 수 있다.

사회를 증거의 바다라고 칭하는 이유는 공중의 기억에 남은 범죄 흔적이 사회의 파문이 되어 사람의 입과 귀를 통해 많은 사람에게 전파되기 때문이다. 이를 이용하는 것이 공중 협력(support by the public)의 원칙이라 할 수 있다.

2 수사의 기본 원칙

1) 임의수사의 원칙

수사기관의 수사는 상대방의 동의를 얻어서 개시할 수 있는 임의수사를 원칙으로 하고, 강제수사는 형사소송법에 특별한 규정이 있는 경우에 한해 예외적으로 허용된다. 이는 법원이 피고인의 유죄 판결을 하기 전까지는 무죄 추정의 법리 또는 강제수사는 물론이고 임의수사도 필요 최소한도의 범위에 머물러야 한다는 필요 최소한도의 법리의 제도적 표현이기도 하다(조철옥, 2008: 481-483).

2) 수사 비례의 원칙

수사 비례의 원칙이란 수사의 결과에 따른 이익과 피고인의 법익 침해가 부당하게 균형을 잃어서는 안 된다는 원칙을 말한다. 이 원칙은 강제수사와 임의수사 모든 공통적으로 요구되는 수사의 기본 원칙이며, 수사권의 행사 특히 수사기관이 강제처분을 위한 실력 행사를 하는 경우에 강조되지만, 수사권의 발동에 관해서도 적용된다.

3) 수사 비공개의 원칙

수사의 개시와 실행은 이를 공개하지 아니한다. 이를 수사 비공개의 원칙 또는 수사 밀행의 원칙이라 한다. 이 원칙은 범인의 발견·검거 또는 증거의 발견·수집·보전을 위해 요구되며, 피해자·참고인·피의자 등 관계인의 개인적인 비밀, 사생활, 명예 등 인권의 보호를 위해서도 요청된다.

4) 자기부죄 강요 금지의 원칙

피의자 등에 대한 고문의 절대적인 금지는 이 원칙의 제도적 표현이다.

5) 강제수사법정주의

수사기관의 강체처분은 형사소송법에 특별한 규정이 있는 경우에 한해서 허용된다. 이를 강제수사법정주의 또는 강제처분법정주의라고 한다.

6) 영장주의

강제처분에 관한 영장주의는 헌법상의 원칙으로서 수사기관의 강제처분에 관해서는 영장주의 원칙이 적용되며, 다만 엄격한 요건하에 현행범인 체포, 긴급체포, 영장집행 현장에서의 압수·수색 등 영장주의 예외가 인정된다.

7) 제출인 환부의 원칙

수사기관이 압수물을 환부할 때는 제출인에게 환부함을 원칙으로 한다. 다만, 압수물이 장물일 경우에는 피해자를 보호하기 위해 일정한 조건하에 피해자 환부를 허용하고 있다.

3 수사 실행의 5원칙

1) 수사 자료 완진 수집의 원칙

이는 수사에서 수사관은 발생한 사건에 대해 수사를 진행하면서 그와 관련된 모든 자료들을 완전하게 수집해야 한다는 원칙을 말한다. 범인은 누구인가 등 그 사건과 관련해 자료가 누락되거나 멸실되는 일이 없도록 자료를 모주 수집하는 일이 중요하다. 이와 같은 수사 자료를 수집하는 것을 기초수사라 한다(신현기, 2010: 496).

2) 수사 자료 감식과 검토의 원칙

범죄 수사에서 기초수사를 통해 수집된 자료를 면밀히 감식하고 검토하는 일은 매우 중요하다. 비록 범죄 현장에 칼과 같은 흉기가 놓여 있다고 해서 증거물로 가치 있는 것은 절대 아니라는 것이다.

3) 적절한 추리의 원칙

경찰관은 수사 자료를 수집하고 검토한 다음에 이것을 기초로 그 관련 사건에 대해 가상의 추리를 해 볼 수 있을 것이다. 이와같이 가상의 추리를 통해 수사를 펼치게 되는데, 만일 그 추리를 통해 행해진 수사가 그대로 사실로 나타났을 때는 그대로 사실로 입증되는 것이다.

4) 검증적 수사의 원칙

여러 가지 추측 중에서 과연 어떤 추측이 정당한 것인가를 가리기 위해서는 그들 추측 하나하나를 모든 각도에서 검토해야 한다는 것이 검증적 수사의 원칙이다(곽영길 외, 2008: 437).

이 원칙에서는 수사 사항의 결정 → 수사 방법의 결정 → 수사의 실행 순으로 진행된다.

5) 사실판단 증명의 원칙

수사는 형사절차의 일환으로 수사에 의해 획득한 확신 있는 판단(심증)은 검사에게 송치되고, 공판정에서 심리를 받게 된다. 어떤 판단이나 주장의 진실성이 증명되기 위해서는 수사관의 판단(주장)을 객관화하도록 노력해야 한다는 표현으로 객관적 증명의 원칙이라고도 한다.

4 범죄 수사상 준수 원칙

1) 선증후포의 원칙

선증후포(先證後捕)의 원칙이란 사건에 관해 먼저 조사하고 증거를 확보한 후에 범인을 체포하라는 원칙을 말한다(배철효 외, 2007: 781).

2) 법령 준수의 원칙

형사법 규정을 숙지하고 이를 철저히 준수하는 원칙을 말한다.

3) 민사 관계 불간섭의 원칙

수사는 형사사건에 한해 행해야 한다는 원칙을 말한다. 단 사기죄와 배임죄 등과 같이 민사와 형사가 교차하는 경우에는 수사가 가능하다.

4) 종합 수사의 원칙

모든 정보 자료·수사 자료를 종합하여 상황을 파악하고, 모든 기술과 지식·조건을 동원하여 체계적이고 조직적인 종합 수사를 행해야 한다는 원칙을 말한다.

제 3 절 초동수사 활동

1 초동수사

1) 초동수사의 의의

초동수사란 사건 발생 초기에 증거를 확보하고 범인을 체포하기 위해 행하는 긴급 수사활동을 말한다(이상원·김상균, 2005: 121). 즉, 범죄가 발생한 후 최초로 출동한 경찰관이 증거를 확보하기 위해 최초로 행해지는 범죄 현장을 중심으로 펼치는 수사활동을 말한다.

원래 초동수사의 목적은 사건을 인지한 즉시 초동수사를 개시해 신속하게 수사요원을 배치해 범인을 검거하며 물적 증거와 참고인을 미리 확보함은 물론이고, 사건의 상황을 세세히 기록하는 것이 중요하다(신현기, 2010: 521).

2) 초동수사의 중요성

광역화·기동화·지능화되어 가는 범죄에 대응하여 수사활동도 기동화·조직화·신속화되어야 한다. 따라서 초동수사의 적부는 그 후의 수사에 결정적인 영향을 주는 일이 많다.

또한 범죄가 발생한 후 시간이 지나면 지날수록 증거가 희미해지고 범인의 도주로 인해 수사가 어렵게 되는 것은 당연하므로 초동수사 체제를 확립함으로써 사건의 발생을 인지하면 즉시 수사활동을 개시하여 현장에서 범인을 체포하는 동시에 물적 증거나 참고인을 신속히 확보해야 한다(이상원·김상균, 2005: 121).

3) 긴급 배치의 실시

긴급 배치는 범죄 수사규칙 제93조 내지 제95조와 수사긴급 배치규칙에 규정되어 있는 바에 따라서 행하되, 형식적·획일적으로 행하지 말고 구체

표 2-1 수사 긴급 배치 종별 사건 범위

구분	갑호	을호
대상 범죄	1. 살인사건 - 강도, 강간, 유괴, 방화살인 - 2명 이상 집단살인 및 연쇄살인 2. 강도사건 인질강도, 해상강도, 금융기관 및 5,000만 원 이상 다액 강도, 총기·폭발물 소지 강도, 연쇄강도 3. 방화사건 - 관공서·산업시설·시장·열차·항공기·대형 선박 등의 방화 - 연쇄 방화, 중요한 범죄 은닉 목적 방화 4. 기타 중요 사건 총기, 대량의 탄약 및 폭발물 절도, 조직폭력사건, 약취 유인 또는 인질강도, 수인 또는 구속 피의자 도주	1. 다음 사건 중 갑호 이외의 사건 - 살인, 강도, 방화 - 1억 원 이상 다액 절도 - 관공서 및 중요 시설 절도 - 국보급 문화재 절도 2. 기타 경찰관서장이 중요하다고 판단하여 긴급 배치가 필요하다고 인정하는 사건
경력 동원 기준	형사(수사)요원, 파출소, 검문소 100%	형사(수사)요원 100%, 파출소, 검문소 요원은 가동 경력 50%

출처: 경찰대학(2004: 216).

적 사건의 내용에 따라 중점을 잘 판단해서 특정 구역에 중점을 두거나 검문에 주력하는 등 효과적인 방법에 의해야 한다(경찰대학, 2004: 216).

수사 긴급 배치의 종별과 사건의 범위는 <표 2-1>과 같다.

2 현장관찰

1) 현장관찰의 의의

현장관찰이라 함은 범행의 현장에서 범행에 직·간접으로 결부되어 있는 유·무형의 자료를 수집하기 위해 현장의 물건의 존재 및 상태를 관찰하는 것을 말한다(중앙경찰학교, 2006: 29). 즉, 현장관찰이란 수사기관이 범행과 관련되어 있는 여러 가지 범죄 수사 자료를 찾기 위해 범죄 현장에 널려 있는 물체들의 상태를 자세히 관찰해야 하는 것을 말한다. 특히 현장관찰은 수사에서 중요한 열쇠이다. 그리고 범죄 현장은 두 번 다시 재현되지 않으므로 꼭 성공하도록 만전을 기해야 한다(신현기, 2010: 521).

2) 현장관찰의 중요성

범죄는 사람의 행위에 의한 것이므로 범죄 현장 및 그 주변에는 범인의 행동을 추측할 수 있는 여러 가지 자료가 남겨져 있다. 실사 범인이 교묘한 범행에 의해 지문·족적·용구흔 등과 같은 유형의 자료를 남기지 않는데, 성공했다 하더라도 무형 자료라고 말하는 범죄 수법은 반드시 남겨지게 마련이다. 따라서 범인의 범죄행위를 가장 정밀하게 증명하는 것은 범죄 현장이라고 말할 수가 있다.

이러한 점에서 현장관찰은 수사의 제1보라고 말하고 있다. 특히 강력사건의 경우에는 이 현장관찰이 신속·정확하게 행해지느냐의 여부에 따라서 그 후의 수사에 현저한 영향을 미치게 된다(중앙경찰학교, 2006: 30).

3) 현장관찰의 원칙

범죄 현장의 관찰은 다음과 같은 원칙에 따라 이루어져야 한다. 즉, ① 수사 간부 지휘에 의한 현장관찰 원칙, ② 증거의 보고라는 신념 견지의 원칙, ③ 냉정하고 세밀한 관찰의 원칙, ④ 선입견을 배제한 객관적 관찰 원칙, ⑤ 임무 분담에 의한 체계적이고 반복적인 관찰 원칙, ⑥ 협의의 범죄 현장이 아니라 광의의 범죄 현장관찰의 원칙, ⑦ 오관(五官)에 의한 자연적 관찰과 기계적 보조 수단을 활용하는 총체적 관찰 원칙 등을 준수해야 한다(조철옥, 2008: 495).

4) 현장관찰의 일반적 순서

현장관찰은 항상 질서 있게 일정한 순서로 하며, 외부에서 시작해 순차로 중심부에 이르는 것이 원칙이다. 그러면 실제로 현장에 임할 경우 구체적으로 어떠한 순서로 하는 것이 좋을까?

현장의 상태는 구체적 범죄에 따라서 각기 다르기 때문에 관찰의 순서도 같은 것이 없으나 일반적으로 ① 전체에서 부분으로, ② 외부에서 내부로, ③ 좌에서 우로, ④ 위로부터 아래로의 순서를 따르는 것이 좋다(경찰대학, 2004: 223-224).

제 4 절 현장수사 활동

1 탐문수사

1) 탐문수사의 의의

탐문수사는 수사관이 범죄를 탐지하거나 또는 범죄 수사를 행할 때 범인 이외의 제3자로부터 범죄에 대해 견문 또는 직접 체험한 사실을 탐지하기 위해 행하는 조사의 기본적 기술이다(중앙경찰학교, 2006: 103). 탐문수사란 범죄가 발생했다고 판단될 때 범죄 사실과 그 범인에 관한 내용을 알고 있는 자 또는 범인 이외의 제3자로부터 범죄에 대해 견문이나 직접 체험한 사실을 듣기 위해 펼치는 일련의 수사활동이다(신현기, 2010: 521).

2) 탐문수사의 중요성

범죄는 하나의 사회 현상으로서 범행을 중심으로 사회적인 여러 가지 파문을 일으키게 된다. 그와 같은 파문은 다수인에게 직접 또는 간접으로 사건에 대한 지식이나 경험을 남겨 준다. 이러한 범죄 관련 지식이나 경험이 정보로서 신속하고 정확하게, 그리고 완전하게 수사관에게 제공된다면 대부분의 사건은 해결될 것이다(이상원 · 김상균, 2005: 167).

수사 자료의 수집에서 탐문수사는 가장 전형적인 방법이고 가장 중요한 수사활동이다. 탐문수사는 탐문에서 시작하여 결국 탐문으로 끝난다. 범죄의 동기, 피해자의 선정, 범행 도구의 입수 등 범행 착수 전의 상황으로부터 장물의 처분 등 범행 후의 동정에 이르기까지의 거의 모든 것이 탐문의 대상이다.

수사관이 얼마나 많은 범죄 관계의 자료를 수집할 수 있는가, 즉 수사관이 어느 정도 탐무 기술에 숙달되고 있는가가 수사의 성패에 중요한 관건이 된다.

3) 탐문 방법

(1) 직접 탐문

수사관이 직접 상대자와 면접하여 탐문을 행하는 것으로서 일반적으로 행해지는 방법이다. 이에는 수사관이라는 신분을 명시하고 행하는 것과 신분을 숨기고 행하는 경우가 있다(경찰대학, 2004b: 255).

① 신분 명시

사실이 명백하고 탐문의 상대가 범인과 통모하거나 증거를 인멸할 염려가 없을 때, 즉 수사관의 신분을 명시하고 탐문을 행해도 사후의 수사에 영향이 없을 것이라고 인정될 때에는 신분을 명시하고 사정을 고지한 다음 협력을 구하는 것이 효과적이다.

② 신분 은닉

수사관이 그 신분을 숨기고 탐문을 행하는 것은 상대자가 경찰관이라는 것을 알게 되면 경계를 하고 사실대로 말을 하지 않을 우려가 있거나 범인과 통모될 위험성이 있는 경우 등이다(경찰대학, 2004b: 256).

일반적으로 탐문 대상이 다음의 경우일 때에는 이 방법이 효과적이다. 즉, ㉮ 피해(의)자의 가족, 친족 또는 사건에 대해 이해관계가 있는 자에 대한 탐문, ㉯ 피해(의)자의 정부(情婦, 夫)에 대한 탐문, ㉰ 우범지역, 폭력단 내부, 마약범죄 등에 대한 탐문, ㉱ 전과자, 장물 취득자 또는 그들의 집합 장소, ㉲ 독직범죄, 선거사범 등에 관한 탐문 등이다.

(2) 간접 탐문

간접 탐문이란 범죄 또는 피의자를 탐지하기 위해 꼭 필요한 정보를 얻고자 할 때 경찰관이 그 상대자에게 직접 탐문을 하기가 어렵고 또한 그 효과를 거두기가 어려울 때에 제3자의 협력을 얻어서 간접적으로 탐문을 행하고자 하는 방법이다.

그러나 이 경우 협력자 선정을 잘못하면 범인 측에 통모(通謀)되고 오히려 수사에 장해가 되는 수도 있으며, 반면 진실로 협력자로서 적합한 자를 구할 수 있을 때에는 효과적으로 유력한 정보를 얻을 수 있다.

4) 질문 방법

(1) 전체법과 일문일답법

전체법은 '무엇인가 수상한 점은 없었습니까?'라든가 '무엇을 했습니까?' 등과 같이 막연하게 묻고 상대자는 이에 대해 자유롭게 대답하는 방법이다. 이 경우에는 질문자의 암시, 유도의 염려가 수반되지 않으므로 바른 대답을 얻을 수 있으나 답변의 정리가 어려운 결점이 있다.

일문일답법은 질문자가 듣고 싶은 점을 하나하나 묻는 것이므로 문제점을 명확히 할 수가 있다. 그러나 질문 이외의 정보를 얻기가 어렵고 질문 여하에 따라서는 암시, 유도의 염려가 있다(이상원 · 김상균, 2005: 177).

(2) 자유응답법과 선택응답법

자유응답법은 그 질문이 '무엇을 보았습니까?', '어디 가는 버스였습니까?'와 같이 무엇, 어디, 언제 등과 같이 의문사를 수반하는 질문에 대한 응답법이다. 이와 같은 질문은 암시, 유도의 염려가 적어서 좋은 방법이 될 수 있다.

선택응답법은 다지선택법이라고도 하는 것으로 예컨대 '그 버스는 청량리행이었습니까?', '영등포행이었습니까?', '그 색깔은 청색이었습니까?, 황색이었습니까' 등과 같은 질문에 대한 응답법이다. 이 방법은 선택된 답 이외의 것은 얻기가 어렵고 암시, 유도의 염려가 있다(이상원 · 김상균, 2005: 178).

(3) 부정문과 긍정문

'갑은 아니겠지요?' 등과 같이 부정어를 가지고 질문하는 것을 부정문이라고 하고, '그것이 맞지요?' 등과 같이 확인하는 방향의 질문을 긍정문이라고 한다.

일반적으로 부정문 · 긍정문과 같은 질문 방법은 암시 · 유도가 되고 정답을 얻기가 매우 어렵다.

5) 탐문의 종결

탐문이 종결되면 상대자에게 감사하다는 태도를 잊어서는 안 된다. 탐문에 의해 상대자에게 정신적 부담은 물론 작업 중지 등에 따른 경제적 부담 등 상당한 폐를 끼치게 된다. 그러므로 탐문의 성부에 관계 없이 감사의 뜻을 표시해야 한다.

탐문의 목적을 충분히 달성하지 못하고 후일 연속해서 탐문을 행할 필요가 있을 때에는 재회의 장소, 시간 등에 대해 약속을 해둘 필요가 있다(중앙경찰학교, 2006: 113).

2 감별수사

1) 감별수사의 의의

감별수사는 범인과 피해자, 범인과 범행지 및 주변의 지역 간에 존재하는 사정이나 관계 등을 기초로 한 일종의 연고수사를 말한다(조철옥, 2008: 497). 그 중에서 범인과 피해자·그 가족, 피해 가옥과의 관계를 '연고감'이라고 하고, 범인과 범행지 및 그 주변 지역과의 관계를 '지리감'이라 한다. 그리고 관계가 밀접한 것을 '농감'이라 하고, 그 관계가 희박한 것을 '박감'이라 한다. 또한 범인과 직접적인 관련성이 있는 것을 '직접감'이라 하고 간접적인 관련성, 즉 범인이 직접 사정을 알고 있는 것이 아니고 타인으로부터 문지(聞知)한 지식을 가지고 범행한 경우의 관계를 '간접감'이라 한다(경찰대학, 2004b: 265).

2) 감별수사의 가치

(1) 수사 방침의 기초

기초수사를 철저히 하고 범행 상황, 범행 전후의 범인 행동, 기타 기초적인 사실에 근거를 두고 연고감 또는 지리감이 있다고 정확하게 판단하는 경우는 그 수사 방침이 구체적으로 되어 수사의 범위는 축소된다(이상원·김상균, 2005: 182).

(2) 용의자에 대한 결정적 판단 자료

감은 용의자가 떠올랐을 때에 그 용의자가 진범인지 아닌지를 결정할 때 유익하다. 유력한 정황 증거가 된다.

3) 연고감 수사

(1) 연고감 유무 수사

주도면밀한 현장관찰·현장감식과 확실한 기초수사 등에 의해 연고감 유무에 대한 모든 판단 자료의 발견 수집에 힘쓰고 그에 대한 검토·추리로 범인이 피해자나 피해 가옥 등에 대해 상세한 지식을 가지고 있는가 어떤가를 판단하여 수사를 범인에 도달할 수 있는 궤도 위에 올려놓아야 한다.

약간의 판단 자료가 수집되었다고 하여 다른 면의 수사를 등한시해서는 안 된다. 수사상 어쩌다가 우연히 일치가 되어 거기에 끌려서 속단한 결과 수사가 아주 궤도에서 벗어나 궁극적으로 실패한 수사가 되는 경우가 많다. 폭넓게 연고감 유무의 판단 자료가 수집되면 될수록 확신을 가지고 감별수사를 전개할 수 있다(경찰대학, 2004b: 268).

(2) 연고감 수사 대상자

일반적으로 연고감 수사의 대상으로 되는 자는 보통 피해자와 다음과 같은 관계가 있는 자들을 들 수 있다(경찰대학, 2004b: 272).

① 가족, 친족, 동거인, 고용인, 우인, 지인, 전 동거인, 전 고용인 등
② 본적지, 출생지, 전 거주지 등의 관계로 내왕이 있는 자
③ 직장 관계로 출입한 자
④ 외판원, 전기·수도 등의 각종 수금원, 신문·우유 등의 각종 배달인, 청소부, 행상인 등으로 내왕이 있는 자
⑤ 거래, 대차 관계로 출입한 자
⑥ 가옥의 신축, 수리공사 등에 종사했던 목수, 진공, 기타 공입원
⑦ 피해자의 일기·메모·우편물·명함·거래장부·주소록·영수증 등에 의해 파악된 자
⑧ 이상의 자들과 면식자 또는 교제자 즉 간접 교제자

4) 지리감 수사

(1) 지리감 유무 수사

지리감 유무의 판단 자료는 주로 피해자, 참고인의 진술, 범죄 현장과 그 주변의 지리적·환경적 상황관찰로 이어진다(이상원·김상균, 2005: 188). 지리감은 범인과 범죄 현장 주변과의 관계성이므로 피해자와 관계되는 연고감에 비하면 수사 대상도 많고 수사 범위도 넓다. 연고감이 있는 사건은

대개 지리감이 있는 경우가 많으며, 특히 침입 절도는 연고감이 있는 경우에는 거의 지리감이 있는 것이라고 추정할 수 있다.

(2) 지리감 수사 대상자

① 범행지 부근에 거주하는 자 또는 거주했던 자
② 범행지 부근에 통근·통학하는 자 또는 통근·통학했던 자
③ 범행지 부근에 친족, 지인 등이 있어 자주 내왕한 일이 있는 자
④ 범행지 부근 공사장 등에서 일한 자
⑤ 범행지 부근에 행상, 수금, 배달, 운동 등으로 내왕한 일이 있는 자
⑥ 범행지 부근에서 범죄의 전력이 있는 자

3 수법수사

1) 수법수사의 의의

수법수사는 범인이 대체로 자신의 기술을 최대한 활용할 수 있는 일정한 수단과 방법 및 습벽으로 반복하여 범행하는 특징을 이용하여 이러한 수법유형을 파악하여 범죄 사실과 대조함으로써 범인을 찾아 검거하는 수사활동이다(조철옥, 2008: 498). 즉, 수법수사란 범행 당시 인적 특징, 범행 시간과 장소, 범죄행위에 표현된 수단, 방법, 습성 등 무형의 범죄 수법을 단서로 해서 범인을 추정이나 검거하거나 여죄를 추궁하는 일련의 경찰활동을 말한다. 예를 들어 강도의 경우 노상강도냐, 침입강도냐 혹은 차량 이용강도, 강도강간 등 그 습성이 각기 다르다. 결국 수법수사란 범인이 일정한 수단과 방법, 습벽으로 반복하여 범인을 찾아내는 수사기법을 말한다(신현기, 2010: 522).

2) 수법수사의 중요성

최근의 범죄는 그 수법이 교묘화하여 현장에 유형 자료를 남기지 않는

경우가 증가하고 있으나, 일종의 무형 자료인 범죄 수법에 의해 수사를 진행함은 매우 중요한 수사 방법이 되고 있는 것이다. 범행의 수법을 기록화·조직화하여 노련한 수사관의 퇴직 등에 대비하는 의미도 있는 바 수법수사는 종합적 수사에 이용된다(중앙경찰학교, 2006: 115).

3) 범죄 수법의 특성

범죄 수법의 특성을 학문적으로 연구하여 이론화한 것은 19세기 말 오스트리아의 형사학자 겸 예심판사인 그로스(Hans Gross)로, 범죄 수법의 특성으로 반복성(관행성)과 필존성을 들고 있다(경찰대학, 2004b: 277).

(1) 범죄 수법의 반복성(관행성)

상습범의 범죄행위를 구체적으로 예시하면 범죄 수법은

① 일정한 정형으로 고정되는 경향이 있고,

② 그때 그때 용이하게 변경되지 않고 계속 반복적으로 행하며,

③ 개인적 습벽, 특징을 가지고 있다.

(2) 범죄 수법의 필존성

범죄 현장에 수사의 자료가 될 만한 물품을 남기지 않고 목적을 달성한다는 것은 범인의 이상이라 할 것이다.

이러한 완전범죄에 관해 강도살인사건의 경우를 상정하고 문제를 검토해 본다면 완전범죄의 요건으로는 다섯 가지의 원칙을 들 수 있을 것이다.

① 흉기는 현장의 것을 사용한다. ② 알리바이를 완전히 조작한다. ③ 피해자를 완전히 살해한다. ④ 특징 있는 물건에는 손을 대지 않는다. ⑤ 지문, 족적 기타 증거물로 될 것을 일절 현장에 남기지 않는다.

4) 범죄 수법제도가 적용되는 범죄

수법범죄는 범죄 중 특히 반복성이 강한 것에 한정하는 바 강도, 절도, 사기, 위조·변조사범(통화, 유가증권, 우표, 인지, 인장, 문서), 약취 유인, 공갈 기타 경찰청장 및 지방경찰청장이 지정하는 범죄이다(중앙경찰학교,

2006: 116).

5) 피해통보표

피해통보표는 수법범죄로 피해가 발생했을 경우에 작성하고 피해의 확인, 여죄수사, 장물수사 및 범인 검거 등의 자료로 이용한다. 피해사건의 수법 내용 및 피해자의 주소와 성명, 피해품의 종류와 수량, 금액 등을 기록하기 때문에 범인의 추적수사가 가능하다.

피해통보표는 즉시 범인 검거 시는 작성할 필요가 없다. 즉, 범죄가 발생하고 수사에 착수하자마자 범인이 판명되어 검거된 경우를 말하고, 범인이 특정되었으나 지명수배를 하거나 빠른 시간 내에 검거 가능성이 있을 경우에는 작성해야 한다.

피해통보표에 수록되어 전산 입력된 피해품은 범죄 수사규칙 제31조의 장물 수배로 본다. 피해통보표는 피의자 검거 시, 피의자 사망 시, 작성 후 10년 경과 시 폐기된다(조철옥, 2008: 499-500).

6) 범죄 수법 영상전산 시스템

(1) 개념

범죄 수법 영상전산 시스템이란 동일 수법 전과자의 수법 내용, 범행 사실, 인상 착의, 신체 특징, 지문, 필적 등을 데이터베이스에 입력하여 그 자료를 각 경찰서 검색단말기를 통해 신속하고 효율적으로 문자와 이미지를 전송하는 것이다. 이는 사건 발생 시 전국의 동일 수법범 중 특정 용의자를 검색하여 목격자 또는 사건 담당자가 영상자료를 보면서 용의자를 색출하기 위한 시스템이다(이상원 · 김상균, 2005: 203).

(2) 자료 활용

① 강력사건 등 수법 범죄 발생 시 목격자 및 피해자를 상대로 하여 동일 수법자 사진을 열람시켜 용의자 색출(이상원 · 김상균, 2005: 204).

② CCTV, 몽타주 등과 동일 인상 착의 사진 대조

③ 범죄 이용 수표의 배서 및 협박문 등을 이용하여 동일 수법자 필적을

대조하여 범인 색출

④ 성명, 이명에 따른 성명 조회 활용

⑤ 작성 관서, 작성 일자에 의한 수법 자료로 활용

⑥ 동일 수법 내용에 따라 용의자를 검색하여 수사 자료로 활용

⑦ 본적, 주소, 출생지에 따른 검색 가능

⑧ 공범 관계 조회 활용

⑨ 연고선, 배회처, 친인척 관계 검색 활용

4 장물수사

1) 장물수사의 의의

장물수사라 함은 피해품인 장물의 이동 경로를 따라서 범인에 도달하는 수사를 말한다. 범죄의 피해품에 관해 그 종류·수량·형상·특징 등을 명백히 함과 아울러 그 이동 경로에 따라 장물 수배, 장물품표의 발부, 임검조사, 불심검문 등을 행해 피해품을 발견하고 피의자와의 결부를 조사하여 범인을 발견해 가는 수사인 바 도범수사에서는 기본적인 수사 방법인 것이다(중앙경찰학교, 2006: 116).

2) 장물수사의 중요성

(1) 합리적 수사와 추진

장물은 범인 검거에 단서가 될 뿐만 아니라 범죄와 범인과의 결부된 관계를 증명하는 증거로 사용할 수 있는 결정적 가치를 가지고 있다. 따라서 장물수사는 증거가 되는 장물을 확보하고, 이에 따라서 범인을 특정한다는 이른바 합리수사의 기본적 태양으로서 강력히 추진할 필요가 있다.

(2) 피해 회복의 추진

수사활동은 범인을 검거하는 이외에도 피해자를 보호한다는 임무가 포

함되어 있는 것인바 피해 신고를 받고 신속한 초동수사를 하여 범인을 검거해도 피해품을 회복하지 못한다면 피해자에게 만족감을 주지 못할 것이다. 따라서 장물수사에 의한 피해품의 발견, 회복은 범인 발견·검거의 단서로 되는 동시에 피해자의 만족감을 충족시켜 줌으로써 경찰의 범죄 수사에 대한 신뢰를 높이는 데도 중요하다.

3) 장물품표(장물수배서)

(1) 의의

경찰서장이 수사상 필요하다고 인정 시 장물을 신속히 발견하기 위해 전당포주 등에게 해당 장물을 소유 또는 소지하고 있거나 받았을 경우에 즉시 경찰관서에 신고하도록 의뢰하는 피해품의 통지서를 말한다(조철옥, 2008: 503-504).

(2) 종류

① 특별중요 장물품표(수배서)

수사본부를 설치하여 수사하고 있는 사건에 관해 발부하는 경우의 장물품표로서 홍색용지를 사용한다.

② 중요 장물품표

수사본부를 설치하고 있는 사건 이외의 중요한 사건에 관해 발부하는 장물품표로서 청색용지를 사용하며, 중요 장물품표는 대개 다음과 같은 피해품에 대해 작성 발부한다.

㉮ 중요문화재 기타 이에 준하는 피해품, ㉯ 외교사절 등에 관련된 사건의 피해품 기타 사회적 영향이 큰 사건의 피해품, ㉰ 살인, 강도 등의 중요사건에 관한 피해품, ㉱ 다액 절도 또는 특이한 수법이나 상습범이라고 인정되는 침입 절도사건의 피해품.

③ 보통 장물품표

별로 중요하지 않은 기타 사건에 관해 발부하는 장물품표로서 백색용지를 사용한다. 또한 보통 장물품표 중 다음 해당 사항으로서 간이한 그림 또는 문자만으로 특장을 표시할 수 있는 시계, 보석류, 사진기류, 의류, 사무기류 등에 대해서는 이를 종합한 종합 장물품표를 발부한다.

4) 장물 소지(취득)자에 대한 조사

(1) 고의 여부의 조사

장물을 발견한 경우에는 절도 본범의 수사만으로 종료하지 말고 그 소지자 또는 소유자가 장물이라는 사정을 알고 구입했는지의 여부를 수사하여 장물죄의 피의자로 검거해야 한다(이상원·김상균, 2005: 216).

(2) 고의의 입증 방법

장물죄의 피의자가 장물이라는 점을 알았다는 것을 다음의 정황 증거 자료에 의해 증명하도록 해야 한다.

① 물품의 종류가 보통 보기 어려운 것이라는 점

② 가격이 일반 시중 가격보다는 싸다는 점

(3) 장물 처분자에 대한 조사

장물을 발견한 경우에 그 처분자가 반드시 범인이라고 단정할 수 없다. 타인으로부터 처분 의뢰를 받았거나 또는 습득, 횡령하는 경우도 있을 수 있을 것이므로 처분자에 대해서도 충분한 수사를 할 필요가 있다.

5 유류품 수사

1) 유류품 수사의 의의

유류품 수사란 범죄 현장 및 그 부근에 남겨져 있는 범인의 흉기, 착의 등 유류품에 대해 그 출처를 추적하여 범인을 색출하는 수사 방법이다(경찰대학, 2004b: 293).

2) 유류품 수사의 종류

(1) 유류품

범인이 소지하고 있었던 흉기, 의류, 휴지 등 범죄 현장 및 그 부근에 유류한 물건을 말한다.

(2) 흔적

범인이 현장 및 그 부근에 남겨놓은 물흔, 차량흔, 도구흔 등이며, 물품과 같이 수사할 수 있는 흔적을 말한다. 따라서 지문, 장문, 족문, 탈분 및 정액 등의 신체적인 소산물은 포함하지 않는다.

3) 유류품의 특징과 가치

(1) 범인의 직접 추정

범죄 현장에서 수거한 의류 등 유류품에 범인의 성명이 기입되어 있을 경우 직접 범인을 추정할 수 있다. 또한 범인의 가족 및 친구 등의 성명이 기입되어 있는 수첩과 같은 유류품을 발견했을 경우에는 그 출처를 확인하여 범인을 추정할 수 있다. 또한 유류품에서 지문을 발견했을 경우 또는 혈액이나 모발, 정액에서 DNA를 추출했을 경우에도 범인의 직접적인 추정이 가능하다(조철옥, 2008: 496-497).

(2) 범인의 속성 추정

범죄 현장이나 그 부근에 버린 담배꽁초나 휴지에서 혈액형의 확인이 가능하고, 흉기의 사용 방법과 종류에 따라 범인의 흉기 사용 버릇과 직업적 특징을 발견할 수 있다. 또한 옷이나 족적, 족흔에 의해 성별, 연령, 신장, 체격 등을 추정할 수 있으며, 의류에 부착된 유류품은 범인의 직업을 추정할 수 있다.

(3) 범행 상황 등의 추정 자료

범죄 현장에 유류된 족적에서 침입구나 도주구 및 범인의 물색 행동을 추정할 수 있고, 범죄 현장이나 부근에 버린 흉기가 범인의 것인지, 피해자의 것인지에 따라 계획적이고 원한에 의한 범행인지 우발적인 범죄인지를 추정할 수 있다. 서로 다른 많은 종류의 족적이 발견된 경우 공범자의 수를 추정할 수 있으며, 차량흔에서 범죄에 사용된 차량의 종류 및 타이어 종류를 파악할 수 있다.

6 알리바이 수사

1) 알리바이 수사의 의의

알리바이(alibi)란 범죄의 혐의자가 범죄가 일어난 시간에 그 장소에 있지 않았었다는 사실을 증명하는 소위 현장 부재 증명을 의미한다. 따라서 범죄 혐의자가 주장하는 알리바이의 존재 여부를 확인하는 일련의 수사활동을 바로 알리바이 수사라고 한다(신현기, 2010: 523).

2) 알리바이 수사의 중요성

수사관이 많은 노력을 하여 어떤 자를 범인으로 추정했을 경우 하나하나 수집된 증거를 바탕으로 진범이 틀림없다고 인정되었더라도 그 혐의자가 범행 당시 범행 장소에 있지 않았다는 현장 부재 증명이 성립된다면 그 정황 증기는 근본적으로 인정받을 수 없게 된다. 그러므로 특히 정황 증거밖에 없는 수사의 경우에는 반증의 존재가 매우 중요하고 그 반증 중에서도 알리바이가 가장 절대적인 힘을 가지고 있으며 정황 증거는 물론 경우에 따라서는 직접 증거까지 허물어뜨릴 위력을 가지고 있는 것이다(경찰대학, 2004b: 314).

3) 알리바이 수사의 종류

(1) 절대적 알리바이

범죄가 행해진 그 시각에는 혐의자가 현실적으로 범죄 현장 이외의 다른 장소에 있었다는 사실이 명확하게 증명되는 경우이다(이상원 · 김상균, 2005: 217).

(2) 상대적 알리바이

혐의자가 범죄 발생 이전에 마지막으로 범죄 현장 이외의 어떤 다른 장소에 나타난 시간을 통해 역산해도 그 시간까지는 도저히 범죄 현장에 도달하지 못할 것이라는 사실이 인정되는 경우이다.

(3) 위장 알리바이

사전에 계획적으로 자기의 존재를 확실히 연출한 후에 그 사이에 극히 단시간 내에 범죄를 감행하는 경우를 말한다.

(4) 청탁 알리바이

범죄 실행 후 자기의 범행 사실을 은폐하기 위해 가족, 동료, 친지에게 시간과 장소를 약속 또는 청탁해 놓은 경우가 여기에 해당한다.

4) 알리바이 수사의 문제점

(1) 기억의 문제

알리바이 수사는 무엇보다도 사람의 기억의 확실, 불확실이 문제가 되는 것이다. 또한 기억이 틀리지 않는다 하더라도 사실의 이면이 있다는 것에 착안하지 못하는 경우도 있다(경찰대학, 2004b: 315).

(2) 기회의 문제

알리바이는 그 사람이 범행 시 현장에 존재할 가능성이 적으면 적을수록 그 자가 범행을 했다고 하는 개연성은 적어지며 현장 실재의 가능성이 전무하다는 것이 확실시되면 그 자는 그 행위를 하지 않았다는 것이 증명된다.

(3) 시간과 장소의 문제

범행 현장과 용의자의 소재 장소가 원거리에 있어서 그 사이의 소요 시간이 많을 때에는 알리바이가 유력해진다. 그러나 현장과 용의자의 소재가 접근되어 있어서 시간적으로 단기간 내에 왕복이 가능할 때에는 알리바이는 약해져서 용의점을 가지게 하기에 족하다. 그러므로 알리바이 수사는 시간과 장소의 관계가 문제로 된다.

7 미행 · 잠복감시

1) 미행 · 잠복감시의 의의

(1) 미행

미행이란 범죄 증거 및 수사 자료의 수집 또는 범인의 발견 · 체포를 위해 감지당하지 않으면서 범인, 용의자, 죄를 범할 우려가 있는 자 또는 기타 관계자를 추적 · 감시하는 방법을 말한다(이상원 · 김상균, 2005: 220).

(2) 잠복감시

잠복감시란 범죄 증거 및 수사 자료의 수집, 범인의 발견, 체포 또는 주소 확인, 용의자 등의 발견을 위해 배회처, 일정한 장소 또는 특정 지역에서 계속적으로 은신하여 비밀리에 감시하는 방법을 말한다.

2) 중요성

사회의 발전에 따라 각종 범죄의 양상도 그 수단이 지능화하고 교묘화하여 조직적인 범죄가 격증할 뿐만 아니라 흉악범 중에는 완전범죄를 기도하는 경우가 많다. 이에 대비하기 위해서는 무엇보다도 많은 증거와 각종 수사 자료 수집이 필수적 요건임에도 불구하고 이를 등한시하고 우선 연행, 조사하여 자백만으로 사건을 해결하려고 하는 사고 방식을 시급히 지양하고 미행 또는 잠복감시에 의한 증거 수집과 범인 체포를 통한 합리적인 수사 방향으로 나아가야 한다(경찰대학, 2004b: 318).

3) 미행 · 잠복감시의 종류

(1) 미행의 구분

① 도보 미행과 자동차 미행

미행의 수단에 의해 대상자에 대응하여 도보로 행하는 도보 미행과 차량을 이용하여 행하는 자동차 미행으로 구별할 수 있다(이상원 · 김상균,

2005: 221).

② **단독 미행과 공동 미행**

미행원의 수에 의해 혼자서 행하는 단독 미행과 2명 이상의 복수로 행하는 공동 미행으로 구별할 수 있다.

(2) 잠복감시의 구분

① **외부 잠복감시와 내부 잠복감시**

외부 잠복감시라 함은 대상자가 배회할 염려가 있는 가옥 또는 시설에 대해 그 외부 또는 주변에서 잠복감시하는 경우를 말한다. 내부 잠복감시란 대상자가 배회할 염려가 있는 가옥 또는 시설의 내부에 직접 들어가서 잠복한 상태로 감시하는 경우를 말한다.

② **원거리 잠복감시와 근거리 잠복감시**

외부 잠복감시는 거리의 장단(長短)으로 원거리 잠복감시와 근거리 잠복감시로 구분해 볼 수 있다.

제 5 절 수사행정

1 유치장 보호근무

1) 유치장의 의의

보통 유치라 함은 피의자, 피고인, 구류인, 의뢰 입감자 등의 도주, 증거인멸, 자해행위, 통모행위, 도주 원조 등을 미리 방지하고 동시에 유치인의 건강을 보호하기 위해 신체의 자유를 구속하는 것을 말한다(신현기, 2010: 524). 유치장이란 이들을 구속하는 장소를 말하는데 각 경찰서에 설치되어 있다.

유치장은 체포된 자나 긴급 체포된 자의 신병을 확보하기 위해 구속영장을 발부받을 때까지 임시로 유치하는 시설 또는 체포·구속된 피의자·피고인 등 미결수를 수용하기 위해 경찰관서에 설치된 행형시설의 일부로 구치소, 대용 감방과는 구별된다(중앙경찰학교, 2006: 139).

2) 유치장 보호근무의 중요성

유치장 보호근무는 유치인의 인권을 보장하는 한편 유치인의 도주, 죄증인멸, 자해행위, 통모행위 등을 미연에 방지하고 동시에 유치인의 건강 및 유치장 내의 질서 유지를 해야 할 중대한 업무인 동시에 책임이 있다. 또한 유치인의 사고는 수사에 중대한 지장을 초래하며 경찰에 대한 국민의 신뢰를 손상시키므로 유치인의 언동을 철저히 감시하여 돌발사고를 미연에 방지해야 함은 물론 수사상의 자료를 발견·수집하는 적극적인 임무도 아울러 수행해야 하는 중요한 근무이다(이상원·김상균, 2005: 305-306).

3) 유치인 관리

(1) 수용 시 조치

① 입출감 지휘서

유치인 보호 주무자가 발부하는 피의자입(출)감 지휘서에 의해 입(출)감하며, 동시에 3인 이상의 입출감에는 간부가 입회 순차적으로 입(출)감한다.

② 준수 사항 지시

유치인보호관은 새로 입감한 유치인에게 유치장에서의 준수 사항을 지시하고 접견, 연락 절차 등을 설명한다.

(2) 분리 수용

① 공범자 등 분리

형사범과 구류인, 20세 이상인 자와 20세 미만인 자, 신체장애인, 사건 관계의 공범자 등은 유치실이 허용하는 한 분리 유치한다.

② 여성의 유치

남성과 여성은 분리 수용한다. 여자 유치인이 유아(생후 18개월 이내)대동신청서를 제출하여 경찰서장이 허가하면 신청서를 피의자입(출)감 지휘서에 첨부하여 대동 유치하고, 유치장에서 출생한 유아에 대해서도 위와 같이 처리한다.

(3) 흉기 등 검사

피의자를 유치할 때에는 신체에 흉기, 독극물 등의 은닉 소지 여부를 철저히 검사한다. 다만, 여성 유치인은 여성유치인보호관(없는 경우 여성경찰관 또는 여의사)이 검사한다. 정밀신체검사 대상은 살인 등 죄질이 중한 사범, 반입 금지 물품 휴대 의심자, 다른 유치인 위해 및 자해 우려자 등이다.

(4) 가족에의 통지

① 구속 통지

피의자를 체포, 구속한 때에는 지체 없이 서면으로 그 가족이나 그가 지정한 자에게 통지한다.

② 신상 통지

유치인으로부터 신청이 있을 때에는 그 가족 또는 대리인에게 수사상 지장이 없는 범위 내에서 유치인의 신상에 관한 통지가 가능하다.

4) 유치장 관리 책임의 구분

(1) 경찰서장

경찰서장은 피의자의 유치 및 유치장의 관리에 관해 전반적인 지휘 감독을 해야 하며 그 책임을 져야 한다(경찰대학, 2004b: 370).

(2) 유치 주무자

경찰서 수사과장은 경찰서장을 보좌하여 보호근무에 당하는 유치인보호관(이하 유치인보호관이라 한다)을 지휘 감독하고 피의자 유치 및 유치장의 관리에 책임을 진다.

(3) 경찰서의 수사지원팀장과 수사서무반장

유치인보호 주무자를 보좌하여 피의자의 유치 및 유치장의 관리에 적정을 기해야 한다.

(4) 야간 또는 공휴일

야간 또는 공휴일에는 상황실장 또는 경찰서장이 지정하는 자가 유치인보호 주무자의 직무를 대리하며 그 책임을 진다.

2 호송

1) 호송의 의의

호송이란 즉결인, 형사피고인, 피의자, 구류인 등을 검찰청, 법원, 교도소나 경찰서로 연행을 위해 이동하면서 간수하는 것을 말한다(신현기, 2010: 525). 유치인 등 피호송자의 호송 근무에 당하는 경찰관을 호송관이라 한다(중앙경찰학교, 2006: 149).

2) 사고 발생 시의 조치

호송관은 호송 중 피호송자가 도주, 자살 기타의 사고가 발생했을 때에는 다음의 조치를 신속히 취해야 한다(경찰대학, 2004b: 390-391).

(1) 피호송자가 도주했을 때

즉시 사고 발생지 관할경찰서에 신고하고 도주 피의자의 수배 및 수사에 필요한 사항을 알려 주어야 하며 소속장에게 전화 기타 신속한 방법으로 보고하여 그 지휘를 받아야 한다. 호송관서의 장은 접보 즉시 상급 감독관서 및 관할 검찰청에 즉보하는 동시에 인수관서에 통지하고 도주 피의자의 수사에 착수해야 한다. 도주한 자에 관한 호송 관계 서류 및 금품은 호송관서에서 보관해야 한다.

(2) 피호송자가 사망했을 때

즉시 사망지 관할 경찰관서에 신고하고 사체와 서류 및 영치금품은 신고관서에 인도해야 한다. 다만, 부득이한 경우에는 다른 도착지의 관할 경찰서에 인도할 수 있다. 인도를 받은 경찰관서는 즉시 호송관서와 인수관서에 사망 일시, 원인 등을 통지하고 서류와 금품은 호송관서에 송부한다.

호송관서의 장은 접보 즉시 상급 감독관서 및 관할 검찰청에 보고하는 동시에 사망자의 유족 또는 연고자에게 이를 통지해야 한다. 인도를 받은 사체(死體)는 사후 24시간 이내에 사체를 인수할 자가 없을 때에는 구, 시, 읍, 면, 장에게 가매장을 하도록 의뢰해야 한다.

(3) 피호송자가 발병했을 때

경증으로 호송에 큰 지장이 없고 당일로 호송을 마칠 수 있는 때에는 호송관이 적절한 응급조치를 취하고 호송을 계속해야 한다. 중증으로서 호송을 계속하기가 곤란하다고 인정될 때에는 피호송자 및 서류와 금품을 발병지에서 가까운 경찰관서에 인도해야 한다.

3 공조수사

1) 공조수사의 의의

공조수사란 경찰관서 상호간 자료를 수집하고 수배 · 통보 · 조회 · 촉탁 또는 합동수사를 함으로써 범인, 여죄, 장물, 범죄 경력, 신원 불상자의 신원을 확인하고 범인을 검거하여 범죄를 입증하기 위한 과학적이고 종합적이며 입체적인 일련의 조직수사 활동을 말한다(이상원 · 김상균, 2005: 326).

2) 공조수사의 필요성

경찰 업무는 성격상 전체 경찰관이 동원되어 업무를 수행해야 하는 경우가 자주 발생한다. 공조수사는 신의성실의 원칙에 기초하여 나의 업무라는 아집에서 벗어나 우리의 업무라는 공통된 의식 속에서 다른 관서의 의뢰 업무를 자신의 업무와 같이 집행하는 태도가 필요하다. 이러한 공조수사의 기본 정신을 무시하고 개인의 공적을 우선시하여 중요 범인의 체포에 실패하는 경우가 발생하여 국민적인 비난을 사는 경우가 발생하기도 한다.

공조수사는 업무 효율과 업무 비용이라는 양 측면에서 볼 때 경찰 수사 업무에서 필수적인 수사활동 중의 하나이다(경찰대학, 2004b: 393).

3) 공조수사의 종류

(1) 평상공조와 비상공조

① 평상공조

평상공조는 평소 예견 가능한 일반적인 공조로서 수배, 통보, 조회, 촉탁 등이 여기에 해당한다(이상원 · 김상균, 2005: 327).

② 비상공조

비상공조는 중요 특이사건 발생 등 특수한 경우의 공조로서 수사 비상배치, 수사본부 설치 운영, 특별사법경찰관리 등과의 합동수사 등이 그 예이다. 성 · 사복, 내 · 외근 등 부서와 관할을 불문하고 전원이 동원되는 것이 상례이다.

(2) 횡적 공조와 종적 공조

① 횡적 공조

대내적으로는 지방경찰청, 경찰서, 파출소 상호간은 물론 관서 내의 각 부서 상호간 내지 횡적 동료 상호간의 수사공조로서 정보의 교환, 수사 자료의 수집 활용, 수배 통보, 촉탁 또는 합동수사 등이 그것이다.

대외적으로는 특별사법경찰관리와의 수사 협조 및 경찰 유관기관, 단체, 개인과의 수사 협조, 나아가서 국제형사기구와의 형사공조 등이 있다(이상원 · 김상균, 2005: 328).

② 종적 공조

종적 공조는 상 · 하급관서는 물론 관서 내의 상 · 하급자 상호간의 상명하복 관계를 의미하는 바, 하나의 경찰 목적 달성을 위한 의사전달 체계라는 개념으로 파악할 때 지배와 질서가 아니라 하나의 공조수사 개념으로 승화시켜 나가야 할 것이다.

(3) 자료공조와 활동공조

① 자료공조

경찰이 필요로 하는 모든 수사정보를 자료화함으로써 그 시점의 모든 경찰이 이를 자기 수사에 활용할 수 있도록 하는 외에 그 자료가 영구히 남아 후에 경찰이 이를 계속 승계하여 가며 활용하도록 하는 공조제도로서 자료의 수집과 조회제도가 그것이다.

② 활동공조

활동공조란 현재 제기되는 당면 문제에 대한 공조수사 활동으로서 수사 비상배치, 불심검문, 미행, 잠복, 현장 긴급출동 등이 그것이다.

4 수배제도

1) 수배제도의 의의 및 중요성

수배란 피의자 및 수사 자료를 발견·확보하기 위해 다른 경찰관서에 대해 수사상 필요한 조치를 의뢰하여 경찰의 조직력을 활용하는 활동을 말한다(경찰대학, 2004b: 396).

교통기관의 발달로 인해 범죄자의 행동은 더욱 광역화되고 기동화하여 수사활동의 단위 조직인 경찰서 또는 시, 도 지방경찰청의 관할구역을 넘는 수사를 필요로 하는 범죄가 대단히 많아졌다. 그러나 그 전부에 대해 관할구역 밖에 나가서 스스로 수사한다는 것은 매우 비효율적일 뿐만 아니라 기동화한 범죄자의 행동에도 대처할 수 없는 경우가 많다. 그러므로 경찰간의 상호 신뢰와 협력을 기초로 한 조직적 수사활동에 의해 피의자의 체포 내지 수사 자료의 발견 방법이 강구되지 않으면 안 되게 되었다.

2) 현행 수배제도의 개요

수배제도는 대별하여 3종, 즉 (긴급)사건수배, 지명수배·통보, 장물수배의 제도가 있다(이상원·김상균, 2005: 329-330).

(긴급)사건수배는 발생한 사건에 관해 다른 경찰관서에 대해 수사상 필요한 조치를 의뢰하는 수배로서 이에는 긴급사건수배와 사건수배의 2종이 있다.

지명수배·통보는 지정한 피의자의 사건 처리를 의뢰하는 수배로서 지명수배, 지명통보의 2종이 있다.

장물수배는 다른 경찰관서에 대해 장물의 발견을 요구하는 수배이다. 그리고 장물 발견을 위한 수단으로서 고물상·전당포업자에 대해 장물의 발견 신고를 요청하기 위해 배부하는 장물품표의 제도가 있다.

5 조회제도

1) 조회제도의 의의

조회란 범죄 수사의 목적을 달성하기 위해 미확인된 범죄의 의심이 있는 사실을 발견한 후 평소에 수집과 분석해 놓은 자료와 대조 및 확인함으로써 범죄 사실을 확인하는 제도를 말한다(신현기, 2010: 525).

2) 조회의 종류 및 방법

조회는 조회 대상에 따라 범죄(수사) 경력조회, 지명수배(통보)조회, 장물조회, 여죄조회, 신원조회, 수법조회, 지문조회, 운전자기록조회, 차량조회(차적조회) 등으로 구분할 수 있고, 조회 방법은 서면조회와 수사전산망을 통한 컴퓨터조회가 주로 이용되고 있다(경찰대학, 2004b: 410).

6 우범자 관찰보호

1) 우범자의 정의

우범자란 ① 살인, 강도, 강간, 절도, 장물, 폭력행위, 약취 유인, 도박, 사기, 각종 위·변조, 밀수 및 마약사범 등의 범죄 경력이 있는 자 중 다시 범죄를 범할 우려가 있는 자, ② 범죄단체 조직원 기타 성벽 또는 환경으로 보아 죄를 범할 우려가 있는 자, ③ 심신장애자, 마약중독자 및 알코올중독자 기타 특정한 사유가 있어 그 성벽과 환경으로 보아 죄를 범할 우려가 있는 자를 말한다.

2) 우범자 관찰보호의 목적

전과자 등과 같은 특정한 사유가 있어 그 성벽 또는 환경에 비추어 범죄를 범할 우려가 있는 자에 대한 동정을 관찰보호함으로써 범죄의 위험을 방지하고 관찰 기록을 보관하여 수사 자료로 활용함을 목적으로 한다(경찰대학, 2004b: 413).

3) 관찰보호의 대상

(1) 갑종

강도, 절도, 장물, 폭력행위, 약취 유인, 도박, 사기 각종 위·변조, 밀수 및 마약사범의 범죄 경력이 있는 자로서 만기 복역 출소한 자, 형집행 정지로 출소한 자, 가석방자, 사면으로 석방된 자, 감호처분자 중 가출소자, 병과된 형의 집행 중 가석방자, 감호집행 정지자 및 피치료 감호 위탁된 자 중 죄를 범할 우려가 있는 자로서 2회 이상, 금고 이상의 실형을 받고 출소 후 3년이 경과하지 아니한 자, 범죄단체 조직원 기타 성벽 또는 환경으로 보아 죄를 범할 우려가 있는 자로서 인지 후 3년이 경과하지 아니한 자를 말한다(중앙경찰학교, 2006: 153-154).

(2) 을종

심신장애자·마약중독자 및 알코올중독자 기타 특정한 사유가 있어 그 성벽 또는 환경에 비추어 죄를 범할 우려가 있는 자로서 인지 후 2년이 경과되지 아니한 자, 갑종 기간 경과 후 계속 관찰을 요하는 자로서 2년이 경과하지 아니한 자, 기타 전과자 및 출소 후 행방불명 또는 조사 누락 등으로 관찰보호를 받지 아니한 자로서 인지 후 2년이 경과하지 아니한 자를 말한다.

4) 우범자의 편입

경찰서장은 교도소장으로부터 각종 통보를 받은 때에는 2월 이내에 거주 여부를 확인하고, 범죄 경력 조회를 실시한 후 다시 죄를 범할 우려가 있어 계속 관찰보호해야 한다고 인정될 때에는 우범자로 편입해야 한다(중앙경찰학교, 2006: 154-155).

심신장애자, 마약중독자 및 알코올중독자 기타 특정한 사유가 있어 그 성격 또는 환경에 비추어 죄를 범할 우려가 있는 자를 관내에서 발견했을 때에는 심사를 거쳐 우범자로 편입, 관찰보호해야 한다.

심사 결과 우범자로 편입해야 할 대상자가 관내에 거주하지 아니할 경우에는 주소 불명자로 수배하여 소재를 확인한 후 전출지 관할 경찰서로 전출 통보를 해야 한다.

(1) 관찰보호 대상자 등에 대한 재심

경찰서장은 종별 관찰보호 기간이 만료된 자에 대해서는 1월 이내에 계속 관찰의 필요성 여부를 엄격히 심사하여 계속 관찰보호를 요하는 자는 기간을 연장 또는 을종으로 격하하여 관찰할 수 있다. 반면에 계속 관찰의 필요가 없는 자는 관찰보호 대상에서 삭제한다.

(2) 소재 불명자의 수배

관찰보호 중인 우범자나 출소 통보를 받은 자중 우범자로 편입해야 할 자가 소재 불명되었을 때에는 해당 경찰서장은 본적지 및 전주소지 조회,

가족 · 친지 및 재소 당시 면회인, 연고자의 소재지 등 조회, 본인 및 가족 등 연고자에 대한 주민등록 이동 상황을 확인해야 하며, 상기의 조회를 의뢰받은 경찰서장은 10일 이내에 결과를 회보해야 한다.

Chapter 03 경비경찰활동

제 1 절 경비경찰의 의의

1 경비경찰의 개념과 대상

1) 경비경찰의 개념

경비경찰은 공공의 안녕이나 질서에 위험 또는 경찰 위반의 상태가 발생되었거나 발생할 우려가 있는 경우, 일반통치권을 기초로 이를 예방 · 진압하는 경찰활동이라고 정의할 수 있다(최선우 · 손봉선, 2009: 310). 이때 위험 또는 경찰 위반의 상태는 사람에 의한 경우(예: 정치적 의도에 의한 살해 등 테러행위)는 물론이고 동물이나 자연력에 의한 것도 포함된다.

2) 경비경찰의 대상

공공의 안녕이나 질서에 대한 위험 또는 경찰 위반의 상태는 사람에 의해서는 물론이고, 동물이나 자연력에 의해서도 야기될 수 있다. 따라서 경비경찰의 대상에는 진압경비, 대간첩작전경비, 혼잡경비 등 주로 사람에 의한 경우(예: 정치적 의도에 의한 살해 등 테러행위)는 물론이고, 동물이나 자연력(풍수해 등)에 의한 경우도 포함된다.

2 경비경찰의 특성

1) 복합 기능적 활동

경찰 업무를 예방과 진압으로 크게 나눌 때 경비경찰은 양자를 아울러 수행한다. 보통의 경우 경비경찰은 특정한 사태가 발생한 후에 진압하는 사후 진압적 측면이 있으나 사태의 발생을 미연에 방지하는 예방 진압에도 비중을 둘 필요가 있다(조철옥, 2008: 625-626).

2) 현상 유지적 활동

경비경찰활동은 기본적으로 현재의 질서 상태를 유지·보존하는 것에 가치를 둔다. 그러나, 정태적·소극적인 질서 유지에 그치는 것이 아니라 새로운 변화와 발전을 보장하기 위한 동태적·적극적인 의미의 유지작용이어야 한다.

3) 즉응적 활동

경비사태는 항상 긴급을 요하는 사태이고 국가적으로나 사회적으로 중대한 영향을 주는 중요 사태이므로 신속한 처리가 요망된다. 또한 경비경찰의 활동은 특정한 처리 기한 없이 경비사태가 종료될 때 동시에 해당 업무도 종료되는 것이 특징이다. 방범이나 수사 업무는 보통 법정 처리 기한이 있어 그 기한만 넘기지 않으면 별 문제가 없으나 다중범죄, 테러, 경호상의 위해나 경찰작전 상황 등이 발생한 경우 기한을 정해 진압할 수는 없으며, 즉응적 조기 제압을 하지 않으면 감당하지 못할 정도로 중대한 사태로 확산될 수 있기 때문이다.

※ 5분대기대

각종 상황 발생 시에 5분 이내에 즉각적으로 출동하여 신속하고 효과적인 초동조치 및 구조활동을 수행할 수 있도록 편성·운용되는 분대 규모의 전투부대이다. 각 경찰서마다 편성되어 대간첩작전 및 인명구조사건, 집단소요사건 등의 발생 시에 즉시 출동할 태세를 갖추고 운영되고 있는 5분대기대는 경비경찰의 즉응적 활동성을 잘 나타내 주고 있다 5분대기대는 최근 강력사건에 신속하게 대처하기 위해 112타격대로서의 역할까지 병행하고 있다.

4) 조직적인 부대활동

경비경찰은 개인 단위로 활동하기보다는 보통 부대 단위로 경비사태에 조직적인 활동을 통해 물리적인 힘으로 대처하는 것을 특징으로 한다. 따라서 경비활동은 하향적인 명령에 의해 수행되는 경우가 많고 체계적인 부대 편성 및 훈련과 관리·운영이 그 생명이라 할 수 있다.

5) 사회 전반의 공공의 안녕과 질서 유지를 직접 목적으로 하는 활동

방범경찰이나 수사경찰이 국민의 생명과 신체, 그리고 재산을 침해하는 범죄를 예방하거나 범죄를 수사함으로써 간접적으로 공공의 안녕과 질서를 유지하는 데 비해 경비경찰은 직접적으로 공공의 안녕과 질서를 파괴하는 범죄가 대상이라는 점에서 경비경찰의 임무를 국가 목적적 치안의 수행이라고 부르기도 한다.

※ 수사경찰과의 비교

경비경찰은 직접적으로 공공의 안녕과 질서 유지를 목적으로 하는 활동이나 수사경찰은 개인의 생명·신체 및 재산 보호를 직접 목적으로 한다. 또한 경비경찰은 범죄의 예방과 진압을 복합적으로 수행하는 활동이나 수사경찰은 이미 발생한 범죄의 진압 임무를 수행한다. 따라서 경비경찰은 성질상 행정경찰에 해당되고 수사경찰은 사법(司法)경찰에 해당된다(김두현, 2004a: 349).

3 경비경찰활동의 법적 근거

1) 헌법(제37조 제2항)

헌법 제37조 2항은 국가안전 보장이나 사회 질서 유지를 위해 필요한 경우에는 법률로써 국민의 자유와 권리를 제한할 수 있도록 규정함으로써 경비경찰활동에 따른 권리와 자유의 제한 근거를 제시하고 있다.

2) 법률

(1) 경찰법: 경찰법 제3조(경찰의 임무)
(2) 경찰관직무집행법: 경찰관직무집행법 제2조(경비・요인경호 및 대간첩작전 수행)
(3) 형법 등 기타 법률: 형법(제115조, 제116조), 전투경찰대설치법, 경찰직무응원법, 화염병 사용 등의 처벌에 관한 법률, 계엄법, 집회 및 시위에 관한 법률, 수난구호법, 대통령경호실법, 전직 대통령 예우에 관한 법률, 통합방위법 등. 한편 민간경비와 관련해서는 청원경찰법, 경비업법 등이 있다.

3) 명령・규칙

위 각종 법률의 시행령・시행규칙과 위수령 등이 있다.

4) 훈령

대통령훈령 제28호, 검문소운영규칙(경찰청훈령), 경찰기동대운영규칙(경찰청훈령) 등이 있다.

4 경비경찰활동의 기본 원칙

1) 비례의 원칙

(1) 의의

경찰권 발동의 조건과 그 정도는 공공 질서의 유지를 위해 개인의 자유와 권리를 제한할 경우일지라도 필요 최소한도 내에서 행사되어야 한다는 원칙이다. 비례의 원칙에 위반한 경찰권의 발동은 법적 한계를 일탈한 위법행위가 되어 행정심판 및 사법심사의 대상이 된다(박경래 외, 2009: 39; 이상훈, 2011: 34).

(2) 내용

① 경찰권 발동의 조건

진압 조치의 경우에 사회 질서 유지상 '묵과할 수 없는 경찰 위반의 상태'를 제거하기 위해서만 발동할 수 있다. 예방 조치의 경우에는 묵과할 수 없는 경찰 위반의 '직접적 위험 또는 상당한 확실성'이 있을 때에만 발동할 수 있다.

② 경찰권 발동의 정도

경찰권 발동에 의한 자유 제한은 경찰 위반의 상태 또는 그 위험의 제거를 위해 불가피하게 요구되는 '최소한도'에 그쳐야 한다.

2) 보충성의 원칙

경비경찰의 법집행은 공공의 안녕과 질서의 유지를 목적으로 하는 공권력에 의한 활동이므로 다른 사회의 일반적인 방법으로 통제 불가능할 때 최후 수단으로서 개입해야 하며, 그 수단을 선택할 때에도 안녕과 질서를 회복하는 데 가장 적게 침해를 가하면서 사태를 해결할 수 있는 방법을 선택해야 한다.

3) 적시성의 원칙

경비경찰권은 경비 상황의 발생에 따른 개입의 조건을 고려하여 가장 적합한 시기에 발동되어야 한다는 원칙이다. 경비경찰권은 원칙적으로 조건이 충족되기도 전에 발동되거나 이미 소멸한 후에 발동되어서는 아니 된다.

제 2 절 주요 경비경찰활동

1 혼잡경비

1) 의의

혼잡경비 업무는 기념행사, 경기대회, 제례행사, 공연, 기타 요인으로 일시에 모인 미조직된 군중에 의해 발생되는 자연적인 혼란 상태를 사전에 예방·경계하고, 위험한 사태가 발생한 경우에는 신속히 조치하여 확대되는 것을 방지하는 경비경찰활동이다(김두현, 2010: 60; 최선우·손봉선, 2009: 317).

2) 경비계획 및 활동 원칙

① 경찰은 특히 군중의 밀집으로 인한 사고의 방지에 노력해야 하며, 이를 위해 군중 정리와 혼잡 사태를 사전에 예방할 수 있는 적정한 경력을 배치해야 한다. 혼잡경비에 배치되는 경력은 행사의 성격, 행사장 규모, 군중 수, 군중의 성향 등을 고려하여 적정한 인원을 배치함으로써 경력의 낭비를 최소화해야 한다.

② 군중심리를 진정시켜 불의의 사고를 미연에 방지하는 공보활동이 요청된다.

③ 사고·혼잡 등의 예방을 위해 주최 측과의 협조 체제를 구축한다.

④ 행사장 주변에 우발 사태를 대비하여 앰뷸런스를 대기시키는 등 사고 발생에 대비한 구호시설 등을 확보한다.

⑤ 교통과와 협조하여 관객의 출입로에 대한 교통 정리 등 행사장 내·외부의 질서 유지를 위한 효과적인 통제 방안을 마련하도록 한다.

⑥ 민간업체가 주최하는 공연 등 수익성 행사의 경우에 경찰은 우발 사태 대비 개념으로 공공의 안녕과 질서 유지를 위해 투입되지만 일종의 수익자 부담 원칙에 따라 수익을 얻는 주최 측에서 민간 용역업체 등을 활용하여 혼잡경비에 임하도록 기획 단계에서부터 지도해야 한다.

⑦ 혼잡경비 시 출연진과 관객의 통로를 구분해야 하며, 동일하게 할 경우 극성 팬의 밀집으로 혼란과 사고가 유발될 가능성이 높다.

⑧ 경찰 CP는 행사장 전체를 조망·관리할 수 있는 장소에 설치한다.

⑨ 관중석에 배치되는 예비대는 통로 주변에 배치, 긴급 투입이 가능하도록 해야 한다.

2 다중범죄 진압

1) 의의

다중범죄 진압이란 다중(多衆)에 의해 공공의 안녕과 질서를 해치는 불법 사태가 발생하거나 발생할 것에 대비하여 시기를 놓치지 않고 신속하고도 적절한 조치를 취함으로써 사태를 예방하거나 진압하고 또한 사태의 악화를 최소한으로 줄이면서 피해를 극소화하는 경찰활동이다. 다중범죄 진압은 정보나 교통을 포함한 총체적인 경찰활동이므로 기능 상호간에 긴밀한 협조가 요구된다(노성호, 2010: 1-4).

2) 다중범죄의 특성

다중범죄는 부화뇌동적 파급성, 비이성적 단순성, 충동적 발전성, 편협성 및 피암시성, 확신적 행동성, 조직적 연계성 등과 같은 특성이 있다.

※ 치안경비

치안경비라 함은 공공의 안녕을 해치는 다중범죄 등 집단적인 범죄 사태가 발생하거나 발생할 우려가 있는 경우에 대비하여 시기를 놓치지 않고 적절한 조치로 사태를 예방·경계·진압하기 위한 경비활동을 말하며, 특정한 조직을 상대로 한 경비경찰의 전형이라 할 수 있다. 또한 치안경비 범죄는 조직적이며 계획적, 확신범적 성격, 정책 대립 내지 세력 간의 충돌, 전국적인 파급성, 군중심리의 영향이 다대하다는 특징을 가지고 있다.

3 재해경비

1) 의의

재해경비는 자연적인 재난(천재지변·폭풍우·지진·홍수·해일 등)과 인위적인 재난(폭발사고, 대형 구조물의 붕괴 등)으로부터 국민의 생명과 재산을 보호하고 공공의 안녕을 유지하기 위해 이를 예방·경계·진압하는 경비경찰활동이다. 재해 발생은 국민의 생명과 재산에 위험을 초래하므로 국민의 생명과 재산의 보호 임무를 지고 있는 경찰은 적극적으로 인명구조, 질서 유지, 피해 회복에 참가해야 한다. 이러한 재해경비는 안전행정부, 군부대, 일선행정기관 등 다른 행정기관과의 협조 하에 유기적으로 이루어지도록 평소에 체계적인 협조 체제의 구축이 필요하다(김두현, 2010: 55).

2) 재해대비 경찰의 임무

(1) 사전 조치

평소 관내의 재해 취약지를 파악해 두고, 예상되는 재해의 종류와 이에 상응하는 유관 기관과의 협력 통로를 구축하며, 재난 시 이재민의 피난 장소·피난 유도책 확보 및 필요한 장비·자재를 마련하는 등 면밀히 검토하여 재해경비 계획을 수립한다(조철옥, 2008: 634).

(2) 재해 진압 조치

재해 발생 시 재해 종류에 상응하는 유관 기관의 협조 하에 재해 진압을 신속히, 임기응변식으로 하되 특히 인명구조 및 구호에 만전을 기해야 한다.

- 부상자와 위기에 빠진 사람의 구조
- 현장 주변 통제 및 질서 유지
- 경찰통제선(police line) 설치
- 차량 등 교통관리
- 현장에서의 각종 범죄 예방
- 각종 작업 장소 등에 대한 경비(현장 부근에 설치된 의료소, 임시영안실, 병원 주변, 기관합동 현장지휘소, 구조인력 수송 차량, 장비 보관소 등)
- 범죄 관련 여부 수사・정보활동
- 기관합동사무소 연락관 파견 등 유관 기관과의 협조 체제 구축
- 경찰정보지원센터 설치

(3) 사후 조치

재해 진압이 확실히 종료되었는지 재차 확인해야 하며 일정 기간 동안의 복구 조치 및 후속 조치를 통해 재해지(災害地)의 질서 유지에 총력을 기해야 한다.

※ 경찰통제선(police line), 경찰정보지원센터

경찰통제선은 위험으로부터 주민을 보호하고, 구조 등 작업에 장애를 주는 요소의 제거 및 인가자 외의 현장 출입을 통제하며, 장비・차량의 효과적인 투입을 지원하기 위해 설치한다. 보통 제1통제선은 소방(통제관: 소방서장, 소방본부장), 제2통제선은 경찰(통제관: 경찰서장, 지방경찰청장)이 담당한다. 출입구는 통제구역 안으로 들어가는 입구 1개를 원칙적으로 하되, 필요 시 반대편에 1개를 추가할 수 있으며 출입이 필요하다고 인정되는 자는 적당한 표시를 하여 출입을 허용한다.

경찰정보지원센터는 재난 현장에 설치하여 관계인에게 피해 상황을 적절히 제공하는 기능을 수행하고, 다수의 인명 피해 발생 시 문의하는 사람이 많은 경우에 설치한다. 설치 장소는 사고 수습 활동에 지장을 주지 않도록 경찰통제선 밖에 설

치하며, 인근에 공공기관, 교회 등 적절한 장소가 없는 경우 경찰버스 등을 활용한다. 책임 간부는 공보 기능과 협조, 정보센터 활동을 적극 홍보한다.

3) 현장지휘본부

(1) 설치

대규모 재난 발생 시 모든 경찰활동은 현장지휘본부를 중심으로 전개되므로 사고지역 관할 경찰서장은 즉시 현장지휘본부를 설치·지휘해야 한다. 이때 설치 여부에 대한 진단은 지방경찰청장 또는 경찰서장이 피해의 규모·범위 등을 고려하여 결정하거나 경찰청장이 설치 지시를 할 수 있다. 사고 성격·피해 규모 등을 고려하여 경찰서장 또는 지방경찰청장이 현장지휘관을 맡는다. 현장지휘관은 상시 현장에 임장하여 경력·장비를 총괄지휘, 재난관리에 총력을 경주한다(김광원 외, 2002a: 572-577; 조철옥, 2008: 634).

(2) 현장지휘본부의 기능별 임무

공보	• 관련 정보 · 자료를 사실대로 제공 • 경찰활동 사항의 적극적 · 다각적 홍보 • 교통통제 등 국민 협조 사항 홍보
경비	• 현장지휘본부 설치 · 운영 • 경찰통제선 설치
교통	• 비상통로 사전 지정 및 관리 • 현장 주변 교통통제
방범	• 대피한 건물, 사상자 소지품의 약탈 방지 • 유류품 접수 및 인계
수사	• 피해자의 신원 확인(감정) • 사고 원인 및 범죄 관련 여부 수사
정보	• 사태 관련 정보의 수집 · 보고 • 피해자 가족 등의 동향 파악
통신	• 현장 지휘를 위한 통신시설의 설치

4 국가중요시설 경비

1) 의의

중요시설 경비 업무는 국가보안 목표로 지정된 중요시설과 보안상 중요하다고 인정되는 시설에 대해 적이나 불순분자의 각종 위해행위로부터 시설을 보호하기 위한 경비경찰활동을 말한다(박주현, 2004: 349-351).

2) 중요시설의 분류

① 형식적 분류: 사용 목적상에 의한 분류

행정시설	청와대, 국회의사당, 대법원, 중앙부처기관, 한국은행, 지방관청 등
산업시설	일반산업시설, 발전시설, 변전시설, 방송·통신시설 등

② 실질적 분류: 국가 안전에 미치는 영향(중요도)에 따른 분류(박주현, 2004: 353; 김정환 외, 2003: 589)

가급	적에 의해 점령 또는 파괴되거나 기능 마비 시 광범위한 지역의 통합방위작전 수행이 요구되고 국민생활에 결정적인 영향을 미칠 수 있는 시설(청와대, 국회의사당, 대법원, 정부중앙청사, 국방부, 한국은행 본점 등)
나급	적에 의해 파괴되거나 기능 마비 시 일부 지역의 통합방위작전 수행이 요구되고 국민생활에 중대한 영향을 미칠 수 있는 시설(경찰청, 대검찰청, 국책은행 및 시중은행 본점 등)
다급	적에 의해 파괴되거나 기능 마비 시 제한된 지역에서 단기간 통합방위작전 수행이 요구되고 국민생활에 상당한 영향을 미칠 수 있는 시설(기타 중앙행정기관의 청 등)
기타 급	중앙부처장 또는 시·도지사가 필요하다고 인정하여 지정한 행정·산업시설

3) 중요시설의 방호 책임

중요시설에 대한 방호 근거 규정은 대통령훈령 제28호인데, 이 규정은 중요시설의 시설주는 청원경찰을 두도록 하고 있고, 경찰은 청원경찰 감독,

군부대는 연대 · 사단별로 담당 중요시설에 대한 정기 방문 진단 및 방호계획을 수립하도록 규정하고 있다. 평상시의 중요시설에 대한 방호 책임은 청원경찰 및 자체 경비요원을 수단으로 하여 그 시설주(장)에 있으며, 관할 경찰서장의 근무 감독을 받는다.

※ 특수경비제도의 도입

국가중요시설 경비 시 종전에 청원경찰이 담당했던 것을 ① 탄력적 안전 운용, ② 비용 경비 절감, ③ 종합적 안전 시스템 구축 등을 목적으로 2001년 4월 경비업법을 개정, 특수경비제도를 도입하여 특수경비요원이 경비하도록 했다. 특수경비원은 경찰관서장의 승인 하에 무기 휴대가 허용되며, 이 같은 특수경비제도는 사경비 확대와 향후 민간경비의 발전 계기가 될 수 있다.

(4) 방호지대

중요시설은 종심(縱深)이 깊은 방호시설물을 구축하고, 적극적 방호활동으로 적의 기습적인 상황에 대해서도 시설 기능이 마비되지 않도록 3선 개념의 방호 태세를 유지한다. 이와 같은 방호시설은 밖으로부터 안으로의 순서에 따라 제1선 · 제2선 · 제3선으로 구분 설정한다.

구분	내용
제1선 (경계지대)	• 시설 울타리 취약지점에서 시설에 접근하기 전에 저지할 수 있는 예상 접근로상의 '목' 지점에 감제고지(瞰制高地) 등을 장악하는 선으로 소총 유효사거리 개념인 외곽 경비지대를 연결하는 선 • 경력을 배치하든지 또는 장애물을 설치하여 방호 실시
제2선 (주방어지대)	• 시설 울타리를 연결하는 선은 시설 내부 및 핵심 시설에 적의 침투를 방지하여 결정적으로 중요시설을 방호하는 선 • 방호시설물을 집중적으로 설치하고 고정소초근무 및 순찰근무로써 출입자를 통제하고 무단 침입자를 감시
제3선 (핵심 방어지대)	• 시설의 가동 기능에 결정적인 영향을 미치는 지역에 대한 최후 방호선으로 주요 핵심부는 지하화되거나 위장되어 구별할 수 없도록 조치가 이루어져야 하며, 항상 경비원의 감시 하에 통제가 되도록 하고 방호벽, 방탄망, 적외선, CCTV 등 방호시설물을 설치해야 하며, 유사시에는 결정적인 보호가 될 수 있도록 경비인력을 증가 배치해야 한다.

5 주한 외국공관 경비

1) 의의

각종 위해로부터 주한 외국공관저 및 외교관의 신변 안전을 도모함으로써 외교 관계를 유지·발전시키기 위한 경비활동을 말한다(김두현, 2010: 342).

2) 근무 자세 및 활동 시 유의 사항

① 용모·복장 등 품위를 유지하여 대외적 위신 실추 사례가 없도록 한다.
② 외교관과 외교사절에 대해서는 그에 대한 상응한 경의와 예의를 갖춘다.
③ 경비 근무의 중요성을 감안, 출입자나 면회 요청자에 대한 동태 파악 및 불심자에 대한 검문 검색을 한다.
④ 경비구역 주변에 대한 순찰활동으로 범죄 예방을 한다.
⑤ 근무일지를 비치·기록하고 사고 발생 시 초동 조치에 만전을 기한다.
⑥ 관련 법규 및 근무 자세의 수시 교양·감독을 실시한다.

3) 근무 복장 및 장구

복장은 근무복 착용이 원칙이나, 특수 임무 수행상 필요한 경우 감독관의 승인을 받아 편리한 복장 착용이 가능하다. 항상 깨끗한 용모 복장으로 단정하고 위엄 있는 자세를 유지해야 한다. 또한 휴대장구는 평상시에는 경찰봉, 경적, 가스총 등을 휴대하고, 진압 상황 시에는 진압장구 일체를 휴대하며, 작전 상황·테러 대비 시에는 상부의 지시에 따라 총기 등 전투장비 일체를 휴대할 수 있다.

6 경호경비

1) 의의

경호경비는 정부요인, 국내외 중요 인사 등의 신변에 대해 가해지려는 직·간접적인 위해를 방지하기 위해 위험 요소를 사전에 제거함과 아울러 만일의 사태 발생 시 신속히 조치함으로써 궁극적으로 피경호자의 안전을 확보하는 경찰활동을 말한다(김두현, 2010: 34-37; 조철옥, 2008: 647-648).

2) 경호경비의 4대 원칙(김두현, 2010: 61)

(1) 자기 희생의 원칙

경호원은 어떠한 희생을 치르더라도 절대로 피경호자의 신변 안전을 보호·유지해야 한다는 원칙을 말한다.

(2) 자기 담당구역 책임의 원칙

경호원은 자기 담당구역 내에서 일어나는 어떠한 사태에 대해서도 자신이 책임을 지고 해결해야 한다. 그리고 자기 책임구역을 함부로 이탈해서는 안 된다.

(3) 하나의 통제된 지점을 통한 접근의 원칙

피경호자와 접근할 수 있는 통로는 경호상 통제된 오직 하나의 통로여야 한다는 원칙을 말한다. 따라서 여러 개의 출입구 및 통로는 봉쇄되어야 하고, 접근자는 확인되고 접근 절차를 거쳐서 접근되어야 한다.

(4) 목적물(목표물) 보존의 원칙

암살 기도자 또는 위해를 가할 가능성이 있는 불순분자로부터 피경호자(목표물)가 격리되어야 한다는 원칙으로 이를 위해 행차 코스·행차 예정 장소 등은 원칙적으로 비공개로 해야 하며, 일반에 노출된 도보 행차나 수차 행차했던 동일한 장소는 가급적 피해야 한다.

3) 경호의 대상

국내 요인	甲호	대통령과 그 가족, 대통령 당선 확정자와 그 가족, 퇴임 후 7년 이내의 전직 대통령과 그 배우자, 대통령 권한대행과 그 배우자
	乙호	퇴임 후 7년이 경과한 전직 대통령, 대통령선거 후보자, 국회의장, 대법원장, 헌법재판소장, 국무총리
	丙호	甲·乙호 외에 경찰청장이 필요하다고 인정한 인사
국외 요인	A, B, C, D 등급	대통령, 국왕, 행정수반
		행정수반이 아닌 총리, 부통령
	E, F 등급	부총리, 왕족, 외빈 A, B, C, D 등급의 배우자 단독 방한
		전직 대통령, 전직 총리, 국제기구, 국제회의 중요 인사
		기타 장관급 이상 외빈으로 경찰청장이 경호가 필요하다고 인정한 외빈

4) 경호의 구분

행사 성격에 의한 구분	완전 공식행사	국가적 행사로 언론 등을 통해 완전히 공개된 행사 대통령 취임식, 국군의 날 기념식, 월드컵 축구대회 등 대규모 국제행사
	공식행사	공개된 연례행사 국경일, 기념일, 기공식 및 준공식
	비공식행사	보안 유지가 요구되는 비공개 행사, 현장방문 행사
	완전 비공식행사	정무, 사무상 필요에 의해 사전통보나 절차 없이 이루어지는 행사: 비공식 방문, 운동, 공연 관람
근무 형태에 의한 구분	노출경호	경호 수딘, 빙법을 노출, 경호 의지를 보여 위해 기도지의 위해 기도를 포기하게 하는 경호활동
	비노출경호	경호 수단, 방법을 주변 환경에 조화시키는 등 경호자의 신분을 비노출
장소에 의한 구분	육상경호	행사장, 숙소, 연도, 철도 경호
	해상 및 해안경호	선박으로 이동 시 실시하는 경호
	공중경호	공군기, 특별기, 민항기, 공군헬기 등으로 이동 시 실시하는 경호
활동 시점 및 경호 방법에 의한 구분	선발경호	일정 규모의 경호팀이 사전 도착, 각종 경호활동 수행
	수행경호	행사 시 기동간이나 행사장에서 피경호인에 근접하여 경호활동 수행

5) 경호경비의 특성 및 경호 업무 수행 시 유의 사항

① 남북분단 상황 하에서 대통령에 대한 경호는 국가 안보와 직결된다.
② 경호경비는 완벽해야 하며 한 번 실패하면 사후에 보완이 불가능한 특색이 있다.
③ 경찰의 경호는 대통령경호실법에 따라 경호실의 지휘를 받는다. 경호행사 시 경찰관은 경호실의 지시를 거부할 수 없다.
④ 경호 업무는 3중 경호 원리에 의해 실시하는데, 1선은 VIP 승하차 지점 및 행사장 내부로서 경호실에서 담당하고, 경찰은 2선 경비구역, 3선 경계구역의 경비를 담당한다.
⑤ 경호 행사 시 동원 경력은 2시간 전에 배치한다.
⑥ 경호 업무가 발령되면 보안과는 경호안전 대책서를 작성하고, 경비과는 경호경비 계획서를 작성한다. 경호안전 대책서에는 인적 취약 요소 · 물적 취약 요소 · 지리적 취약 요소에 대한 분석과 대책이 포함되고, 경호경비 계획서에는 행사 개요 · 특징 · 취약성 · 대책 · 동원 경력 배치 등이 포함된다.
⑦ D-1~2일부터 핵심 지역 또는 주요 취약 개소에 대해 사전에 안전 검측을 하고 동시에 최소한의 경력을 고정 배치하여 안전 유지를 해야한다.

※ 안전 검측

안전 검측이란 경호상의 위해 요소를 미연에 제거하기 위해 행차 연도 및 행사장, 숙소 내 · 외부의 핵심 지역 또는 주요 취약 개소에 대해 사전에 실시하는 안전 조사 활동을 말한다. 이러한 안전 검측에는 안전점검, 안전검사, 안전 유지가 있다. 안전점검은 폭발물 등 각종 위해물의 설치 · 매설 등을 탐지하여 제거하고 고층건물을 이용한 저격 등의 위험을 예방하는 활동을 말하고, 안전검사는 소방 · 전기시설 등 시설의 안전 상태를 검사하는 활동을 말한다. 또한 안전 유지는 안전점검 및 검사한 상태가 경호 종료 시까지 유지되도록 최소한의 경력을 고정 배치해 감시 · 접근 금지 등의 경계를 계속하는 활동을 말한다.

7 경찰작전

1) 의의

경찰작전은 대간첩작전, 전시 대비 경찰작전·비상 업무·상황실의 운영·검문 검색 등의 작전 상황에 대비한 경비경찰의 일체의 작전 업무를 말한다.

2) 근거 및 내용

경찰이 작전 업무를 수행하는 것은 우리나라의 남북분단이라는 특수한 상황으로 말미암은 것이며, 우리 경찰은 일정한 지역 및 인적 작전 대상 범위 내에서 대간첩작전을 수행할 수 있다.

(1) 경찰관직무집행법 제2조

경찰의 직무 범위에 '경비·요인경호 및 대간첩작전 수행'을 규정했다.

(2) 대통령훈령 제28호

병(丙)종 사태(북괴의 무장공비 및 간첩의 침투나 도발이 예상되거나 5명 이내의 소규모가 침투하여 일부 지역에서 도발행위를 할 경우) 발생 시 경찰책임구역 내에서는 경찰이 대간첩작전을 수행할 수 있도록 했다.

(3) 전투경찰대설치법

전투경찰은 간첩의 침투거부·포착·섬멸 기타의 대간첩작전을 수행하고 치안 업무를 보조함을 목적으로 한다. 전투경찰대는 1968년 1월 21일 김신조 등 무장간첩의 청와대 기습 시도 사건을 계기로 설치되었다.

8 특수경비

1) 의의

특수경비라 함은 불순 세력이 일정한 목적을 관철시키고자 테러 활동이나 총포·도검·폭발물, 기타 흉기류에 의한 인질·난동·살상 등의 불법행위를 전개함으로써 사회의 이목을 집중시키는 중대한 범죄행위를 예방·경계·진압하는 일련의 경찰경비활동을 말한다(김정환 외, 2003: 207).

2) 경찰특공대

경찰청은 대테러 업무를 효율적으로 수행하기 위해 권역별(지방경찰청 단위)로 대테러부대를 창설했다. 현재 서울(1983년 정식 발대)·충남·전남·부산·대구·인천지방청에 설치되어 총 6개의 경찰특공대가 운영되고 있다. 또한 2000년 2월부터 여성 관련 테러 진압작전과 인질 구출, 귀빈경호 등을 위해 여경특공대원을 모집, 대테러 역량을 강화하고 있다.[1)]

(1) 경찰특공대의 설치 근거: 국가대테러활동지침(대통령훈령 제47호. 1982)

(2) 임무: 인질 또는 난동사건의 진압, 부수 피해의 방지, 군중 격리, 채증 등

(3) 대테러 업무의 관장부서: 경찰청 경비국 경비2과 작전대테러계에서 담당

※ 각국의 대테러조직(부대)(김두현, 2010: 438)

- 미국: DELTA FORCE(경찰특공대는 SWAT)
- 영국: SAS(1942년 세계 최초로 창설된 대테러부대)
- 독일: GSG-9(1972년 뮌헨올림픽에서 검은9월단에 의한 이스라엘 선수 테러 사건 이후 창설)

---

1) 경찰특공대 홈페이지(http://www.smpa.go.kr/knp868), 2013년 2월 6일 검색.

• 프랑스: GIGN(1973년 프랑스 주재 사우디아라비아 대사관 점거사건을 계기로 창설)

※ 리마 증후군과 스톡홀름 증후군

• 리마 증후군: 인질범들이 인질들에게 정신적으로 동화되어 자신을 인질과 동일시함으로써 공격적인 태도가 완화되는 현상을 말한다. 1997년 페루 리마에서 반정부조직 요원들이 127일 동안 인질들과 함께 지내면서 차츰 인질들에게 동화되어 가족과 안부 편지를 주고받고, 미사 의식을 여는 등의 현상을 보였다는 데서 '리마'라는 이름이 붙었다(경찰대학, 2003: 241).

• 스톡홀름 증후군: 인질이 인질범들에게 동화되어 그들에게 동조하는 비이성적 현상을 말한다. 스톡홀름 신드롬이라고도 한다. 인질사건에서 인질로 잡힌 사람들이 인질범들에게 정신적으로 동화되어 오히려 자신들을 볼모로 잡은 범인들에게 호감과 지지를 나타내는 심리 현상을 말한다. 1973년 스웨덴 스톡홀름에서 은행에 침입한 네 명의 무장강도가 은행 직원들을 볼모로 잡고 6일간 경찰과 대치한 사건에서 처음 관찰되었기 때문에 이런 이름이 붙었다(김두현, 2004b: 110, 242).

9 선거경비

1) 의의

선거경비란 각종 선거 시 후보자에 대한 신변 보호와 유세장 및 투·개표장에서의 선거와 관련한 폭력·난동·테러 등 선거 방해 요소를 사전 예방·제거하여 평온한 가운데서 민주적인 공명선거가 될 수 있도록 치안 질서를 유지하기 위한 경찰활동을 말한다. 선거경비는 혼잡경비, 특수경비, 경호경비, 다중범죄 진압 등 종합적인 경비가 요구되는 경비활동이다.

2) 경비 대책

• 선거 공고일~선거일 2일 전까지: 경계 강화기관으로 설정

• 선거일 2일 전~개표 종료시 까지: 선거 당시의 치안 여건을 감안하여

비상 구분 및 기간을 조정하여 시행.

3) 후보자 신변 보호

(1) 대통령 후보자

후보자의 요청에 따라 전담 신변경호대를 편성, 운용하여 24시간 경호 임무를 수행하고, 신변 경호를 원하지 않는 후보자는 시·도 지방경찰청에서 경호 경험이 있는 자로 선발된 직원을 대기시켜 관내 유세 기간 중 근접 배치한다.

(2) 지방자치단체장 및 국회의원 후보자

각 선거구를 관할하는 경찰서에서는 후보자가 원할 경우 전담 경호요원을 배치한다.

4) 투표소 경비

(1) 투표구 선관위와 경비 대책 사전 협의

투표소가 취약지역에 설치되지 않도록 사전 협의·조정하고, 투표소와 경비 근무 장소 간 비상통신망을 구성하여 유사 시 신속한 연락 체제를 강구한다.

(2) 투표소 외곽 경비

투표소별로 무장 정복경찰 2명 이상을 배치하도록 되어 있다. 또한 경찰서별로 전 관내를 지원할 수 있는 5분대기대 및 채증조를 운용하며, 유사 시를 대비하여 권역별로 예비대를 운용한다.

(3) 부재자 투표소 경비

부재자 투표소 경비는 위의 (1), (2)에 준해 경비를 실시하되, 투표소와 파출소와의 거리가 인접한 경우 경비경찰은 파출소에 대기토록 하며, 부재자 투표함 운송 시 호송 근무를 실시한다(투표함 운송 차량 및 선박에 무장 정복경찰 2명이 탑승, 선관위 직원과 합동으로 안전하게 호송한다. 또한 대도시 등 교통취약지역은 에스코트를 실시하여 사고를 예방한다).

5) 개표소 경비

(1) 선관위와 경비 대책 사전 협의

선관위와 협조하여 개표소 내·외곽에 대한 사전 안전 검측 및 안전 유지를 하고 채증요원을 배치·운용한다.

(2) 3선 개념에 의한 경비

① 제1선(개표소 내부): 개표소 내부의 소란행위 경우 선관위원장 요청 시에만 정복경찰을 투입하여 질서를 유지할 수 있다.
② 제2선(담장 내곽): 개표소 출입구에서 선관위 직원과 합동으로 출입자를 통제한다.
③ 제3선(담장 외곽): 검문조, 순찰조를 운용하여 위해 기도자의 접근을 차단한다.

(3) 우발 사태에 대비

개표소별로 충분한 예비대를 확보하여 운용한다. 또한 소방·한전차 및 관계 요원을 대기토록 하여 화재·정전사고에 대비한다. 아울러 정전사고에 대비하여 자가발진시설이나 예비 조명기구를 확보·비치한다.

10 기타 관련 문제

1) 전·의경 구타 및 가혹행위 근절 대책

- 고참 대원에 의한 집합·점호·교육훈련 금지
- 근무·휴식·취침·식사 기간 등에 반드시 지휘관이 현장에 임장하여 동행동숙 철저
- 정신교육 강화 및 구타 행위자 엄중 처벌
- 피해 대원 신고 통로 개방: 구타 용의 장소에 대한 순찰함 설치, 수시 신상면담을 통한 구타 흔적 발견

2) 여경기동대

(1) 편성 및 설치

여경기동대는 상설, 비상설(지방경찰청장의 명에 의해 소집)로 구분하여 편성하고 경찰청장이 정하는 지방경찰청장에 둔다. 40세 이상자와 임산부는 제외된다.

(2) 임무

① **주임무**

- 집회행사장 질서 유지
- 시위대의 준법 행진 유도 및 교통관리
- 집회 및 시위 현장에서의 요부조자(장애인, 노약자 등) 보호

② **지원 임무**

- 경호경비
- 혼잡경비
- 기타 지방경찰청장이 필요하다고 인정하는 업무

(3) 지휘 체제

① 지방경찰청장: 소속 여경기동대의 조직 및 운영에 관해 총 지휘 감독하며 여경기동대를 경찰서장에게 배속시킬 수 있다.

② 경찰서장: 여경기동대를 배속받은 경찰서장은 당해 여경기동대의 운용 및 대원의 관리와 복무규율 등에 관해 지휘 감독한다.

③ 여경기동대장: 대원의 교육훈련 및 복무에 관한 사항을 지휘 감독한다.

(4) 복무 기간

① 비상설 여경기동대원의 복무 기간: 1년을 원칙으로 한다. 다만, 지방경찰청장은 필요한 경우 복무 기간을 조정할 수 있다.

② 상설 여경기동대 신임 순경의 복무 기간: 2년으로 한다.

3) 치안상황실(종합상황실)

(1) 의의

경비경찰의 비상사태는 국가적으로나 사회적으로 긴급을 요하는 주요 사태이므로 신속한 처리가 중요하다. 국가비상사태 또는 긴급중요사태 등 치안 상황이 발생하는 경우 상황 처리를 단일화하고 신속하고 정확한 상황 파악과 조치로 이미 발생한 사태를 효율적으로 처리하기 위해 경찰청과 지방경찰청 및 경찰서, 기동대(단), 경비단(전경대대 포함)에 치안상황실을 설치하여 24시간 운용한다.

(2) 상황 처리 요령(선조치 후보고의 원칙)

① 상황실장은 현장 상황 반장으로 5분대기대를 인솔하여 출동함과 동시에 긴급 배치를 하령(선조치)하며, 상황부실장은 상황실에서 접수반, 전파반, 통신반을 지휘하여 서장, 지방청장, 인접 경찰서에 보고 및 통보(후보고)해야 한다.

② 5분대기대 출동⇒긴급 배치 하령⇒경찰서장에의 보고⇒지방청에의 보고

③ 상급기관에의 보고(총 35분 이내): 보고는 필요하다고 판단될 경우 접수된 상황 그대로 제1보하고, 상황이 진전됨에 따라 제2보, 제3보의 순으로 보고한다. 처음부터 완전한 상황을 파악한 후 정확한 보고를 하기 위해 보고가 지연되면 상황 처리의 근본 목적을 잃게 되기 때문이다.

최초 접수	⇒	경찰서 상황실	⇒	지방청 상황실	⇒	경찰청 상황실
	15분 이내		10분 이내		10분 이내	

제 3 절 외국의 경비활동

1 영국의 경비경찰

1) 기본적 특징

영국은 우리나라의 경우처럼 '경비'라는 독자적 경비 분야가 독립되어 있지 않고 경비의 각 기능을 개별적인 기관에서 수행한다. 즉, 다중범죄 진압, 대테러 업무, 요인경호 등 핵심 업무를 일괄적으로 한 부서에서 집권적으로 수행하고 있지는 않다. 따라서 일반 경찰관이 시위 등의 경비경찰 업무를 수행한다. 또한 경호 업무는 전통적인 영국의 지방자치제도에 기인하여 그 지역은 그 지역 경호경찰이 가장 잘 알고 있으므로 그들에게 경호 책임을 맡긴다는 원칙에서 경호의 분권화와 책임제가 잘되어 있다(김두현, 2004a: 155).

2) 주요 조직

(1) 수도경찰청

① 종합상황실(National Reporting Center): 수도경찰청에 설치되어 전국적인 대규모 시위・소요 사태에 대처하기 위해 영국 경찰청장협의회 회장이 대규모 시위・소유 사태 시에는 각 지방경찰청기동대의 이동・배치 등을 지휘한다(김두현, 2004a: 146-147).

② 공공질서과(Public order Department): 공공질서과라는 별도의 부서를 두어 일반 경비 업무는 물론 왕실 보호 기능도 일부 담당하는 것으로 알려져 있다.

③ 특수업무국 특수부 VIP경호과: 런던지역 내에서 수상이나 각료들의 경호를 담당한다.

④ CO11: 축구 등 각종 스포츠 행사의 정보를 수집, 분석하며 경비를 담당한다.

⑤ 기타: 다중범죄 진압 시 사용되는 기마경찰대, 평소의 교육을 실시키 위한 공공질서훈련센터(Public order Training Center) 등이 있다.

(2) 내무부

전체 경찰의 업무를 조정·협력토록 하고 있는데, 경비 업무 역시 마찬가지이다.

(3) 대테러부대(SAS)

1942년 창설된 SAS라 불리는 특수공군부대가 대테러부대로 운용되고 있으며, 이로써 영국은 테러 진압 특공대를 가장 일찍 창설한 나라가 되었다.

(4) 기타

다중범죄 진압 시 사용되는 기마경찰대, 평소의 교육을 실시하기 위한 공공질서훈련센터 등이 있다.

2 미국의 경비경찰

1) 기본적 특징

미국은 지방자치경찰제도를 채용하고 있기 때문에 각 주마다 경찰조직이 다르다. 더구나 우리의 경찰청 경비(교통)국과 같이 독립적으로 경비 업무를 담당하고 있는 총괄부서가 없는 점이 특색이다. 최근 미국에서는 범죄가 증가하여 치안이 악화되고 있는데 대응하여 자위(自衛)의 필요성이 크게 강조되기 시작했고, 이에 따라 경비산업이 활발해져서 시설경비·요인경호·안전조사·신용조사·보험조사·현금 수송을 업으로 하는 민간 경비회사가 많이 생겼다.

2) 주요 조직

(1) 일반자치체경찰: 해당 지역에서의 일반적 경비경찰 업무를 담당한다.
(2) FBI: 인질사건 등의 특정 업무를 담당한다.
(3) 주군인경찰(National Guard): 주지사 소속의 경비경찰조직으로 평시에는 주지사의 지휘하에 있는 부대이지만, 전시·비상시에는 미군에 편입되어 일선에 출동된다.
(4) 비밀경호국(Secret Service): 국토안보부 소속으로 현재 대통령 경호 업무를 담당하고 있다.

※ 국토안보부 창설

미국 상원은 하원에 이어 지난 2002년 11월 19일 부시 대통령이 제안한 '국토안보부' 신설 법안을 압도적 다수로 찬성 의결함으로써 연방정부 산하 22개 부처의 기능을 하나로 묶어 국내 안보문제를 총괄하도록 한 부시 대통령의 구상이 실현되었다. 이에 따라 국토안보부는 부시 대통령이 이 법안에 서명 뒤 60일 안에 공식 출범하게 되었다. 국토안보부는 이민, 국경 보호, 비상사태관리, 국내안보 관련 각급 정보분석, 대통령 경호 등 업무를 책임지게 된다. 특히 정보분석 및 비밀경호대와 해안경비대 등을 갖고 있어 연방수사국(FBI)이나 중앙정보국(CIA) 못지않은 영향력을 행사하고 있다. 이러한 것이 경찰학 개론에서 가지는 의의는 2001.9.11 테러사건을 계기로 미국의 연방경찰기관의 권한이 집권화되고 기능이 강화되었다는 점과 미국의 대통령 경호 업무가 이전의 재무부 소속의 Secret Service에서 국토안보부 내의 비밀경호대(대통령 및 정부 주요 인사 신변 보호)로 이관되었다는 점이다(이재준, 2008: 83; 김준형, 2004: 67; 김두현, 2004b: 399).

3 독일의 경비경찰

1) 기본적 특징

독일 경찰은 주를 국가로 하는 국가경찰을 원칙으로 하고 일부 주에서 시·읍·면 자치경찰제를 가미하고 있다. 독일 경찰조직의 핵심은 주경찰이라고 할 수 있다(김두현, 2004b: 159).

2) 주요 조직

(1) 주 경찰기동대

시위 진압 업무는 주의 경찰기동대가 담당한다. 주경찰기동대는 폭동이나 시위 등 전국적인 긴급 치안 상황에 대처하기 위해 1950년 연방과 각 주정부 간에 행정협정에 의해 설립되었다.

(2) 연방경찰청

연방경찰청은 국경과 공항 등에서 경비경찰 업무를 수행한다. 국경 경비 업무, 국가비상사태의 방지 업무 및 경찰력 지원, 연방조직의 보호, 해안 보호 등의 업무를 수행하며 자체 항공력을 보유하고 있다.

(3) GSG-9

연방경찰청 산하에는 대테러부대로서 GSG-9이라는 조직이 있으며, 이것은 1972년 뮌헨올림픽에서 '검은9월단'에 의한 이스라엘 선수 테러사건 이후 연방경찰청 안에 창설된 것이다. GSG-9은 연방내무부 장관의 명령에 따라 주경찰이나 그 예하기관의 경찰이 해결할 수 없는 테러사건을 담당하고 있다. 연방경찰청의 최고 지휘관은 내무부 장관이며, 국경경비대에 소요되는 예산은 연방정부와 주정부가 분담한다. 연방경찰청은 연방 내에서 전체적으로 활동이 가능한 점이 특징이다.

4 프랑스의 경비경찰

1) 기본적 특징

프랑스의 경찰은 내무부 직속의 국가경찰, 국가헌병대, 그리고 자치체경찰로 이루어져 있으며, 경비 관련 업무는 국가경찰소속 중 경비국에서 담당하고 있다.

2) 주요 조직

(1) 국가경찰기동대(C.R.S.)

내무부 국립경찰청 산하의 국가경찰기동대는 특히 경비 전담부서로서의 역할을 수행하는데 경찰관으로 편성된 부대로서 시위 진압·폭동 진압 등의 임무를 수행한다.

(2) 보조경찰제도 운영

우리나라의 의무경찰제도와 비슷한 보조경찰제도를 도입하여 일반 경찰력을 지원, 보조한다.

(3) 국방부 산하의 군경찰

경찰기관이 설치되어 있지 않은 인구 2만 명 미만의 소도시와 농촌지역, 주요 간선도로 등지에서 경찰 업무를 수행한다. 시위 진압에는 기동 군(軍) 경찰이 동원되기도 한다.

(4) 대테러특수부대(G.I.P.N.)

도시경찰국에는 1972년 뮌헨올림픽 테러사건을 계기로 결성된 대테러특수부대가 있다.

(5) 국립경찰청 경호국(V.O.)

대통령과 내외 요인 경호를 전담하고 있다.

5 일본의 경비경찰

1) 기본적 특징

일본 경찰청에는 우리나라에서와 같이 경비국이 설치되어 있는 등 우리나라와 가장 유사한 체제를 갖추고 있지만, 우리와는 달리 경비국이 경비업무뿐만 아니라 공안 업무도 함께 담당하고 있고, 우리나라의 정보경찰활동이나 보안경찰활동이 경비경찰활동에 포함되어 운용되고 있다는 특징이 있다.

2) 주요 조직

경호활동은 우리와는 달리 경찰이 전담하고 있는데, 경호 업무와 경위 업무로 구분되어 있다. 경호 업무는 정부 요인이나 외국 요인에 대한 신변 보호활동으로서 경찰청에서 담당한다. 그리고 경위 업무는 일본 천황이나 황족에 대한 보호활동으로서 경찰청 직속의 황궁경찰본부가 전담한다. 또한 경찰기동대(동경경시청, 관구경찰국)를 두어 주로 다중집회 진압 경비 업무를 담당하고 있다. 기동대만으로 대처할 수 없는 폭동이 발생할 경우 자위대의 치안활동이 가능하다. 그리고 일본의 지리적 특성상 지진·태풍 등의 재해경비 업무에 대한 경찰의 기능이 중요시되고 있다. 아울러 내각총리대신, 경찰청 장관은 도도부현 경찰 체제 하에서 대규모의 재해나 소란 등 긴급사태를 대비하기 위해 내각총리대신이 국가공안위원회의 권고에 의해 전국 또는 일부지역에 긴급사태의 포고권을 행사하여 직접 경찰을 통제할 수 있는 권한이 있고, 직접 경찰청 장관을 지휘 감독하고, 경찰청 장관은 도도부현 경찰책임자를 직접 지휘 또는 명령하여 사태를 수습할 수 있다.

Chapter 04

교통의 관리 및 단속

제 1 절 교통경찰의 의의

1 교통의 개념

1) 일반적 개념

도로교통과 철도교통, 항공교통 및 해상교통이 모두 포함된다.

2) 교통경찰의 대상인 도로교통

일반교통의 영역 중에서 궤도에 의한 철도교통이나 항공교통은 해당 전문기관에서 취급하므로 교통경찰의 영역에서 제외되며, 해상교통은 부분적으로 해양경찰의 대상이 되고 있다. 따라서 교통경찰의 주 대상은 도로교통이다.

2 교통경찰의 개념 및 특성

1) 교통경찰의 개념

교통경찰이라 함은 도로에서 발생하는 위해를 방지 · 제거하여 교통의 안전과 원활한 소통을 도모함을 목적으로 행하는 경찰활동을 말한다. 교통경찰은 교통의 발전에 중점을 두기보다는 오히려 교통의 발달에서 오는 국민의 생명과 재산에 대한 위해를 미리 제거하고, 그로 인한 원활한 교통 소통의 확보에 그 주 목표를 두고 있다(강용길 외, 2010b: 218).

2) 교통경찰의 특성

교통경찰의 특성으로는 ① 모든 계층의 사람이 교통경찰의 대상이 된다. ② 사회생활에 중대한 영향을 미친다. ③ 경찰활동 평가의 창구가 된다. ④ 기술적 분야에 속하는 사항이 많다. ⑤ 일반행정 분야와 협력을 필요로 한다. ⑥ 교통환경의 변화가 급격하다. ⑦ 전국적인 관련성이 강하다는 점 등이 있다(하상군 · 김종길 · 조성택, 2013: 408).

3 교통경찰의 법적 근거와 업무 분장 · 임무

1) 교통경찰활동의 법적 근거

(1) 경찰법(제3조): 교통의 단속과 위해의 방지
(2) 경찰관직무집행법(제2조): 교통의 단속과 위해의 방지
(3) 도로교통법(제1조): 도로에서 일어나는 교통상의 모든 위험과 장해를 방지 · 제거하여 안전하고 원활한 교통을 확보함을 목적으로 한다.

참고 **도로법**

「도로법」은 도로관리의 적정을 기하기 위해 도로에 관해 그 노선의 지정 또는 인정, 관리, 시설 기준, 보전 및 비용에 관한 사항을 규제함으로써 교통의 발달과 공공복리의 향상에 기여함을 목적으로 제정된 법률로 교통경찰의 법적 근거와는 직접적인 관련성이 적다.

2) 교통경찰의 업무 분장

교통경찰은 교통의 단속과 위해(危害)의 방지라고 하는 기본적 임무를 수행하기 위해 「경찰청과 그 소속기관 등 직제」 제13조에 따라 ① 도로교통시설의 관리, ② 자동차 운전 면허의 관리, ③ 도로 교통사고의 처리, ④ 고속도로 순찰대의 운영 등을 분장하고 있다. 반면, 도로 자체의 관리 및 도로 주변 가로수에 대한 관리는 일반행정관청인 한국도로공사, 시청, 군청 등에서 담당한다.

3) 교통경찰의 임무

교통경찰은 경찰법과 경찰관직무집행법이 정하는 직무에 관한 사물 관할의 범위 내에서, 도로교통에 수반되는 위험, 즉 교통사고의 발생을 방지하고 교통의 지도 단속 등을 통해 교통의 안전과 원활을 도모함으로써 교통 질서를 유지함을 그 기본 임무로 하고 있다.

(1) 일반적 임무

- 교통사고 방지를 위한 경찰의 종합적 대책 수립
- 교통안전 교육활동
- 교통통계 등의 작성 · 분류 · 검토 · 분석
- 교통 지도 단속
- 교통사고의 처리 및 교통 사고사건의 수사
- 교통 법규 및 교통안전시설의 정비 · 관리
- 교통 정리(제차 및 보행자의 통행 정리, 교차로 교통 정리, 비상시의 교통 우회 지시 등)

- 자동차 운전면허시험 및 관리
- 기타 행정처분 등

(2) 외근 교통요원(수신호· 순찰차· 사이카 요원 등) 의 임무

- 교통소통 촉진과 교통안전 확보, 교통장애물 제거
- 교통 법규 위반자 지도 · 단속
- 교차로의 방향별 교통량의 적정 배분 및 교통 정리
- 수배 차량 및 차량 이용 범죄자 등 검거
- 어린이 · 노약자 등 보행자 관찰 · 보호
- 교통표지 등 교통안전시설물 관찰 · 보호
- 관할구역 내의 교통정보 수집 · 처리 · 보고 · 통보
- 기타 하명 사항 및 중요 경비 임무 수행 등

참고 교통의 4E 원칙

- 의의

4E의 원칙이란 교통의 안전과 원활을 기하기 위해 교통경찰이 행정관리의 기본으로 삼아야 할 원칙이며 교통경찰활동의 직무 방향을 제시해 주는 것이라 할 수 있다.

- 내용

① 교통안전 교육(Education): 교통사고를 미연에 방지하기 위해 일반 공중에 대해 실시하는 교육훈련, 홍보, 계몽 등의 활동

② 교통안전 공학(Engineering): 도로환경 정비, 교통안전시설, 차량 등과 같은 물질적 요소에 의해 교통의 안전과 원활화에 기여하도록 추진하는 것을 말함

③ 교통단속(Enforcement): 교통규제, 면허제도, 교통지도 · 단속 등 도로교통의 질서를 유지하기 위한 것을 말함

④ 교통환경(Environment): 교통에 관계된 여러 가지 환경적 요인 등을 개선하는 것을 말함(기존의 3E 원칙에 추가된 원칙)

제 2 절 「도로교통법」상의 주요 용어 정리

1 주요 용어 정리

도로	"도로"란 다음 각 목에 해당하는 곳을 말한다. 가. 「도로법」에 따른 도로 나. 「유료도로법」에 따른 유료도로 다. 「농어촌도로 정비법」에 따른 농어촌도로 라. 그 밖에 현실적으로 불특정 다수의 사람 또는 차마(車馬)가 통행할 수 있도록 공개된 장소로서 안전하고 원활한 교통을 확보할 필요가 있는 장소
자동차 전용도로	자동차만이 다닐 수 있도록 설치된 도로
고속도로	자동차의 고속 교통에만 사용하기 위해 지정된 도로
차도	연석선(차도와 보도를 구분하는 돌 등으로 이어진 선), 안전표지 그 밖의 이와 비슷한 공작물로써 그 경계를 표시하여 모든 차의 교통에 사용하도록 된 도로의 부분
중앙선	차마의 통행을 방향별로 명확하게 구분하기 위해 도로에 황색 실선이나 황색 점선 등의 안전표지로 표시한 선 또는 중앙분리대·철책·울타리 등으로 설치한 시설물을 말하며, 가변차로가 설치된 경우에는 신호기가 지시하는 진행 방향의 제일 왼쪽 황색 점선을 말함
차로	차마가 한 줄로 도로의 정해진 부분을 통행하도록 차선에 의해 구분되는 차도의 부분
차선	차로와 차로를 구분하기 위해 그 경계 지점을 안전표지에 의해 표시한 선
자전거도로	안전표지, 위험 방지용 울타리 그 밖의 이와 비슷한 공작물로써 그 경계를 표시하여 자전거의 교통에 사용하도록 된 도로의 부분
보도	연석선, 안전표지 그 밖의 이와 비슷한 공작물로써 그 경계를 표시하여 보행자의 통행에 사용하도록 된 도로의 부분
차마	- 차와 우마 • 차: '차'란 자동차, 건설기계, 원동기장치 자전거, 자전거, 사람 또는 가축의 힘이나 그 밖의 동력(動力)으로 도로에서 운전되는 것. 다만, 철길이나 가설(架設)된 선을 이용하여 운전되는 것을 말한다, 유모차와 안전행정부령으로 정하는 보행보조용 의자차는 제외한다. • 우마: 교통·운수에 사용되는 가축
자동차	철길 또는 가설된 선에 의하지 아니하고 원동기를 사용하여 운전되는 차(견인되는 자동차도 자동차의 일부로 본다)로서 자동차관리법 제3조의 규정에 의한 승용자동차·승합자동차·화물자동차·특수자동차·이륜자동차 및 건설기계관리법 제26조 1항 단서의 규정에 의한 건설기계(다만, 원동기장치 자전거는 제외)
원동기장치 자전거	「자동차관리법」 제3조에 따른 이륜자동차 가운데 배기량 125cc 이하의 이륜자동차와 배기량 50cc 미만(전기를 동력으로 하는 경우에는 정격 출력 0.59킬로와트 미만)의 원동기를 단 차

어린이 통학버스	"어린이 통학버스"란 다음 각 목의 시설 가운데 어린이(13세 미만인 사람을 말한다. 이하 같다)를 교육 대상으로 하는 시설에서 어린이의 통학 등에 이용되는 자동차로서 도로교통법 제52조에 따라 신고한 자동차를 말한다. 가. 「유아교육법」에 따른 유치원, 「초·중등교육법」에 따른 초등학교 및 특수학교 나. 「영유아보육법」에 따른 어린이집 다. 「학원의 설립·운영 및 과외교습에 관한 법률」에 따라 설립된 학원 라. 「체육시설의 설치·이용에 관한 법률」에 따라 설립된 체육시설
주차	차가 승객을 기다리거나 화물을 싣거나 고장 그 밖의 사유로 인해 계속하여 정지하거나 또는 그 차의 운전자가 그 차로부터 떠나서 즉시 운전할 수 없는 상태
정차	차가 5분을 초과하지 아니하고 정지하는 것으로서 주차 외의 정지 상태
운전	도로에서 차를 그 본래의 사용 방법에 따라 사용하는 것(조종 포함)
초보 운전자	처음 운전면허를 받은 날(처음 운전면허를 받은 날부터 2년이 지나기 전에 운전면허의 취소처분을 받은 경우에는 그 후 다시 운전면허를 받은 날을 말한다)부터 2년이 지나지 아니한 사람을 말한다. 이 경우 원동기장치 자전거 면허만 받은 사람이 원동기장치 자전거 면허 외의 운전면허를 받은 경우에는 처음 운전면허를 받은 것으로 본다.
신호기	도로교통에 관해 문자, 기호, 또는 등화로써 진행, 정지, 방향 전환, 주의 등의 신호를 표시하기 위해 사람이나 전기의 힘에 의해 조작되는 장치
안전표지	교통의 안전에 필요한 주의·규제·지시·보조·노면 등을 표시하는 표지판 또는 도로의 바닥에 표시하는 기호나 문자 또는 선 등
횡단보도	보행자가 도로를 횡단할 수 있도록 안전표지로써 표시한 도로의 부분
자동차 운전학원	"자동차운전학원"이란 자동차 등의 운전에 관한 지식·기능을 교육하는 시설로서 다음 각 목의 시설 외의 시설을 말한다. 가. 교육 관계 법령에 따른 학교에서 소속 학생 및 교직원의 연수를 위해 설치한 시설 나. 사업장 등의 시설로서 소속 직원의 연수를 위한 시설 다. 전산장치에 의한 모의운전 연습시설 라. 지방자치단체 등이 신체장애인의 운전교육을 위해 설치하는 시설 가운데 지방경찰청장이 인정하는 시설 마. 대가(代價)를 받지 아니하고 운전교육을 하는 시설 바. 운전 면허를 받은 사람을 대상으로 다양한 운전 경험을 체험할 수 있도록 하기 위해 도로가 아닌 장소에서 운전교육을 하는 시설
모범운전자	무사고 운전자 또는 유공 운전자의 표시장을 받거나 2년 이상 사업용 자동차 운전에 종사하면서 교통사고를 일으킨 전력이 없는 사람으로서 경찰청장이 정하는 바에 따라 선발되어 교통안전 봉사활동에 종사하는 사람을 말한다.
긴급자동차	소방자동차·구급자동차 그 밖의 대통령령이 정하는 자동차로서 그 본래의 긴급한 용도로 사용되고 있는 중인 자동차

2 긴급자동차

<table>
<tr><td>의의</td><td colspan="2">소방자동차 · 구급자동차 그 밖의 대통령령이 정하는 자동차로서 그 본래의 긴급한 용도로 사용되고 있는 중인 자동차</td></tr>
<tr><td>지정 및 취소권자</td><td colspan="2">지방경찰청장</td></tr>
<tr><td>긴급 자동차에 대한 특례</td><td colspan="2">긴급자동차에 대해서는 ㉠ 자동차의 속도, ㉡ 앞지르기 금지 시기 · 금지 장소 ㉢ 끼어들기의 금지 등에 관한 규정을 적용하지 아니한다.</td></tr>
<tr><td>긴급 자동차의 우선통행</td><td colspan="2">① 긴급자동차는 긴급하고 부득이한 경우에는 도로의 중앙이나 좌측 부분을 통행할 수 있다.
② 긴급자동차는 도로교통법에 의한 명령에 따라 정지해야 하는 경우에도 불구하고 긴급하고 부득이한 경우에는 정지하지 아니할 수 있다.
③ 긴급자동차의 운전자는 교통안전에 특히 주의하면서 통행해야 한다.
④ 모든 차의 운전자는 교차로나 그 부근에서 긴급자동차가 접근하는 경우에는 교차로를 피해 도로의 우측 가장자리에 일시 정지해야 한다. 다만, 일방통행으로 된 도로에서 우측 가장자리로 피해 정지하는 것이 긴급자동차의 통행에 지장을 주는 경우에는 좌측 가장자리로 피해 정지할 수 있다.
⑤ 모든 차의 운전자는 긴급자동차가 접근한 경우에는 도로의 우측 가장자리로 피해 진로를 양보해야 한다. 다만, 일방통행으로 된 도로에서 우측 가장자리로 피하는 것이 긴급자동차의 통행에 지장을 주는 경우에는 좌측 가장자리로 피해 양보할 수 있다.</td></tr>
<tr><td rowspan="3">긴급 자동차의 범위</td><td>도로교통법</td><td>소방자동차 · 구급자동차</td></tr>
<tr><td>도로교통법시행령 (대통령령): 법정 긴급자동차</td><td>1. 경찰용 자동차 중 범죄 수사 · 교통 단속 그 밖에 긴급한 경찰 업무 수행에 사용되는 자동차
2. 국군 및 주한 국제연합군용 자동차 중 군 내부의 질서 유지나 부대의 질서 있는 이동을 유도하는 데 사용되는 자동차
3. 수사기관의 자동차 중 범죄 수사를 위해 사용되는 자동차
4. 다음 각 목의 어느 하나에 해당하는 시설 또는 기관의 자동차 중 도주자의 체포 또는 피수용자 · 피관찰자의 호송 · 경비를 위해 사용되는 자동차
가. 교도소 · 소년교도소 · 구치소 또는 보호감호소
나. 소년원 또는 소년분류심사원
다. 보호관찰소
5. 국내외 요인에 대한 경호 업무 수행에 공무로서 사용되는 자동차</td></tr>
<tr><td>사용하는 사람의 신청에 의한 지방경찰청장의 지정</td><td>1. 전기사업 · 가스사업 그 밖의 공익사업기관에서 위험 방지를 위한 응급작업에 사용되는 자동차
2. 민방위 업무를 수행하는 기관에서 긴급 예방 또는 복구를 위한 출동에 사용되는 자동차
3. 도로관리를 위해 사용되는 자동차 중 도로상의 위험을 방지하기 위한 응급작업 및 운행이 제한되는 자동차를 단속하기 위해 사용되는 자동차</td></tr>
</table>

		4. 전신 · 전화의 수리공사 등 응급작업에 사용되는 자동차와 우편물의 운송에 사용되는 자동차 중 긴급배달 우편물의 운송에 사용되는 자동차 및 전파감시 업무에 사용되는 자동차
	긴급자동차에 준하는 자동차	(1) 경찰용의 긴급자동차에 의해 유되되고 있는 자동차 (2) 국군 및 주한국제연합군용의 긴급자동차에 의해 유도되고 있는 국군 및 주한국제연합군의 자동차 (3) 생명이 위급한 환자나 부상자 또는 수혈을 위한 혈액을 운반 중인 자동차

제 3 절 교통경찰의 주요 활동

1 교통정리

교통정리란 교통의 혼잡을 완화하여 교통의 원활한 촉진과 안전 확보 및 교통공해 방지를 도모함을 목적으로 하는 경찰활동으로서 교통경찰이 제반 신호나 표시의 방법으로써 통행을 지휘하는 적극적이고 구체적인 행위를 의미한다(넓게는 제반 신호나 표시에 의한 교통정리와 법규 위반자를 단속하는 행위까지를 포함한다)(경찰대학, 2004a: 269).

2 교통순찰

1) 의의

교통순찰이란 교통사고 방지 및 교통 소통의 원활을 기하기 위해 일정 지역을 순회하면서 ① 위반행위 예방, ② 위반자 색출 · 단속, ③ 교통 상황 주시 · 보고, ④ 공중에 대한 편의 제공, ⑤ 교통 정체 원인 등을 제거하는 교통경찰 기동활동이다. 그 밖에 '교통사고조사'는 교통순찰의 주임무는 아니나 필요에 따라 수행한다.

2) 순찰 방법

(1) 고정순찰

일정한 구역을 일정한 시간에 순찰하는 방법이다. 순찰의 공백 시간대에 법규 위반을 자행하는 단점이 있다.

(2) 역습순찰

순찰한 노선이나 지역을 다시 되돌아가서 역습으로 순찰하는 방법이다. 상습적이거나 악의적인 교통법규 위반 운전자나 보행자들이 순찰경찰이 한 번 지나가면 그 지역을 순찰하지 않음을 알고 악이용함을 방지하기에 효과적이다. 그러나 반복 시 고정순찰과 동일한 단점을 갖게 된다.

(3) 합동순찰

집중단속을 목적으로 기동대·방범순찰대 등과 합동으로 순찰하는 방법이다. 불시에 실시하는 경우가 많으므로 특별한 효과를 거둘 수 있다.

(4) 정지관찰

교통 상태의 조사·범법행위 단속 등을 위해 한 지점에 정지하여 관찰하는 방법으로 교통 혼잡이 있을 때나 정지 장소의 전망이 좋을 때 채택한다. 은폐·정지관찰로 인해 위반행위를 유발시키면서 하는 함정 단속을 해서는 안 된다(신현기 외, 2006: 481).

3 교통규제

1) 의의

교통규제란 도로에서의 위험을 방지하고 교통의 안전과 원활을 도모하기 위해 신호기나 안전표지를 설치하는 등 도로에서 통행규칙을 설정하는 활동을 말한다.

2) 종류

도로 이용자에게 교통 규제를 주지시키기 위한 수단은 신호기, 안전표지, 교통경찰관 등의 수신호 또는 지시와 명령이다. 각 교통규제는 규제 대상, 도로 이용자의 종류와 교통 방법을 규정하고 있으며, 그 내용은 통행의 금지와 제한에 관한 것, 통행 방법의 제한과 지정에 관한 것, 주·정차에 관한 것 등으로 대별할 수 있다(구체적으로는 속도 규제, 주차 규제, 일방통행, Zone규제, 좌회전 금지, 추월 금지, 가변 차선, 버스 lane 등이 있다).

3) 교통규제의 일반 원칙

교통규제의 실시는 현지조사와 판단에 의거 타당성 내지 합리성, 계획성, 일관성, 간명성, 합법성, 관련 교통시설과의 조화, 유지관리의 용이성 등을 충분히 검토하고 관련자의 의견을 들어 계획해야 한다.

4) 교통규제권자와 내용

(1) 규제권자

경찰청장	• 경찰청장과 협의 - 고속도로의 경우에는 그 관리자가 신호기 및 안전표지를 설치하고자 할 때 • 경찰청장 - 고속도로의 관리자에게 신호기 및 안전표지의 관리에 관해 필요한 사항을 지시할 수 있다. • 도로의 점용허가와 관련하여 도로관리청이 국토교통부 장관인 경우에는 경찰청장과 협의해야 한다.
시장 등	• 특별시장 · 광역시장(광역시 군수를 제외) 또는 시장 군수가 신호기 및 안전표지를 설치 • 시 · 도지사의 권한은 지방경찰청장에게 위임하고, 시장 또는 군수의 권한은 경찰서장에게 위탁하도록 되어 있으므로 실제로 시 · 도지사 등의 교통규제 권한은 모두 경찰에 위임
지방경찰청장	• 보행자나 차마의 통행 금지 또는 제한 • 차선의 설치 • 자동차 등의 속도 제한 • 횡단 등의 금지 • 교차로 통행 방법의 지정 • 서행 및 일시 정지구간의 지정 • 정차 및 주차금지구역의 지정, 경음기의 사용 제한

	• 승차 또는 적재의 제한, 자동차의 도장 및 표지의 제한
경찰서장	• 도로에서의 위험 방지 등을 위해 필요한 경우에는 차마의 통행을 우선 금지하거나 제한한 루 도로관리자와 협의하여 대상과 구간 및 기간 등을 정해 도로의 통행을 금지하거나 제한할 수 있다. • 안전 기준을 초과한 승차 또는 적재의 허가권을 통해 규제가 가능 • 도로의 점용 허가와 관련하여 그 도로관리청이 국토교통부 장관인 경우에는 경찰청장, 도로관리청이 특별시장 · 광역시장 · 도지사 또는 시장이나 군수인 경우에는 관할 경찰서장의 의견을 들어야 한다.
경찰공무원	• 일반도로의 파손이나 화재의 발생, 고속도로 또는 자동차 전용도로의 파손이나 교통사고의 발생, 그 밖의 사정으로 도로에서의 위험 방지를 위해 긴급한 필요가 있는 경우에는 필요한 한도 내에서 차마의 통행을 일시 금지하거나 제한할 수 있으며, 교통 혼잡 완화를 위한 조치를 취할 수 있다. • 경찰공무원은 주의 의무를 위반한 운전자에 대해 위험 방지를 위한 운전 금지 등의 조치를 취할 수 있다. • 교통 혼잡 완화를 위한 조치, 따라서 경찰관의 교통정리 시 신호기가 설치되어 있어도 수신호가 있다면 수신호에 따라야 한다.

(2) 각종 설치권자

횡단보도 설치권자	지방경찰청장은 행정안전부령이 정하는 기준에 의해 횡단보도를 설치할 수 있다.
보행자 전용도로의 설치권자	① 지방경찰청장 또는 경찰서장은 필요한 때에 도로에 보행자 전용도로를 설치할 수 있다. ② 차마는 보행자 전용도로를 통해서는 아니 된다. 다만, 지방경찰청장 또는 경찰서장은 특히 필요하다고 인정하는 때에 보행자 전용도로에 통행을 허용할 수 있다.
전용차로 설치권자	시장 등은 지방경찰청장 또는 경찰서장과 협의하여 도로에 전용차로를 설치할 수 있다.
고속도로의 전용차로의 설치	경찰청장은 고속도로에 전용차로를 설치할 수 있다.
차로의 설치 등	지방경찰청장은 안전행정부령이 정하는 차로를 설치할 수 있다. 이 경우 시간대에 따라 양방향의 통행량이 현저하게 다른 도로에는 교통량이 많은 쪽으로 차로의 수가 확대될 수 있도록 신호기에 의해 차로의 진행 방향을 지시하는 가변차로를 설치할 수 있다.

참고 **어린이 보호구역과 노인 및 장애인 보호구역**

어린이 보호구역	시장 등은 교통사고의 위험으로부터 어린이를 보호하기 위해 필요하다고 인정하는 경우에는 아래 시설의 주변 도로 가운데 일정 구간을 어린이 보호구역으로 지정하여 자동차 등의 통행 속도를 시속 30킬로미터 이내로 제한할 수 있다. 1. 「유아교육법」 제2조에 따른 유치원, 「초·중등교육법」 제38조 및 제55조에 따른 초등학교 또는 특수학교 2. 「영유아보육법」 제10조에 따른 어린이집 가운데 안전행정부령으로 정하는 어린이집 3. 「학원의 설립·운영 및 과외교습에 관한 법률」 제2조에 따른 학원 가운데 안전행정부령으로 정하는 학원
노인 및 장애인 보호구역	시장 등은 아래와 같이 교통사고의 위험으로부터 노인 또는 장애인을 보호하기 위해 필요하다고 인정하는 경우 시설의 주변도로 가운데 일정 구간을 노인 보호구역으로, 시설의 주변 도로 가운데 일정 구간을 장애인 보호구역으로 각각 지정하여 차마의 통행을 제한하거나 금지하는 등 필요한 조치를 할 수 있다. 1. 「노인복지법」 제31조에 따른 노인복지시설 중 안전행정부령으로 정하는 시설 2. 「자연공원법」 제2조 제1호에 따른 자연공원 또는 「도시공원 및 녹지 등에 관한 법률」 제2조 제3호에 따른 도시공원 3. 「체육시설의 설치·이용에 관한 법률」 제6조에 따른 생활체육시설과 그 밖에 노인이 자주 왕래하는 곳으로서 조례로 정하는 시설 4. 「장애인복지법」 제58조에 따른 장애인복지시설 중 안전행정부령으로 정하는 시설

⑤ 경찰공무원의 교통규제

경찰공무원은 일반도로의 파손이나 화재의 발생, 고속도로 또는 자동차 전용도로의 파손이나 교통사고의 발생 그 밖의 사정으로 도로에서의 위험 방지를 위해 긴급한 필요가 있는 경우에는 필요한 한도 내에서 차마의 통행을 일시 금지하거나 제한할 수 있으며, 보행자나 차마의 교통 혼잡 완화를 위한 조치를 취할 수 있다.

또한 경찰공무원은 신호기가 표시하는 신호에 관계 없이 그와 다른 의미를 표시하는 수신호를 할 수 있으며, 주의 의무를 위반한 운전자에 대해 위험 방지를 위한 운전 금지 등의 조치를 취할 수 있다.

참고 **경찰공무원을 보조하는 자**

- 무사고 운전자 또는 유공 운전자의 표시장을 받거나 2년 이상 사업용 자동차 운전에 종사하면서 교통사고를 일으킨 전력이 없는 사람으로서 경찰청장이 정하는 바에 따라 선발되어 교통안전 봉사활동에 종사하는 모범 운전자
- 군사훈련 및 작전에 동원되는 부대의 이동을 유도하는 헌병

4 교통지도 단속

1) 의의

교통지도 단속이란 도로에서의 위험을 방지하고 교통의 안전과 원활을 도모하기 위해 교통법규 위반자를 감시·예방·경고·주의, 그리고 필요에 따라 적발·검거하는 경찰활동을 말하며, 교통경찰활동의 중요한 분야를 차지하고 있다(경찰대학, 2004a: 215).

2) 기능

교통지도 단속의 기능으로는 ① 규칙의 이해와 안전행동의 교시, ② 위반행위의 억지, ③ 위반행위의 진압, ④ 위반행위에 대한 법적 제재 조치의 실현, ⑤ 국민과 경찰 간의 연대 의식 강화 등이 있다.

3) 교통지도 단속의 기본 자세와 유의 사항

(1) 기본 자세

① 합법성

각종 법령을 정확하게 이해하고 적용해야 한다.

② 합리성

경찰활동의 수단과 방법이 객관적인 위반행위의 발견이어야 하고, 또한 합리적이고 신속한 조치여야 한다.

③ **타당성**

각종 업무에 인권 침해나 과잉 단속이 없도록 사회 상규에 비추어 타당해야 한다.

(2) 유의 사항

① **위반행위 선별의 적정성**

위반행위를 적발할 경우 무계획적으로 모든 위반을 같은 정도로 단속 대상으로 하는 것은 바람직하지 못하고, 그 장소·시간에서 교통사고 발생 상황이나 교통 정체 등의 원인을 분석하여 탄력적으로 위반행위를 적발해야 한다.

② **적절한 언어와 태도**

교통법규 위반자는 행정범으로서 흔히 죄의식이 희박한 경우가 많으므로 현장에서 교통경찰관의 잘못 구사된 언어는 흔히 시비의 원인이 되기도 한다. 그러므로 항상 적절한 언어와 공평·엄정한 태도로 단속에 임해야 한다.

③ **단속의 신속성**

위반행위의 처리는 정확하고 신속하게 이루어져야 한다. 즉, 교통경찰관이 처벌할 것인가, 현장주의로 그칠 것인가를 신속히 판단하여 위반행위 적발에서 발차 지시까지 최소 시간으로 처리되도록 해야 한다(신현기 외, 2006: 484-485).

(3) 지도·단속의 구체적 요령

① 교통법규 위반자를 지도·단속하는 때에는 다음 각호를 준수해야 한다.
   ㉠ 명백한 위반 사실 확인 후 안전 장소로 유도
   ㉡ 경례 후 소속과 계급, 성명을 말하면서 인사
   ㉢ 위반 내용과 적용 법규 설명 후 정중히 면허증 제시 요구
   ㉣ 통고 처분 후 이의신청 절차 안내
   ㉤ 경례와 함께 간단한 인사말

② 교통법규 위반자를 단속하는 때에는 그 운전자가 소지한 면허증과 본인과의 일치 여부, 소지한 운전면허의 취소 또는 효력이 정지되었는지 등의 여부를 명확히 확인·대조하는 등 필요한 조치를 하는 데 최선의 노력을 해야 한다.

③ 교통법규 위반 차량을 유도 정차한 때에는 운전석 바로 옆 또는 그 차량의 좌측 1보 위에서 단속을 해야 한다.

④ 교통법규 위반행위가 모호하여 상호 시비가 예상되는 경우에는 단속을 지양하고 당사자가 수긍할 수 있는 명백한 때에만 단속해야 한다.

⑤ 교통법규 위반 단속은 경쟁적 실적 위주의 단속을 금지하고 교통 소통 및 사고 예방을 위한 질적 단속을 원칙으로 한다.

⑥ 교통법규 위반 단속자에게 건수를 할당해서는 아니 된다.

⑦ 음주 운전자 단속 요령

- 음주운전 혐의가 없는 차량은 신속히 통과시켜 국민 불편을 최소화해야 한다.
- 음주운전 용의 차량은 정지시켜 창문을 열게 하고 경례 후 소속과 이름을 밝혀야 한다.
- 음주감지기에 의해 음주 사실이 감지된 경우 도로변으로 이동시켜 주취 여부를 측정해야 한다.
- 음주 측정 거부 시는 10분 간격으로 3회 이상 불응에 따른 처벌 내용을 고지해야 한다. 음주자가 측정을 거부하여 '측정 거부'로 주취 운전자 적발 보고를 작성한 이후에는 해당 운전자가 음주 측정을 요구하더라도 측정해서는 안 된다.
- 측정지수에 이의를 제기하면 채혈 감정할 수 있음을 고지해야 한다.
- 측정 결과 단속 대상이 되면(혈중 알코올 농도 0.05% 이상) 주취 운전자 적발보고서를 작성하며, 미란다 원칙을 고지하는 등 적정 절차에 따라 처리해야 한다.

(4) 중점 단속 대상

① 교통지도 단속활동의 내용에는 지도 및 경고, 교통법규 위반자의 제

지・검거 및 교통 흐름의 정리, 그리고 각종 보호・원조활동 등이 있으나, 교통지도 단속의 핵심은 교통법규의 준수를 강제하는 교통법규 위반자의 제지와 검거활동이다.

② 교통지도 단속의 대표적인 것으로는 1. 신호기가 표시하는 신호 또는 교통정리를 하는 경찰공무원 등의 신호를 위반하거나 통행 금지 또는 일시정지를 내용으로 하는 안전표지가 표시하는 지시를 위반하여 운전한 경우, 2. 중앙선을 침범하거나 불법 횡단, 유턴 또는 후진한 경우, 3. 제한 속도를 시속 20킬로미터 초과하여 운전한 경우, 4. 앞지르기의 방법・금지 시기・금지 장소 또는 끼어들기의 금지를 위반하거나 고속도로에서의 앞지르기 방법을 위반하여 운전한 경우, 5. 철길 건널목 통과 방법을 위반하여 운전한 경우, 6. 횡단보도에서의 보행자 보호 의무를 위반하여 운전한 경우, 7. 운전면허 또는 건설기계 조종사 면허를 받지 아니하거나 국제 운전면허증을 소지하지 아니하고 운전한 경우, 8. 술에 취한 상태에서 운전을 하거나 약물의 영향으로 정상적으로 운전하지 못할 우려가 있는 상태에서 운전한 경우, 9. 보도(步道)가 설치된 도로의 보도를 침범하거나 보도 횡단 방법을 위반하여 운전한 경우, 10. 승객의 추락 방지 의무를 위반하여 운전한 경우, 11. 어린이 보호구역에서 어린이의 안전에 유의하면서 운전해야 할 의무를 위반하여 어린이의 신체를 상해(傷害)에 이르게 한 경우 등 교통사고처리특례법에서 규정하고 있는 특례예외 단서 11개항이다.

(5) 교통법규 위반자에 대한 제재: 범칙금 통고 처분

① 의의

범칙금 통고처분제도란 경미한 교통법규 위반자에 대해 경찰관이 직접 위반 장소에서 위반자에게 범칙금을 납부할 것을 통고하여 범칙금을 납부할 것을 명하고 운전을 계속하게 하는 제도를 말한다. 이는 경미한 위반자에 대해 일일이 즉심에 회부하는 복잡성을 피하고 범칙금 통고서를 발부하여 업무를 신속・간편하게 처리하여 법규 위반 운전자가 즉결심판을 받은 것과 동일한 효과를 부여하여 사무 처리의 능률과 운전자의 부담을 경감시켜 주려는 제도이다.

② **통고처분권자**

경찰서장은 범칙자로 인정되는 사람에 대해 그 이유를 명시한 범칙금납부통고서로 범칙금을 납부할 것을 통고할 수 있다. 다만 다음의 경우에는 범칙자이지만 통고 처분을 할 수 없고 즉결심판 대상이 된다.

㉠ 성명 또는 주소가 확실하지 아니한 사람

㉡ 달아날 염려가 있는 사람

㉢ 범칙금 납부통고서 받기를 거부한 사람

참고 **범칙행위와 범칙자**

㉠ 범칙행위

범칙행위라 함은 도로교통법 제156조 또는 제157조의 죄에 해당하는 교통법규를 위반하는 행위 즉 20만 원 이하의 벌금이나 구류 · 과료의 형에 해당하는 행위를 말한다.

㉡ 범칙자

범칙자란 범칙행위를 한 사람으로서 다음 각 호의 어느 하나에 해당하지 아니하는 사람을 말한다.

1. 범칙행위 당시 도로교통법 제92조 제1항에 따른 운전면허증 등 또는 이를 갈음하는 증명서를 제시하지 못하거나 경찰공무원의 운전자 신원 및 운전면허 확인을 위한 질문에 응하지 아니한 운전자
2. 범칙행위로 교통사고를 일으킨 사람. 다만, 「교통사고처리 특례법」 제3조 제2항 및 제4조에 따라 업무상 과실치상죄 · 중과실치상죄 또는 이 법 제151조의 죄에 대한 벌을 받지 아니하게 된 사람은 제외한다.

③ **범칙금**

가. 의의

범칙금이라 함은 범칙자가 통고처분의 규정에 의한 통고 처분에 의해 국고(國庫) 또는 제주특별자치도의 금고에 내야 할 금전을 말하며, 범칙금의 액수는 범칙행위의 종류 및 차종(車種) 등에 따라 대통령령으로 정한다.

나. 납부 기간

㉠ 통고 처분의 규정에 의해 범칙금 납부통고서를 받은 사람은 경찰청장이 지정하는 국고은행, 지점, 대리점, 우체국 또는 제주특별자치도지

사가 지정하는 금융회사 등이나 그 지점에 범칙금을 내야 한다.

㉡ 다만, 천재지변 그 밖의 부득이한 사유로 말미암아 그 기간 내에 범칙금을 납부할 수 없는 때에는 그 부득이한 사유가 없어지게 된 날로부터 5일 이내에 납부해야 한다.

㉢ 납부 기간 내에 범칙금을 납부하지 않는 사람은 납부 기간이 경과한 날로부터 20일 이내에 통고받은 범칙금에 100분의 20을 더한 금액을 납부해야 한다.

㉣ 통고 당일은 산정치 않으며 그 익일부터 기산한다. 납부 최종일이 공휴일인 때는 그 다음날로 하고 공휴일이 다음날 2일 거듭되는 날도 또한 같다.

④ 통고 처분의 효과

범칙자에 대해 통고 처분을 이행할 것을 강제할 수 없으며 통고 처분의 이행 여부는 순전히 범칙자의 의사에 달려 있다. 그러나 범칙자가 통고 처분의 내용대로 범칙금을 납부하게 되면 당해 범칙행위에 대해 다시 처벌받지 아니한다. 범칙자가 이에 복종하지 않는 경우 통고 처분은 효력을 상실하고 보통의 형사절차로 이행하게 된다.

⑤ 통고 처분 불이행자 등의 처리

가. 즉결심판에의 회부

경찰서장은 통고처분 대상자가 납부 기일 만료일부터 30일 이내에 범칙금을 납부하지 않으면 즉결심판에 회부해야 한다. 다만, 즉결심판이 청구된 피고인이 즉결심판의 선고 전까지 통고받은 범칙 금액에 100분의 50을 더한 금액을 내고 납부를 증명하는 서류를 제출하면 경찰서장은 피고인에 대한 즉결심판 청구를 취소해야 한다. 즉결심판의 결과에 불복이 있는 사람은 7일 이내에 정식재판을 청구할 수 있다.

나. 운전면허 정지처분

경찰서장은 통고 처분 불이행자에 대해 범칙금 납부 기간 만료일부터 10일 이내에 즉결심판 출석일 등을 알리는 즉결심판출석통지서를 우편 발송하여 즉결심판(불출석 심판청구 포함)을 최고하고, 출석 최고에도 불구하고 불출석하는 경우에는 즉결심판출석 최고장의 즉결심판 출석 일시에 즉결심판을 청구하고 운전면허 정지처분 40일을 해야 한다.

과태료 부과

㉠ 과태료 부과처분
사진 · 비디오 기타 영상매체에 위반 사실이 입증되나 운전자가 밝혀지지 않은 경우에는 위반 차량의 소유주 또는 위반 차량 운전자의 고용주 등에게 과태료를 부과한다.
㉡ 예외: 다음 각호의 1에 해당하는 경우에는 과태료 처분을 하지 아니한다.

- 위규 차량이 도난당한 경우
- 운전자가 당해 위반행위로 통고처분을 받았거나 도로교통법에 의해 처벌을 받은 경우
- 의견 진술 결과 위반행위를 한 운전자가 밝혀진 경우
- 위규 차량이 여객자동차운수사업법에 의한 자동차 대여사업자가 대여한 자동차로서 자동차만을 임대한 것이 명백한 경우
- 범죄의 예방, 진압 기타 긴급한 사건, 사고의 조사를 위한 경우
- 응급환자의 수송 또는 치료를 위한 경우
- 화재 · 수해 · 재해 등의 구난작업을 위한 경우
- 장애인복지법의 규정에 의한 장애인의 승 · 하차를 돕는 경우
- 기타 부득이한 사유라고 인정할 만한 상당한 이유가 있을 경우

5 운전면허

1) 운전면허의 의의

운전면허라 함은 자동차 등을 운전함에 따라 발생할 수 있는 도로상의 위험을 방지하기 위해 일반적으로 금지하고 있는 운전행위를 면허시험에 합격한 특정인에 한해 해제하여 적법하게 운전할 수 있도록 허가해 주는 제도를 말한다.

자동차 등을 운전하려는 사람은 지방경찰청장으로부터 운전면허를 받아야 한다. 다만, 원동기를 단 차 중 「교통 약자의 이동 편의 증진법」 제2조 제1호에 따른 교통 약자가 최고 속도 시속 20킬로미터 이하로만 운행될 수 있는 차를 운전하는 경우에는 그러하지 아니하다

2) 운전면허의 발급권자: 지방경찰청장

자동차 등을 운전하고자 하는 사람은 지방경찰청장으로부터 운전면허를 받아야 한다. 지방경찰청장은 운전면허를 받을 사람의 신체 상태 또는 운전 능력에 따라 안전행정부령이 정하는 바에 따라 운전할 수 있는 자동차 등의 구조를 한정하는 등 운전면허에 필요한 조건을 붙일 수 있다.

3) 운전면허증의 교부 및 효력 발생 시기: 본인 또는 그 대리인에게 교부한 때

운전면허를 받고자 하는 사람은 운전면허시험에 합격해야 하며 그 합격한 자에 대해서는 안전행정부령이 정하는 바에 따라 운전면허증을 교부한다. 운전면허의 효력은 운전면허증을 본인 또는 그 대리인에게 교부한 때부터 발생한다.

4) 운전면허의 결격 사유

(1) 18세 미만(원동기장치 자전거의 경우에는 16세 미만)인 사람
(2) 교통상의 위험과 장해를 일으킬 수 있는 정신질환자 또는 간질환자(癎疾患者)로서 대통령령으로 정하는 사람
(3) 듣지 못하는 사람(제1종 운전면허 중 대형면허·특수면허만 해당한다), 앞을 보지 못하는 사람이나 그 밖에 대통령령으로 정하는 신체장애인
(4) 양쪽 팔의 팔꿈치 관절 이상을 잃은 사람이나 양쪽 팔을 전혀 쓸 수 없는 사람. 다만, 본인의 신체장애 정도에 적합하게 제작된 자동차를 이용하여 정상적인 운전을 할 수 있는 경우에는 그러하지 아니하다.
(5) 교통상의 위험과 장해를 일으킬 수 있는 마약·대마·향정신성 의약품 또는 알코올 중독자로서 대통령령으로 정하는 사람
(6) 제1종 대형면허 또는 제1종 특수면허를 받으려는 경우로서 19세 미만이거나 자동차(이륜자동차는 제외한다)의 운전 경험이 1년 미만인 사람

5) 운전면허의 구분

운전면허		운전할 수 있는 차량
종별	구분	
제1종	대형면허	○승용자동차 ○승합자동차 ○화물자동차 ○긴급자동차 ○건설기계 - 덤프트럭, 아스팔트 살포기, 노상안정기 - 콘크리트 믹서트럭, 콘크리트펌프, 천공기(트럭 적재식) - 콘크리트 믹서트레일러, 아스팔트콘크리트재생기 - 도로보수트럭, 3톤 미만의 지게차 ○특수자동차(트레일러 및 레커는 제외한다) ○원동기장치자전거
	보통면허	○승용자동차 ○승차 정원 15인 이하의 승합자동차 ○승차 정원 12인 이하의 긴급자동차(승용 및 승합자동차에 한정한다) ○적재 중량 12톤 미만의 화물자동차 ○건설기계(도로를 운행하는 3톤 미만의 지게차에 한정한다) ○총중량 10톤 미만의 특수자동차(트레일러 및 레커는 제외한다) ○원동기장치 자전거
	소형면허	○3륜화물자동차 ○3륜승용자동차 ○원동기장치자전거
	특수면허	○트레일러 ○레커 ○제2종 보통면허로 운전할 수 있는 차량
제2종	보통면허	○승용자동차 ○승차 정원 10인 이하의 승합자동차 ○적재 중량 4톤 이하의 화물자동차 ○총중량 3.5톤 이하의 특수자동차(트레일러 및 레커는 제외한다) ○원동기장치 자전거
	소형면허	○이륜자동차(측차부를 포함한다) ○원동기장치 자전거
	원동기장치 자전거면허	○원동기장치 자전거
연습면허	제1종 보통	○승용자동차 ○승차 정원 15인 이하의 승합자동차 ○적재 중량 12톤 미만의 화물자동차
	제2종 보통	○승용자동차 ○승차 정원 10인 이하의 승합자동차 ○적재 중량 4톤 이하의 화물자동차

6) 운전면허증의 반납

다음과 같은 사유 발생 시 7일 이내에 주소지 관할 지방경찰청장에게 운전면허증을 반납해야 한다.

(1) 운전면허 취소처분을 받은 경우
(2) 운전면허 효력 정지처분을 받은 경우
(3) 운전면허증을 잃어버리고 다시 발급받은 후 그 잃어버린 운전면허증을 찾은 경우
(4) 연습운전면허증을 받은 사람이 제1종 보통면허증 또는 제2종 보통면허증을 받은 경우
(5) 운전면허증 갱신을 받은 경우

7) 연습운전면허

연습운전면허는 그 면허를 받은 날부터 1년간 효력을 가진다. 다만, 그 이전이라도 연습운전면허를 받은 사람이 제1종 보통면허 또는 제2종 보통면허를 받은 경우에는 연습운전면허의 효력이 상실된다.

8) 국제 운전면허증

(1) 국제 운전면허증의 교부 등

운전면허를 받은 사람이 국외에서 운전하기 위해 국제협약에 의한 국제 운전면허증을 교부받고자 하는 때에는 지방경찰청장에게 신청해야 한다. 국제 운전면허증의 유효 기간은 교부받은 날로부터 1년으로 한다.

국제 운전면허증은 이를 교부받은 사람의 국내 운전면허의 효력이 없어지거나 취소된 때에는 그 효력도 없어진다. 또한 국제 운전면허증은 이를 교부받은 사람의 국내 운전면허의 효력이 정지된 때에는 그 정지 기간 중 효력이 정지된다. 국내 운전면허를 받은 사람 중에서 원동기장치 자전거 및 연습운전면허를 받은 사람은 국제 운전면허증을 교부받을 수 없다.

(2) 국제 운전면허증에 의한 자동차 등의 운전

국제 운전면허증을 외국에서 발급받은 사람은 입국한 날로부터 1년의 기한에 한해 국내에서 그 국제 운전면허증으로 자동차 등을 운전할 수 있다. 이 경우에 운전할 수 있는 차종은 그 국제 운전면허증에 기재된 것에 한한다.

국제 운전면허를 외국에서 발급 받은 사람은 여객자동차운수사업법 또는 화물자동차운수사업법에 의한 사업용 자동차를 운전할 수 없다. 다만, 여객자동차운수사업법에 의한 대여사업용 자동차를 임차하여 운전하는 경우에는 그러하지 아니하다.

6 운전면허 행정처분(면허의 취소 · 정지)

1) 의의

운전면허 행정처분이란 교통법규 위반자 또는 교통사고를 야기한 자에 대해 더 이상 교통 관여를 억제하여 교통상의 위험을 예방하는 수단으로서 운전면허의 취소와 효력정지처분을 내리는 것을 말한다. 다만 연습운전면허 소지자에 대해서는 벌점과 면허정지처분은 적용되지 않고 면허취소처분만 적용된다.

2) 운전면허의 취소 · 정지 사유

(1) 운전면허 취소처분 개별 기준(도로교통법 시행규칙 별표 28)

번호	위반 사항	내용
1	교통사고를 일으키고 구호조치를 하지 아니한 때	○교통사고로 사람을 죽게 하거나 다치게 하고, 구호 조치를 하지 아니한 때
2	술에 취한 상태에서 운전한 때	○술에 취한 상태의 기준(혈중 알코올 농도 0.05퍼센트 이상)을 넘어 운전을 하다가 교통사고로 사람을 죽게 하거나 다치게 한 때 ○술에 만취한 상태(혈중 알코올 농도 0.1퍼센트 이상)에서 운전한 때 ○2회 이상 술에 취한 상태의 기준을 넘어 운전하거나 술에 취한 상태의 측정에 불응한 사람이 다시 술에 취한 상태(혈중 알코올 농도 0.05퍼센트 이상)에서 운전한 때

3	술에 취한 상태의 측정에 불응한 때	○술에 취한 상태에서 운전하거나 술에 취한 상태에서 운전했다고 인정할 만한 상당한 이유가 있음에도 불구하고 경찰공무원의 측정 요구에 불응한 때
4	다른 사람에게 운전면허증 대여(도난, 분실 제외)	○면허증 소지자가 다른 사람에게 면허증을 대여하여 운전하게 한 때 ○면허 취득자가 다른 사람의 면허증을 대여받거나 그 밖에 부정한 방법으로 입수한 면허증으로 운전한 때
5	결격 사유에 해당	○교통상의 위험과 장해를 일으킬 수 있는 정신질환자 또는 간질병자로서 영 제42조 제1항에 해당하는 사람 ○앞을 보지 못하는 사람, 듣지 못하는 사람(제1종 면허에 한한다) ○양 팔의 팔꿈치 관절 이상을 잃은 사람, 또는 양팔을 전혀 쓸 수 없는 사람. 다만, 본인의 신체장애 정도에 적합하게 제작된 자동차를 이용하여 정상적으로 운전할 수 있는 경우에는 그러하지 아니하다. ○다리, 머리, 척추 그 밖의 신체장애로 인해 앉아 있을 수 없는 사람 ○교통상의 위험과 장해를 일으킬 수 있는 마약, 대마, 향정신성 의약품 또는 알코올 중독자로서 영 제42조 제3항에 해당하는 사람
6	약물을 사용한 상태에서 자동차 등을 운전한 때	○약물(마약·대마·향정신성 의약품 및 「유해화학물질 관리법 시행령」 제26조에 따른 환각물질)의 투약·흡연·섭취·주사 등으로 정상적인 운전을 하지 못할 염려가 있는 상태에서 자동차 등을 운전한 때
6의2	공동위험행위	○법 제46조 제1항을 위반하여 공동 위험행위로 구속된 때
7	정기적성검사 불합격 또는 정기적성검사 기간 1년경과	○정기적성검사에 불합격하거나 적성검사 기간 만료일 다음 날부터 적성검사를 받지 아니하고 1년을 초과한 때
8	수시적성검사 불합격 또는 수시적성검사 기간 경과	○수시적성검사에 불합격하거나 수시적성검사 기간을 초과한 때
9	삭제 〈2011.12.9〉	
10	운전면허 행정처분 기간 중 운전행위	○운전면허 행정처분 기간 중에 운전한 때
11	허위 또는 부정한 수단으로 운전면허를 받은 경우	○허위·부정한 수단으로 운전면허를 받은 때 ○법 제82조에 따른 결격 사유에 해당하여 운전면허를 받을 자격이 없는 사람이 운전면허를 받은 때 ○운전면허 효력의 정지 기간 중에 면허증 또는 운전면허증에 갈음하는 증명서를 교부받은 사실이 드러난 때
12	등록 또는 임시운행 허가를 받지 아니한 자동차를 운전한 때	○「자동차관리법」에 따라 등록되지 아니하거나 임시운행 허가를 받지 아니한 자동차(이륜자동차를 제외한다)를 운전한 때
13	자동차 등을 이용하여 범죄행위를 한 때	○국가보안법을 위반한 범죄에 이용된 때 ○형법을 위반한 다음 범죄에 이용된 때 • 살인, 사체 유기, 방화 • 강도, 강간, 강제추행 • 약취·유인·감금

		• 상습절도(절취한 물건을 운반한 경우에 한한다) • 교통 방해(단체에 소속되거나 다수인에 포함되어 교통을 방해한 경우에 한한다)
14	다른 사람의 자동차 등을 훔치거나 빼앗은 때	○운전면허를 가진 사람이 자동차 등을 훔치거나 빼앗아 이를 운전한 때
15	다른 사람을 위해 운전면허시험에 응시한 때	○운전면허를 가진 사람이 다른 사람을 부정하게 합격시키기 위해 운전면허 시험에 응시한 때
16	운전자가 단속 경찰공무원 등에 대한 폭행	○단속하는 경찰공무원 등 및 시·군·구 공무원을 폭행하여 형사 입건된 때
17	연습면허 취소 사유가 있었던 경우	○제1종 보통 및 제2종 보통면허를 받기 이전에 연습면허의 취소 사유가 있었던 때(연습면허에 대한 취소절차 진행 중 제1종 보통 및 제2종 보통면허를 받은 경우를 포함한다)

(2) 운전면허 정지처분 개별 기준(도로교통법 시행규칙 별표 28)

위반 사항	벌점
1. 삭제 〈2011.12.9〉	
2. 술에 취한 상태의 기준을 넘어서 운전한 때(혈중 알코올 농도 0.05퍼센트 이상 0.1퍼센트 미만)	100
3. 속도 위반(60㎞/h 초과)	60
4. 정차·주차 위반에 대한 조치 불응(단체에 소속되거나 다수인에 포함되어 경찰공무원의 3회 이상의 이동명령에 따르지 아니하고 교통을 방해한 경우에 한한다) 4의2. 공동 위험행위로 형사 입건된 때 5. 안전운전 의무 위반(단체에 소속되거나 다수인에 포함되어 경찰공무원의 3회 이상의 안전운전 지시에 따르지 아니하고 타인에게 위험과 장해를 주는 속도나 방법으로 운전한 경우에 한한다) 6. 승객의 차내 소란행위 방치 운전 7. 출석 기간 또는 범칙금 납부 기간 만료일부터 60일이 경과될 때까지 즉결심판을 받지 아니한 때	40
8. 통행 구분 위반(중앙선 침범에 한함) 9. 속도 위반(40㎞/h 초과 60㎞/h 이하) 10. 철길건널목 통과 방법 위반 11. 고속도로·자동차 전용도로 갓길 통행 12. 고속도로 버스전용차로·다인승 전용차로 통행 위반 13. 운전면허증 등의 제시 의무 위반 또는 운전자 신원 확인을 위한 경찰공무원의 질문에 불응	30
14. 신호·지시 위반 15. 속도 위반(20㎞/h 초과 40㎞/h 이하) 15의2. 속도 위반(어린이보호구역 안에서 오전 8시부터 오후 8시까지 사이에 제한 속도를 20km/h 이내에서 초과한 경우에 한정한다) 16. 앞지르기 금지 시기·장소 위반 17. 운전 중 휴대용 전화 사용 18. 운행기록계 미설치 자동차 운전 금지 등의 위반 19. 어린이통학버스 운전자의 의무 위반	15

20. 통행구분 위반(보도 침범, 보도 횡단 방법 위반) 21. 지정차로 통행 위반(진로 변경 금지 장소에서의 진로 변경 포함) 22. 일반도로 전용차로 통행 위반 23. 안전거리 미확보(진로 변경 방법 위반 포함) 24. 앞지르기 방법 위반 25. 보행자 보호 불이행(정지선 위반 포함) 26. 승객 또는 승하차자 추락 방지 조치 위반 27. 안전운전 의무 위반 28. 노상 시비 · 다툼 등으로 차마의 통행 방해행위 29. 어린이 통학버스 특별보호 위반 30. 돌 · 유리병 · 쇳조각이나 그 밖에 도로에 있는 사람이나 차마를 손상시킬 우려가 있는 물건을 던지거나 발사하는 행위 31. 도로를 통행하고 있는 차마에서 밖으로 물건을 던지는 행위	10

3) 벌점 등 초과로 인한 운전면허의 취소 · 정지

(1) 벌점 · 누산 점수 초과로 인한 면허 취소

1회의 위반 · 사고로 인한 벌점 또는 연간 누산 점수가 다음 표의 벌점 또는 누산 점수에 도달한 때에는 그 운전면허를 취소한다

기간	벌점 또는 누산 점수
1년간	121점 이상
2년간	201점 이상
3년긴	271점 이상

(2) 벌점 · 처분 벌점 초과로 인한 면허정지

운전면허 정지처분은 1회의 위반 · 사고로 인한 벌점 또는 처분 벌점이 40점 이상이 된 때부터 결정하여 집행하되, 원칙적으로 1점을 1일로 계산하여 집행한다.

(3) 교통사고 야기 시 벌점 기준

① 사고 결과에 따른 벌점 기준(인적 피해교통사고)

	벌점	내용
사망 1명마다	90	사고 발생 시로부터 72시간 내에 사망한 때
중상 1명마다	15	3주 이상의 치료를 요하는 의사의 진단이 있는 사고

경상 1명마다	5	3주 미만 5일 이상의 치료를 요하는 의사의 진단이 있는 사고
부상 신고 1명마다	2	5일 미만의 치료를 요하는 의사의 진단이 있는 사고

② 교통사고 즉시 사상자를 구호하는 조치 등 불이행에 따른 벌점 기준

불이행 사항	적용 법조 (도로교통법)	벌점	내용
교통사고 야기 시 조치 불이행	제54조 제1항	15	1. 물적 피해가 발생한 교통사고를 일으킨 후 도주한 때 2. 교통사고를 일으킨 즉시(그때, 그 자리에서 곧) 사상자를 구호하는 등의 조치를 하지 않았거나 그 후 자진신고를 한 때
		30	고속도로, 특별시, 광역시 및 시의 관할 구역과 군(광역시의 군을 제외)의 관할구역 중 경찰관서가 위치하는 리 또는 동 지역에서 3시간(그 밖의 지역에서는 12시간) 이내에 자진신고를 한 때
		60	위의 벌점 30점에 해당하는 시간 후 48시간 이내에 자진신고를 한 때

한편, 교통사고 발생 원인이 불가항력이거나 피해자의 명백한 과실인 때에는 행정처분을 하지 아니한다. 또한 차 대 사람 교통사고의 경우 쌍방과실인 때에는 그 벌점을 1/2로 감경한다. 차 대 차 교통사고의 경우에는 그 사고 원인 중 중한 위반행위를 한 운전자만 적용하며, 교통사고로 인한 벌점 산정에서 처분받을 운전자 본인의 피해에 대해서는 벌점을 산정하지 아니한다.

(4) 벌점의 종합 관리

① 누산 점수의 관리

법규 위반 또는 교통사고로 인한 벌점은 행정처분 기준을 적용하고자 하는 당해 위반 또는 사고가 있었던 날을 기준으로 하여 과거 3년간의 모든 벌점을 누산하여 관리한다.

② 무위반 · 무사고 기간 경과로 인한 벌점 소멸

처분 벌점이 40점 미만인 경우에, 최종의 위반일 또는 사고일로부터 위반 및 사고 없이 1년이 경과한 때에는 그 처분 벌점은 소멸한다.

③ 도주 차량 신고에 따른 벌점 공제

교통사고(인적 피해사고)를 야기하고 도주한 차량을 검거하거나 신고하여 검거하게 한 운전자(교통사고의 피해자가 아닌 경우에 한한다)에 대해서는 40점의 특혜 점수를 부여하여 기간에 관계 없이 그 운전자가 정지 또는 취소처분을 받게 될 경우, 검거 또는 신고별로 각 1회에 한해 누산 점수에서 이를 공제한다.

④ 개별 기준 적용에서의 벌점 합산(법규 위반으로 교통사고를 야기한 경우)

법규 위반으로 교통사고를 야기한 경우에는 정지처분 개별 기준 중 다음의 각 벌점을 모두 합산한다.

가. 이 법이나 이 법에 의한 명령을 위반한 때(교통사고의 원인이 된 법규 위반이 둘 이상인 경우에는 그 중 가장 중한 것 하나만 적용한다.)

나. 교통사고를 일으킨 때: 사고 결과에 따른 벌점

다. 교통사고를 일으킨 때: 조치 등 불이행에 따른 벌점

참고 **용어 정리**

① 벌점: 행정처분의 기초 자료로 활용하기 위해 법규 위반 또는 사고 야기에 대해 그 위반의 경중, 피해의 정도 등에 따라 배점되는 점수를 말한다.

② 누산 점수: 위반·사고 시의 벌점을 누적하여 합산한 점수에서 상계치(무위반·무사고 기간 경과 시에 부여되는 점수 등)를 뺀 점수를 말한다. 다만, 제3호 가목의 7란에 의한 벌점은 누산 점수에 이를 산입하지 아니하되, 범칙금 미납 벌점을 받은 날을 기준으로 과거 3년간 2회 이상 범칙금을 납부하지 아니하여 벌점을 받은 사실이 있는 경우에는 누산 점수에 산입한다.

[누산 점수=매 위반·사고 시 벌점의 누적 합산치-상계치]

③ 처분 벌점: 구체적인 법규 위반·사고 야기에 대해 앞으로 정지처분 기준을 적용하는 데 필요한 벌점으로서, 누산 점수에서 이미 정지처분이 집행된 벌점의 합계치를 뺀 점수를 말한다.

처분 벌점=누산 점수-이미 처분이 집행된 벌점의 합계치
= 매 위반·사고 시 벌점의 누적 합산치 - 상계치
- 이미 처분이 집행된 벌점의 합계치

(5) 정지처분 집행 일수의 감경

① 특별교통안전교육에 따른 처분 벌점 및 정지처분 집행 일수의 감경

가. 처분 벌점이 40점 미만인 사람이 교통법규 교육을 마친 경우에는 경찰서장에게 교육필증을 제출한 날부터 처분 벌점에서 20점을 감경한다.

나. 면허정지처분을 받은 사람이 교통소양교육을 마친 경우에는 경찰서장에게 교육필증을 제출한 날부터 정지처분 기간에서 20일을 감경한다. 다만, 해당 위반행위에 대해 운전면허행정처분 이의심의위원회의 심의를 거치거나 행정심판 또는 행정소송을 통해 행정처분이 감경된 경우에는 정지처분 기간을 추가로 감경하지 아니하고, 정지처분이 감경된 때에 한정하여 누산 점수를 20점 감경한다.

다. 면허정지처분을 받은 사람이 교통소양교육을 마친 후에 교통참여교육을 마친 경우에는 경찰서장에게 교육필증을 제출한 날부터 정지처분 기간에서 30일을 추가로 감경한다. 다만, 해당 위반행위에 대해 운전면허행정처분 이의심의위원회의 심의를 거치거나 행정심판 또는 행정소송을 통해 행정처분이 감경된 경우에는 그러하지 아니하다.

② 모범 운전자에 대한 처분 집행일수 감경

모범 운전자(법 제146조에 따라 무사고 운전자 또는 유공 운전자의 표시장을 받은 사람으로서 교통안전 봉사활동에 종사하는 사람을 말한다.)에 대해서는 면허 정지처분의 집행 기간을 2분의 1로 감경한다. 다만, 처분 벌점에 교통사고 야기로 인한 벌점이 포함된 경우에는 감경하지 아니한다.

③ 정지처분 집행 일수의 계산에서 단수의 불산입 등

정지처분 집행 일수의 계산에 있어서 단수는 이를 산입하지 아니하며, 본래의 정지처분 기간과 가산 일수의 합계는 1년을 초과할 수 없다.

4) 행정처분의 철회

교통사고(법규 위반을 포함한다)가 법원의 판결로 무죄 확정(검사의 무혐의 불기소처분을 포함한다)된 경우에는 즉시 그 운전면허행정처분을 철

회한다. 이 경우 당해 사고 또는 위반으로 인한 벌점은 소멸한다.

5) 운전면허 행정처분 결과에 따른 운전면허시험의 응시 제한 기간

5년 제한	• 음주운전, 무면허, 약물 복용, 과로운전 중 사상사고 야기 후 구호 조치 없이 도주한 때
4년 제한	• 5년 제한 이외의 사유로 사상사고 야기 후 도주
3년 제한	• 음주운전으로 3회 이상 교통사고 야기 • 자동차 이용 범죄 행위자가 무면허 운전 또는 자동차 강·절취한 자가 무면허 운전
2년 제한	• 운전면허 결격자가 운전면허를 받거나 허위·부정한 수단으로 은전면허를 받거나, 정지 기간 중 운전면허증을 교부받은 때 • 운전면허 소지자가 자동차 등을 이용하여 범죄행위를 한 때 • 다른 사람의 자동차를 훔치거나 빼앗은 때 • 3회 이상의 음주운전 및 측정 거부로 운전면허가 취소된 때 • 무면허 운전 금지규정(정지 기간 중 운전 포함) 3회 이상 위반하여 단속된 경우
1년 제한	• 2년 제한 이외의 사유로 면허 취소된 자, 일반 무면허 운전(1~2회)
6개월 제한	• 원동기장치 자전거 재취득 금지 기간
면허시험에 바로 응시 가능한 경우	• 적성검사 또는 면허 갱신 미필자, 2종에 응시하는 1종 면허 적성검사 불합격자

7 교통사고의 처리

1) 교통사고의 개념(도로교통법, 교통사고처리지침)

도로상에서 차의 교통으로 인해 사람을 사상하거나 물건을 손괴한 것을 말한다(최협의의 교통사고).

2) 교통사고의 구성 요건(도로교통법)

(1) 도로에서 발생한 사고

도로에시 발생한 사고여야 하므로 도로 이외의 장소, 예컨대 자동치교습소, 경기장, 역구내 등에서 발생한 사고는 교통사고라고 할 수 없다.

참고 교통사고처리특례법상의 교통사고(협의의 교통사고)

차의 교통으로 인해 사람을 사상하거나 물건을 손괴하는 것을 말한다. '차'의 교통으로 인한 사고이면 도로가 아닌 곳에서의 사고도 교통사고에 포함된다. 통상 교통경찰이 처리하는 교통사고란 협의의 교통사고이다.

(2) 차에 의한 사고

차라 함은 도로교통법 제2조에서 자동차·건설기계·원동기장치 자전거·자전거 또는 사람의 힘, 가축의 힘, 그 밖의 동력에 의해 도로에서 운전되는 것으로 규정하고 있다. 따라서 전동차 등 궤도차와 케이블카, 소아용의 자전거(예를 들어 세발자전거), 유모차 그리고 신체장애자용의 휠체어 등은 차에 해당하지 아니한다.

(3) 교통으로 인해 발생한 사고

교통이라 함은 차의 운전을 말하는데, 이는 사람의 왕래나 화물의 운반을 위한 운행을 뜻하는 것으로서 차를 본래의 사용 방법에 따라 사용하는 것을 말하며 조종을 포함한다.

이는 직접적인 차의 운행뿐 아니라 차의 운행과 밀접하게 관련된 부수적인 행위(예: 일시정지)를 포함하며, 차체에 의해 발생한 경우뿐만 아니라 차량에 적재된 화물 등 차량과 밀접하게 연결된 부위에 의해 발생된 경우를 포함한다.

(4) 피해의 결과 발생

타인의 신체·생명·재산에 대한 피해의 결과가 발생해야 교통사고로 되며, 피해가 없을 시에는 교통법규 위반의 문제일 뿐 교통사고는 아니다. 이때의 피해는 타인의 피해를 말하며 자기 자신의 피해는 해당되지 않는다.

(5) 업무상 과실이 있을 것

교통사고는 기본적으로 과실과 고의가 결합된 특정범죄가중처벌 등에 관한 법률 위반(도주 차량)의 경우를 제외하고는 과실범이고 결과범이므로, 교통사고 조사 시에는 운전자의 과실을 명백히 가리고 피해 발생 여부 및 정도를 조사하는 것이 반드시 필요하다.

3) 교통사고의 특성

(1) 우발성

교통사고는 과실에 의한 것이 보통이기 때문에 언제, 어디서 발생할지 예측이 곤란한 우발적인 사고이다. 차를 이용해 고의로 범한 범행은 교통사고라고 할 수 없고 교통사고를 가장한 살인과 같이 별도의 죄를 구성한다.

(2) 현장 보존의 곤란성

교통이 빈번한 장소에서 우발적으로 발생되므로 현장이 변경되기 쉽고 교통 소통을 위해 현장을 계속적으로 보존하기가 곤란하다.

(3) 증거 확보의 곤란성

자동차 교통은 고속화하고 있고 범인과 목격자·참고인 등은 유동성이 있어 인적 증거 확보가 곤란한 데다가 사고 현장에 유류된 물적 증거 자료 역시 혼잡과 교통의 흐름으로 인해 멸실됨으로써 그 자료 수집이 곤란하게 된다(신현기 외, 2006: 501).

(4) 교통사고 조사의 목적

교통사고의 조사는 다음의 목적을 달성하기 위해 실시한다.

① 부상자의 신속한 구호 및 사체의 처리

② 사고 확대 방지와 교통 소통의 회복

③ 사고 방지 대책을 위한 정확한 원인 조사

④ 형사책임의 규명(증거 수집 및 보전활동 등)

⑤ 교통 법령 위반에 대한 행정조치(운전면허의 취소·정지 등)

⑥ 기타 사고에 관한 자료의 수집 등

(5) 교통사고 처리 기준(교통사고처리지침 제21조)

① 치사사고

교통사고처리특례법 제3조 1항을 적용하여 형사 입건 처리한다.

② 치상사고

가. 피해자의 불벌 의사가 있을 때, 즉 합의가 되었을 때에는 교통사고처

리특례법 제3조 2항을 적용하여 '공소권 없음'으로 처리하되, 그 원인 행위만 도로교통법 해당 법조를 적용 통상 처리한다.

나. 피해자의 불벌 의사가 없을 때, 즉 합의 불성립 시에는 교통사고처리특례법 제3조 1항을 적용하여 형사 입건 처리한다(공소권 있음).

다. 사고의 원인행위가 교통사고처리특례법 제3조 2항 단서의 도주 또는 11개 항목에 해당하면 피해자의 의사와 관계 없이, 즉 합의 여부를 불구하고 동법 제3조 1항에 의해 형사 입건 처리한다(공소권 있음).

교통사고처리특례법상 중요 법규 위반 11개 항목

1. 「도로교통법」 제5조에 따른 신호기가 표시하는 신호 또는 교통정리를 하는 경찰공무원 등의 신호를 위반하거나 통행 금지 또는 일시 정지를 내용으로 하는 안전표지가 표시하는 지시를 위반하여 운전한 경우
2. 「도로교통법」 제13조 제3항을 위반하여 중앙선을 침범하거나 같은 법 제62조를 위반하여 횡단, 유턴 또는 후진한 경우
3. 「도로교통법」 제17조 제1항 또는 제2항에 따른 제한 속도를 시속 20킬로미터 초과하여 운전한 경우
4. 「도로교통법」 제21조 제1항, 제22조, 제23조에 따른 앞지르기의 방법 · 금지 시기 · 금지 장소 또는 끼어들기의 금지를 위반하거나 같은 법 제60조 제2항에 따른 고속도로에서의 앞지르기 방법을 위반하여 운전한 경우
5. 「도로교통법」 제24조에 따른 철길건널목 통과 방법을 위반하여 운전한 경우
6. 「도로교통법」 제27조 제1항에 따른 횡단보도에서의 보행자 보호 의무를 위반하여 운전한 경우
7. 「도로교통법」 제43조, 「건설기계관리법」 제26조 또는 「도로교통법」 제96조를 위반하여 운전면허 또는 건설기계조종사 면허를 받지 아니하거나 국제 운전면허증을 소지하지 아니하고 운전한 경우. 이 경우 운전면허 또는 건설기계조종사 면허의 효력이 정지 중이거나 운전의 금지 중인 때에는 운전면허 또는 건설기계조종사 면허를 받지 아니하거나 국제 운전면허증을 소지하지 아니한 것으로 본다.
8. 「도로교통법」 제44조 제1항을 위반하여 술에 취한 상태에서 운전을 하거나 같은 법 제45조를 위반하여 약물의 영향으로 정상적으로 운전하지 못할 우려가 있는 상태에서 운전한 경우
9. 「도로교통법」 제13조 제1항을 위반하여 보도(步道)가 설치된 도로의 보도를 침범하거나 같은 법 제13조 제2항에 따른 보도 횡단 방법을 위반하여 운전한 경우
10. 「도로교통법」 제39조 제2항에 따른 승객의 추락 방지 의무를 위반하여 운전한 경우
11. 「도로교통법」 제12조 제3항에 따른 어린이 보호구역에서 같은 조 제1항에 따른 조치를 준수하고 어린이의 안전에 유의하면서 운전해야 할 의무를 위반하여 어린이의 신체를 상해(傷害)에 이르게 한 경우

③ 물피사고

가. 피해 액수에 제한 없이 합의되거나 종합보험 또는 공제에 가입된 경

우는 교통사고처리대장에 등재하는 것으로 처리 절차를 종결하고 형사 입건하지 않는다.

나. 피해자의 불벌 의사가 없을 때, 즉 합의 불성립 시에는 형사 입건 처리한다. 다만 피해액이 20만 원 미만일 경우에는 즉심 회부 처리한다.

다. 피해자의 불벌 의사가 있을 때, '공소권 없음'으로 처리하되 그 원인행위만 도로교통법 해당 법조를 적용하여 통상 처리한다.

④ 보험 또는 공제에 가입한 경우

가. 가해자(차량)가 교통사고(치상, 물피)로 인한 피해를 전액 보상할 수 있는 보험 또는 공제에 가입한 때에는 교통사고처리특례법 제4조 1항에 의해 '공소권 없음'으로 처리하되, 그 원인행위만 도로교통법 해당 법조를 적용 통상 처리한다.

나. 다만, 치상사고의 원인행위가 교통사고처리특례법 제3조 2항 단서의 내용에 해당될 때에는 보험 등에 가입되었더라도 형사 입건 처리해야 한다.

⑤ 교통사고 야기 후 도주했다가 검거된 경우

가. 인명 피해 사고일 때에는 특정범죄 가중 처벌 등에 관한 법률 제5조의3을 적용, 형사 입건 처리한다. 인피사고 야기 후 도주한 경우에는 면허가 취소되며, 자수하면 면허정지처분을 받는다.

나. 단순 물적 피해사고인 때에는 형사 입건 처리한다. 물적 피해사고 야기 후 도주한 때 벌점은 15점이고 자수하더라도 감경제도는 없다.

⑥ 교통사고 야기 후 사후 조치는 했으나 신고하지 않는 경우

교통사고 야기 후 사상자 구호 등 사후 조치는 했으나 신고를 하지 않았을 때의 교통사고는 위의 기준에 따라 처리하되, 도로에서의 위험 방지와 원활한 소통을 위해 필요한 조치를 하지 아니한 때에는 적용, 형사 입건한다.

교통사고처리특례법상 중요 법규 위반 11개 항목 관련 판례와 이론

1. 신호 및 지시 위반
   (1) 운전자의 책임이 없는 신호기가 고장난 경우 일어난 사고나 현실적으로 통행의 금지 또는 일시정지를 하는 장소이지만 교통안전 표지판이 설치되어 있지 않은 장소에서 일어난 사고는 신호 또는 지시 위반으로 볼 수 없다.
   (2) 비보호 좌회전 신호에 따라 좌회전하다가 직진하던 상대 차량 또는 보행자와 충돌한 경우 신호 위반으로 의율한다(판례).
2. 중앙선 침범사고
   (1) 졸음운전, 제한 시속 초과운전 중 앞차와의 충돌을 피하기 위해 급차선 변경 혹은 정지 시 미끄러진 경우 등은 중대한 선행 과실이 있다고 보아 중앙선 침범으로 본다(판례).
   (2) 물 웅덩이를 피하기 위해 급차선을 변경하다 중앙선을 침범한 경우는 중앙선 침범사고에 해당한다(판례).
   (3) 노폭 6m 도로에의 빗길을 1톤 화물 차량이 빗길을 운행 중 20m앞 횡단보도 앞에 횡단하려고 서 있는 사람을 보고 급제동, 이때 좌측으로 미끄러져 중앙선을 침범 도로변에 서 있던 사람을 충돌했다면 운전자가 진행 차선에 나타난 장애물을 피하기 위해 다른 적절한 조치를 취할 겨를이 없었다고는 할 수 없으며 또 빗길이라 하더라도 과한 상태에서 급히 핸들을 꺾지 않는 한 단순한 급제동에 의해서는 운전자의 의사에 반해 차량이 진로를 이탈, 중앙선 반대편의 도로변을 덮칠 정도로 미끄러질 수 없는 것이어서 그 중앙선 침범이 운전자가 지배할 수 없는 외부적 여건으로 말미암아 어쩔 수 없었던 것이라고는 볼 수 없다. 따라서 중앙선 침범이다(판례).
   (4) 중앙선 침범행위가 교통사고의 직접적인 원인이 된 이상 사고 장소가 반드시 중앙선을 넘은 곳이라거나 마주 오던 차량이어야 하는 것은 아니다(판례).
3. 횡단보도에서의 보행자 보호 의무 위반
   (1) 횡단보도 바닥 페인트가 반쪽만 지워지고 한쪽은 식별할 수 있을 만큼 표시되어 있다면 횡단보도사고로 보아야 할 것이다(판례).
   (2) 운전자가 횡단보도에서 사고를 냈다 해도 피해자가 도로를 횡단할 의사 없이 횡단보도상에 엎드려 있는 상태였다면 보행자로 볼 수 없다(판례).
   (3) 횡단보도를 지나 15m 지점에 피해자 우산이 떨어지고 피해자는 35m 지점에 전도되었다면 우산이 떨어진 지점 부근이 사고 지점으로 보아 횡단보도 사고라고 볼 수 없다(판례).

4) 신뢰의 원칙과 관련 판례

(1) 신뢰의 원칙

교통규칙에 맞추어 행동하는 사람은 다른 교통 관여자도 교통규칙을 잘 지키리라는 것을 신뢰하면 충분하고, 그 타인이 교통규칙 위반행위로 나오리라는 것을 예견하고 회피할 주의 의무까지는 필요하지 않다는 원칙을 말한다. 이는 과실범에서 주의 의무의 한계를 정하는 원칙으로서 현대 사회에서의 도로교통의 사회적 의미를 고려하여 과실범의 처벌을 완화하고, 주

의 의무를 합리적으로 조정하여 원활한 교통을 가능하게 하는 이론이다.

(2) 관련 판례

① 일반적으로 야간, 기타 악천후 등으로 인해 시계(視界)가 극히 좁다든지, 비 또는 눈 등으로 인해 노면 사정이 좋지 않다든지 하는 등의 특별한 사정이 없는 한, 고속도로를 운전하는 자동차 운전자에게는 고속도로상에서 도로를 횡단하는 보행인 등 장애물이 나타날 것을 예견하여 제한 속도 이하로 감속, 서행할 의무는 없다.

② 고속도로상을 통행하는 자동차 운전자는 통상의 경우 보행인이 그 도로의 중앙 방면으로 갑자기 뛰어드는 일이 없으리라는 신뢰 하에서 운행하는 것이지만 도로를 횡단하는 보행자를 그 차의 제동 거리 밖에서 발견했다면 보행자가 반대 차선의 교행 차량 때문에 도로를 완전히 횡단하지 못하고 그 진행차 선 쪽에서 멈추거나 다시 되돌아 나가는 것이 예견되므로 이러한 구체적인 위험이 전제된 이상 아무리 고속도로 사이라 하더라도 신뢰의 원칙이 배제되므로 이러한 경우 자동차 운전자에게 사고 위험을 예상하여 이를 방지하기 위한 제반 조치를 취해야 할 주의 의무가 인정된다.

③ 자동차 전용도로에서 운행 중인 자동차 운전자에게 반대 차선에서 진행 차량 사이를 뚫고 횡단하는 보행자들이 있을 것까지 예상하여 전방 주시를 할 의무가 있다고 보기 어려우므로, 비록 횡단하여 온 거리가 14.9미터가 된다는 사정만으로 운전자의 과실을 인정할 수 없으며, 도로교통법상 자동차 전용도로는 자동차만이 다닐 수 있도록 설계된 도로로서 보행자 또는 자동차 외의 차마가 통행하거나 횡단해서는 안 되도록 되어 있으므로 제한 시속 이하로 운행하는 자동차의 운전자로서는 특별한 사정이 없는 한 무단 횡단하는 보행자가 나타날 경우를 미리 예상하여 감속 서행할 주의 의무는 없다.

④ 교차로를 거의 통과할 무렵 직진 신호가 주의 신호로 바뀌는 경우 좌회전 대기 차량이 주의 신호임에도 좌회전하는 것, 사거리를 녹색신호에 따라 통과할 무렵 제한 속도를 초과했다 할지라도 신호를 위반하고 직진하는 상대방 차량, 통행 우선순위를 무시하고 교차로 왼쪽에서 과속으로 교행해 오는 것 등에 대비할 주의 의무는 없다.

⑤ 운전자에게는 특별한 사정이 있는 경우 외에는 반대 차로를 운행하는 차가 갑자기 중앙선을 넘어올 것까지 예견하여 감속하는 등 미리 충돌을 방지할 태세를 갖추어 차를 운전해야 할 주의 의무는 없다.

⑥ 직진 및 좌회전 신호에 의해 좌회전하는 두 대의 차량 뒤를 따라 직진하는 차량의 운전자로서는 횡단보도의 신호가 적색인 상태로서 반대 차로상에서 정지해 있는 차량의 뒤로 보행자가 횡단보도를 건너오지 않을 것이라고 신뢰하는 것은 당연하고, 그렇지 아니할 사태까지 예상하여 그에 대한 주의 의무를 다해야 한다고 할 수는 없다.

⑦ 보행자 신호가 녹색신호에서 적색신호로 바뀔 무렵 전후에 횡단보도를 통과하는 자동차 운전자는 보행자가 교통신호를 철저히 준수할 것이라는 신뢰만으로 자동차를 운전할 것이 아니라, 좌우에서 이미 횡단보도에 진입할 보행자가 있는지 여부를 살펴보고, 또한 그의 동태를 두루 살피면서 서행하는 등 그와 같은 상황에 있는 보행자의 안전을 위해 어느 때라도 정지할 수 있는 태세를 갖추고 자동차를 운전할 주의 의무가 있다.

⑧ 심야 도로교통이 빈번한 대도시 육교 아래에서의 자동차 운전자는 무단 횡단자가 없을 것으로 믿고 운전하면 되는 것이고, 도로 법규에 위반하여 그 자동차의 앞을 횡단하려고 하는 사람이 있을 것까지 예상하여 그 안전까지 확인해 가면서 운전해야 할 의무는 없다.

⑨ 넓은 도로를 운행하는 차량의 운전자는 교차로에서 좁은 도로의 차량이 교통법규에 따라 적절한 행동을 취할 것을 신뢰하여 운전하므로 좁은 도로에서 진입하는 차량이 일단정지를 하지 않고 계속 진행하여 큰 도로로 진입할 것을 미리 예견하고 이에 대한 방어 조치를 강구할 필요는 없다.

⑩ 운전자에게는 후방 주시를 하여 후행 차량을 발견하고 충돌을 방지할 조치를 취해야 한다든가, 나아가 일시 정지하거나 속도를 낮추어 앞지르려는 후행 차량을 선행하도록 해 줄 주의 의무가 없다.

⑪ 교차로에서 좌회전 신호를 보내지도 않고 거울을 통해 뒤따라오는 차량이 있는지 여부를 확인함도 없이 좌회전하다가 차량 우측 뒤를 따라오던 후행 차량을 차체로 충격하여 사망에 이르게 한 경우 주의 의무 위반이 인정된다.

Chapter 05

치안정보의 수집 · 작성 · 배포

제 1 절 정보의 의의

1 정보의 개념

1) 정보

정보(intelligence)란 첩보를 평가, 분석하여 작성된 지식을 말한다. '특정한 상황에서 가치가 평가되고 체계화된 지식'으로 "2차 정보' 또는 '지식'이라고 한다. 첩보를 가공하여 종합 해석한 지식으로, 항상 첩보가 전제되어 있고 또한 정책적 목적이 선행된다.

2) 첩보

첩보(information)란 평가 · 분석되지 않은 정보의 자료로서 정보가 되기 전의 모든 사회적 현상을 말하는 것으로, 부정확하고 단편적인 불규칙한 사실(사회 현상)을 보고 들은 대로의 내용을 말한다. 근거가 희박한 풍문, 소문, 루머도 첩보의 일종이다. 첩보의 질을 결정짓는 요소는 첩보 수집 기법, 수집자의 자질, 망원(網員)의 자질이다(강용길 외, 2010b: 290-291).

3) 정보와 첩보의 비교

구분	정보		첩보
차이점	완전성	사용 목적에 맞도록 평가·해석·종합되어 완성된 구성체로서 지식	기초적, 단편적, 불규칙한 불완전한 지식
	정확성	객관적으로 평가된 정확한 지식	부정확한 견문·지식 포함 (정보의 자료인 1차적 지식)
	적시성	정보사용자가 필요로 하는 시기에 알맞게 제공되어야 하는 적시성이 특히 요구	시간에 구애됨이 없고, 과거와 현재의 것을 불문
	사용자의 목적성	사용자의 목적에 맞게 작성된 지식	보고 들은 그대로 상태이므로 목적성이 없음.
	생산 과정의 특수성	첩보의 요구·수집 및 정보의 생산· 배포 등의 과정을 거치면서 여러 사람의 협동작업을 통해 생산	협동 작업이 아닌 개인의 식견에 의한 지식
공통점	정보와 첩보 모두 지식으로서 자료적 가치를 갖는다(신현기, 2010: 453).		

2 정보의 특성

1) 가치성(정보의 3대 구비 요건)

(1) 정확성

정확하지 않은 정보는 오류를 야기하여 정보가 없었던 것보다 더 나쁜 결과를 초래하므로, 정보의 가치는 정확성이 그 생명이다. 정확성은 보고자는 물론 사용자에게도 중요하다.

(2) 완전성

절대적인 완전성은 갖출 수 없지만, 시간이 허용하는 한도 내에서 가능한 한 주제와 관련된 사항을 모두 망라하여 완전하게 작성되어야 한다.

(3) 적시성

적시성은 정보의 절대적인 생명으로 사용자의 사용 시기를 기준으로 한다. 정보는 사용자가 가장 필요로 하는 시기에 알맞게 제공되어야 한다. 너무 늦게 제공되면 정보가 무의미한 것이 되고, 너무 빨리 제공되면 안전 유지에 해가 되거나 정보 내용 보존에 비경제를 초래하게 되고, 또 정세 변동으로 정보의 가치가 변질되는 수도 있다.

2) 변화성

정보는 사용자에 따라 그 중요도에 차이가 있다. 동일 정보라도 사용자에 따라 그 가치가 다르다. 또한 정보는 시간의 경과에 따른 가치의 변화가 심하므로 정보가 작성·보고되었다 해도 변화되는 정황을 추적, 분석하여 계속적으로 보완해야 한다.

3) 다양성

정보는 다양한 학문의 이론과 실제가 종합적으로 운용되는 종합과학기술을 동원하여 작성될 때 그 가치가 나타난다.

4) 독점성

정보는 배타적 독점성을 지니고 있어서 공개되고 나면 그 가치가 급격히 떨어지므로 공개된 정보보다는 미공개된 정보가 일반적으로 더 가치가 있다(조철옥, 2008: 578-581).

3 정보의 분류

1) 사용 수준에 따른 분류

(1) 직접 정보

국가정책과 국가안전 보장에 관계되는 국내 상황과 대상국의 정치·경제·사회·군사·과학 등 광범위한 국면에 관해 정부 각 부처에 의해 통합·산출된 정보이다.

(2) 간접 정보

국가정책의 실현을 위한 세부계획의 수립·추진 등에 필요한 지식 등 각 부처에서 사용되는 정보이다.

2) 성질에 따른 분류

(1) 전략정보

국가정책과 안전 보장에 막대한 영향을 주는 국가 수준의 정보로 평시에는 국가의 안전과 관련된 정책결정의 기초가 되며, 전시에는 군사작전계획의 기초로 사용되는 정보를 말한다.

(2) 전술정보(전투정보)

전략정보의 기본적인 방침에 따라 이를 구체적으로 수행해 가기 위한 세부적·부문적인 성격의 정보이다.

(3) 방첩정보

국가 안보를 위협하는 적대국가나 집단의 공작활동을 무력화·분쇄하는데 사용되는 정보이다.

3) 기능에 따른 분류

(1) 기본 정보

현용정보 또는 판단정보의 작성자가 사용할 정보로서 일정한 과거의 사상에 대한 정태적이고 기본 서술적 성격을 띤다.

(2) 현용정보

모든 대상의 동태를 현재의 시점에서 객관적으로 기술한 것으로서 정책담당자·의사결정자에게 그때 그때의 동향을 알리기 위한 정보이다.

(3) 판단정보

특정 문제를 체계적이고 실증적으로 연구하여 미래에 있을 어떤 상태를 추리·평가한 정보이다.

(4) 생정보

첩보가 부분적으로는 평가 · 분석되었으나 완전한 확인 및 설명과 해석을 함이 없이 사용자에게 전달되는 정보, 그 내용이 신선감을 주고 신속성이 있으나 주관적인 판단이나 예단을 일으킬 위험성이 있다(김성훈, 2008: 22-24).

4) 요소에 따른 분류

(1) 정치정보

국가 권력 구조와 세력의 소재, 국가 권력 구조를 위한 법률 · 제도 · 이념, 국가적 주요 정책결정 기구, 정당 · 의회 기구의 활동, 지방의회, 국민의 정치 의식과 태도, 국가정책과 국제적 결속 관계, 압력단체의 실태 및 활동 상황, 대외정책 등의 정보이다.

(2) 경제정보

인적 자원, 자연자원, 산업생산력, 수송 및 통신시설, 국민총생산(GNP)과 국민소득, 대외 경제 관계 및 금융정책, 경제 성장 추세 등과 관련된 정보이다.

(3) 사회정보

인종 · 인구 · 관습 · 종교 · 국민성 · 문화의 특징, 사회구조 · 주민 · 지역 · 문화 · 의식 및 성향, 보건 · 교육 · 종교 · 언론 · 사회보장 문제, 사회집단 · 단체, 사회운동 · 학생운동, 노동운동, 여론 · 사기 등과 관련된 정보이다(조철옥, 2008: 582-586).

(4) 기타

군사정보, 과학정보, 산업정보 등이 있다.

제 2 절 정보의 산출 과정

1 정보 산출의 의의

1) 정보 산출의 개념

정보의 산출이란 여러 가지 첩보나 자료가 최종적인 정보로 전환되어 정책결정이나 정보 사용자의 의사결정·정책결정에 사용될 수 있도록 하는 활동의 모든 과정이다.

2) 정보 산출의 4단계 대순환 과정

정보 산출은 '정보 요구 단계', '첩보 수집 단계', '정보 생산 단계', '정보 배포 단계'로 구성된다.

정보 요구 단계 → 첩보 수집 단계 → 정보 생산 단계 → 정보 배포 단계

3) 정보 산출 과정의 특징

정보 산출 과정은 4단계 과정이 일방적·계속적·반복적으로 진행해 순환하는 과정이며, 매단계마다 소순환 과정을 거쳐 전체 순환 과정에 연결된다. 순환 과정에서 정보는 계속 생성·소멸된다.

정보 산출 과정은 연속적으로 이루어지며 모든 단계가 동시에 발생할 수도 있다. 새로운 첩보가 수집되고 있는 동안에 이미 입수된 정보는 처리·분석되고 있으며, 한편에서는 처리된 정보가 전파되고 수요자들에 의해 사용되며 다른 한편에서는 새로운 정보 수요가 나타난다.

정보 산출 과정은 서로 연결되어 있어서 어느 한 단계가 적절하게 또는 부적절하게 처리되었느냐에 따라 정보 산출을 위한 정보활동의 성패가 결정

된다.

2 정보 요구(제1단계)

1) 의의

정보의 요구란 정보의 사용자가 첩보 수집활동을 지시하는 단계를 말하는데, 적절한 계획과 지시는 정보 순환의 첫 단계이자 모든 정보활동 과정의 기본 요소로서 가장 중요하다.

2) 정보 요구의 과정(소순환 과정)

(1) 첩보의 기본 요소 결정: 정치·경제·사회·군사·과학·수송·지리 등 어느 부문의 정보를 요구할 것인가를 결정
(2) 첩보 수집계획서의 작성: 어떤 내용을 누가, 언제까지, 어떤 방법으로 수집·보고할 것인가에 관해 미리 계획서를 작성
(3) 명령 및 하달: 수집계획서가 완성되면 충분한 시간의 고려와 보안에 유의하여 수집기관에 수집 책임을 명령·하달
(4) 사후 감도: 수집기관이 수집 책임을 잘 이행하고 있는지, 수집 지시된 내용 중에 불필요한 부분이나 보완할 사항의 유무를 검토(김충남, 2006: 487-488.)

3) 정보 요구 시 고려 사항

정보 요구 시에는 정보기관의 능력, 하달되는 시간과 수집 및 보고되는 시간, 보안 유지 등을 고려해야 한다.

4) 정보 요구 수준(요구 방법)

효과적인 정보 수집을 위해서는 우선순위를 결정하고 이에 따라 수집 요구 및 활동이 이루어져야 한다.

(1) 첩보 기본 요소(Essential Element of Information: EEI)

정책 수립자 등이 우선적으로 필요로 하는 정보의 기본 요구 사항으로 계속적·반복적·장기적으로 요구하는 첩보를 말한다. 첩보 기본 요소는 광범위한 지역에 걸쳐 수집되어야 할 요구 사항인 동시에 일반적으로 항상 필요한 사항의 요구로 사전에 첩보수집요구서에 의해 첩보 수집이 명령(서면에 의한 요구가 원칙)된다.

(2) 특정 첩보 요구(Special Requirement for Information: SRI)

수시적 돌발 사항에 대해 필요한 한계 내에서 임시적이고 단편적이며 특수지역, 특수사건에 대한 단기적 해결을 위해 필요한 경우에 하는 정보 요구 단계이다. 사전 첩보수집계획서는 불필요하고 단편적인 사항에 관해 수시로 명령(구두에 의한 요구가 원칙)으로 일상적으로 경찰 업무에서 활용되는 정보 요구이다.

(3) 국가정보목표 우선순위(Priority for National Intelligence Objective: PNIO)

국가안전 보장이나 정책에 관련되는 국가정보, 정부의 연간 기본 정책의 수립, 시행에 필요한 정보로서 전 정보기관 활동의 기본 방침이 된다. EEI를 지침으로 선정한 것으로 국가정책 수립자의 질문에 대한 응답을 하기 위해 선정된 우선적 정보목표(경찰청의 정보 수집계획 수립 시 가장 중요한 지침이 됨)이다.

(4) 기타 정보 요구(Other Intelligence Requirement: OIR)

기타 정보 요구는 급변하는 정세의 변화에 따라 불가피하게 정책상 수정이 요구되거나 또는 이를 위한 자료가 절실히 요구될 때 PNIO에 우선하여 이를 충족시키기 위한 정보 목표이다(임상곤, 2003: 22-23).

(5) 국가첩보 요소(National Elements of Information: NEI)

국가첩보 요소는 국가 정책 수립자의 요구에 따라 국가정보원장이 응해야 하는 우선적 사항을 말한다.

3 첩보의 수집(제2단계)

1) 의의

첩보 수집이란 첩보 수집기관이 출처를 확보하여 첩보를 입수 · 획득하고 이를 정보 작성기관에 전달하는 과정을 말한다(경찰청, 2000: 1096). 첩보는 정보를 작성하는 데 기초 자료가 되기 때문에 첩보의 수집 없이는 정보 작성이란 있을 수 없다. 정보 순환 과정 중에서 가장 중요하고 어려운 단계로 첩보 수집계획→첩보 출처의 개척→첩보의 입수 · 획득→첩보의 전달 · 보고의 과정으로 이루어진다.

2) 첩보 수집활동의 원칙 및 첩보 수집자의 자세

(1) 첩보 수집활동에서 고려해야 할 원칙

① 유용성

수집할 첩보가 사용자의 임무 수행에 도움이 되어야 한다.

② 중요성

달성하고자 하는 목표에 활용가능성이 높은 정보부터 수집한다.

③ 수집가능성

아무리 유용하고 중요한 첩보일지라도 수집이 불가능하다면 아무런 의미가 없다.

④ 신빙성

첩보가 유용성과 중요성을 갖추고 수집할 가능성이 있다 하더라도 출처의 신빙성이 없다면 첩보로서 가치가 없을 것이다(김충남, 2006: 490).

⑤ 참신성

첩보의 가치는 신선도에 의해 크게 영향을 받게 되므로 이제까지 알려져 있지 않은 첩보를 우선적으로 수집함으로써 정보의 가치 창출을 확대시킨다.

(2) 첩보 수집자의 자세

첩보 수집 시에는 수집 목표 및 목적 의식을 갖고, 표면만 보고 판단하지 말고 첩보의 배경을 분석하는 등 다각적이고 종합적인 시각을 갖도록 해야 한다. 공개정보를 중시하며, 첩보 수집자는 현재 발생하고 있는 현상들에 대한 자신의 고정 관념을 버리고 지금까지 자신의 경험이나 지식으로는 이해할 수 없는 현상이 초래할 수 있음을 인정하는 등 객관적 시각을 유지해야 한다.

그리고 우선순위를 정해야 하는데, 우선순위는 고이용 정보 우선, 참신성의 원칙, 긴급성의 원칙 등에 의해 수집해야 하며, 자신만이 관심이 있는 주관적 첩보는 바람직하지 않다. 또한 수집된 견문 내용을 신속히 보고해야 한다(조철옥, 2008: 594-595).

3) 첩보 수집 방법

(1) 구체적 방법

① 관찰

특정 목적 하에 인간의 실체, 사물의 현상, 사건의 전말을 오관을 통해 감지하는 것이다.

② 면담 · 유출

면담이란 일정한 목적 하에 첩보 수집이나 제공을 위해 상호 의사를 교환하는 행위를 말하며, 유출이란 상대방이 면담자의 의도를 인지하지 못하게 대화를 통해 첩보를 수집하는 방법을 말한다.

③ 망원 이용

혈연, 지연, 학연 등의 평소의 인맥이나 기타 사람을 활용하여 자료를 수집하는 방법이다.

④ 공개된 자료 활용

책, 신문, 정기간행물, 보고서, PC통신, 인터넷, 데이터베이스 등 모든 공개 출처로부터 합법적으로 자료를 수집하는 방법이다.

⑤ 기타

자료 복사, 촬영, 도청, 녹화, 폐기물 조사 등의 방법을 활용한다.

(2) 첩보 수집 방법의 분류

① 공개적 수집

라디오, TV, 신문, 잡지, 서적, 인터넷, 각종 인쇄물 등의 공개 출처에서 수집하거나, 외국 공관원의 합법적인 활동, 여행자 등과의 접촉에 의해 첩보를 수집하는 방법이다. 이 방법은 수집에 소요되는 경비와 위험 부담이 적다.

② 비공개적 수집

비밀 공작, 정보망원, 첩보원 등에 의해 수집하는 방법으로서 중요한 첩보를 입수할 수 있으나, 많은 경비와 인력이 소모되고 위험이 뒤따른다(김상호 외, 2004: 722).

(3) 신문을 통한 첩보 수집 시 고려 사항

신문을 통한 첩보 수집 시에는 목적 의식을 가지고 읽으며, 제목은 반드시 읽어 기사의 흐름을 잃어버리지 않도록 한다. 서평과 신간 안내, 광고, 인물란 등은 주의해서 읽어야 하며, 경제신문이나 업계신문 등 특정 신문을 놓치지 않아야 한다.

또한 기사의 이면, 배경, 흐름 등을 파악하려는 자세를 가져야 하며, 기사 및 보도 태도의 변화를 파악하여 여론분석의 자료로 활용해야 한다.

4) 첩보의 보고

(1) 첩보 보고자의 자세

첩보 보고 시에는 임무에 대한 정확한 이해를 바탕으로 신속한 보고가 이루어져야 한다 객관적이고 정확한 사실을 보고해야 하며, 사실과 추리를 구별해야 한다.

그리고 확실성의 정도를 보고해야 하며, 보안 유지(차단성의 원칙: 꼭 필요한 사람에게만 보고·통보해야 한다)에 만전을 기해야 한다.

(2) 첩보 보고 시 고려 사항

① 첩보의 사용자

입수된 첩보가 누구에게 필요한가를 선택해야 한다.

② 전달 시기

첩보의 긴급성과 중요성을 고려하여 가장 적합한 시기를 선택하여 전달해야 한다(적시성의 원칙).

③ 보고 형태

첩보를 원형 그대로 전달할 경우와 요약하여 부분적으로 발췌하여 전달할 경우 등 어느 것이 효과적인가를 결정해야 한다(보고서 작성 시 미사여구는 필요치 않다).

④ 전달 수단

구두·전신·전화·도표·사진·문서 등의 전달 수단이 있는데, 첩보의 긴급성과 중요성 및 첩보의 형태에 따라 적절한 수단을 선택한다(조철옥, 2008: 592-593).

4 정보의 생산(제3단계)

1) 정보 생산의 의의

정보 사용자의 요구에 맞도록 수집·전달된 첩보를 선택→기록→평가→분석→종합→해석하여 정보화하는 것을 말한다(강용길 외, 2010b: 309). 정보의 생산 과정에서는 전 과정에 걸쳐 정보요원의 판단·분석 능력과 학문적·이론적 배경을 상당히 필요로 하기 때문에 정보의 학문적 성격이 가장 많이 지배하는 단계이다.

2) 정보의 생산 과정

(1) 선택

수집 · 전달된 첩보 중에서 첩보의 긴급성 · 유용성 · 신뢰성 · 적용성 등을 1차적으로 평가하여 필요한 첩보를 가려내는 과정이다.

(2) 기록

당장 사용할 필요가 없는 첩보이거나 이미 사용된 첩보는 유형별 · 사건별로 기록하여 관리한다.

(3) 평가

첩보의 출처 및 내용에 관해 그 신뢰성과 타당성을 판단하는 과정이다. 첩보 내용의 파악, 첩보의 적합성(유용성) 검토, 출처의 신뢰성 검토, 첩보의 정확성 검토 등을 그 내용으로 한다.

(4) 분석

재평가 과정이라고도 하는데, 평가된 첩보를 기본 요소별로 분류하고 기존 자료에서 관계 있는 것을 뽑아 추가되는 것과 집결시켜 놓은 후, 상호 관련성을 발견하고 다른 사실과 정밀 비교하여 불확실한 부분을 보충하는 상호 확인 기능을 수행하는 과정이다. 첩보의 분석 · 평가는 수집된 첩보를 정보 생산의 자료로서 가치의 적격 여부를 판단하는 과정이다.

(5) 종합

분석된 자료를 종합하여 문제에 대한 해답을 얻기 위한 최종적인 정리작업으로 평가와 분석을 통해 증명된 사실을 근거로 정보를 생산하기 위해 집결시키는 과정이다.

(6) 해석

평가 · 분석 · 종합된 새 정보에 대해 그 의미와 중요성을 결정하고 건전한 결론을 도출하는 과정이다. 타당한 해석을 위해서는 분석관의 객관적인 관찰과 예리한 판단력이 필요하며 특히 주관의 개입 가능성이 많으므로 주의해야 한다(김상호 외, 2004: 723-725).

5 정보의 배포(제4단계)

1) 의의

생산된 정보를 필요로 하는 공인된 사람과 기관, 즉 사용자에게 적절한 형태와 내용을 갖추어서 적시에 전파하는 것을 말하며, 정보 산출 과정의 최종적 단계이다.

2) 정보 배포의 원칙

필요성의 원칙, 적시성의 원칙, 적당성의 원칙을 정보 배포의 3원칙이라고 한다.

(1) 필요성의 원칙

알아야 할 사람에게만 정보를 전달하고, 알 필요가 없는 사람에게는 알려서는 안 된다.

(2) 적시성의 원칙

너무 빠르거나 너무 늦게 전달하지 않고 사용자가 필요로 하는 시기에 전달해야 한다.

(3) 적당성의 원칙

사용자의 능력과 상황에 맞게 적당한 양을 조절하여 필요한 만큼만 배포해야 한다.

(4) 완전성의 원칙

보고의 형식적 요건 및 내용을 완전하게 갖추어야 하며, 관련 있는 사실을 체계 있게 작성해야 한다.

(5) 보안성의 원칙

비밀 보호를 위한 여러 가지 보안 대책을 강구해야 한다.

(6) 계속성의 원칙

정보에 대한 배포는 관련된 주제에 대해 계속적이어야 한다. 정기적으로 발간되는 주간정보 등은 사용자의 현재 업무에 대해 최근의 것이 되도록 관련성을 가진 새로운 정보가 작성되었을 때는 계속 배포해 줄 필요가 있다.

(7) 기타

간결성의 원칙, 경제성의 원칙 등이 있다.

3) 배포의 방법

정보 배포 수단의 결정 요소에는 배포자의 주관, 정보의 긴급성, 정보의 사용 목적, 정보의 형태와 양, 비밀 구분, 접수기관의 형태, 이용 가능한 전파 방법 등이 있다.

(1) 비공식적 방법

배포자와 사용자 간 면접 형식의 구술을 통한 설명 및 질문 등으로 직접 전달하는 방법이다.

(2) 브리핑

일시에 많은 사람에게 신속히 전달하는 경우에 이용 방법으로 강연식이나 문답식으로 진행(현용정보의 배포 수단으로 많이 이용)된다.

(3) 각서(메모)

비교적 긴급한 경우에 내용을 요약하여 기록으로 전달하는 방법이다.

(4) 일일정보보고서

매일 24시간에 걸친 세계 정보의 변화를 중점적으로 망라한 보고서이다. 일일보고서는 사전에 주의 깊게 고안된 양식에 의거, 정기적으로 작성되며 복사되고 제한된 인원에 배포된다.

(5) 특별보고서

누적된 정보가 다수의 사람이나 기관에 이해관계 또는 가치가 있을 때는 특별보고서 형태로 배포한다.

(6) 정기간행물

주간, 월간에 발생하거나 발생할 것으로 예상되는 상황을 정기적인 문건의 형태로 배포한다.

(7) 서적

정보가 다수인의 참고나 교범을 위해 필요할 때 이용한다.

(8) 전화

신속을 요하는 경우에 1차적으로 전달하는 방법이다. 구두 전달의 비공식적인 형태로서 전달 원문이 남지 않는다.

(9) 기타

도표, 사진, 필름 등이 있다(조철옥, 2008: 599-603).

제 3 절 정보경찰 일반

1 정보경찰의 의의

1) 정보경찰의 개념

정보경찰이라 함은 국가 안전과 사회 공공의 안녕·질서에 대한 위험의 예방 또는 위해 상태를 제거(오용훈, 2008: 5)하기 위한 경찰활동을 위해 그 전제가 되는 치안정보 또는 그 배경이 되는 국·내외의 정치·경제·사회·문화 등의 일반적 정보를 수집·분석·작성·배포하는 경찰을 말한다(김성종, 2005: 15).

2) 정보경찰의 특성

(1) 성질상의 특징

일반경찰과 정보경찰의 특징은 다음과 같이 구분된다.

구분	일반경찰	정보경찰
목적 및 보호법익	국민의 생명 · 신체 · 재산(개인적 법익)의 보호를 1차적 목적으로 함.	국가의 안전(국가적 법익)을 주된 목적으로 함.
활동지침	사후관리적 소극행정의 기능을 수행하여 범죄 성립을 전제로 한 진압적 활동	사전에 범죄 발생을 적극적으로 예방하고 위해 요소를 미연에 제거함.
활동 대상	이미 발생한 범죄를 대상으로 함(침해성 범죄)	범죄가 발생하기 전에 그 원인을 주된 활동 대상으로 함(위태성 범죄)(오병두, 2006: 515-516)

(2) 비공개성 · 비노출성

정보경찰은 국가안전 보장과 관계된 활동이므로 그 신분 및 활동이 비공개 · 비노출로 되어야 한다.

(3) 조정의 필요성

정보조직은 목적 달성을 위해 기획 기능, 첩보 수집 기능, 분석 및 생산 기능, 수요자에게 적시에 배포하는 기능 등으로 전문화되어 있고, 각 기능 조직을 총괄하기 위한 조정이 중시된다.

2 정보경찰활동의 필요성과 특성

1) 정보경찰활동의 필요성

정보활동을 통해 공공의 안녕과 질서에 대한 위험이나 경찰 위반의 상태를 야기하는 경비 상황 또는 범죄를 사전에 방지할 수 있다(예방적 수단). 경찰은 사태가 발생한 후에라도, 진압 또는 검거를 위한 정보활동을 통해, 위해의 최소화를 도모하고 적절한 조치를 가능케 한다는 점에서 정보활동이 중요하다(사후적 수단)(경찰대학, 2002: 361-362).

2) 정보경찰활동의 특성

(1) 기초활동성

경비정보, 범죄정보, 보안정보, 외사정보 기타 정보의 수집활동은 각종 경찰활동에서 기초가 되는 활동이다. 정보 기능에는 최종적인 조치 권한이 부여되어 있지 않으며, 그러한 권한은 다른 기능 또는 다른 기관에서 수행한다.

(2) 비권력성

정보활동은 국민과의 관계에서 국민의 자유 또는 권리를 침해하는 권력적 작용이 아니라 임의 수단에 의한 비권력 작용이다. 국민의 자유 또는 권리를 침해하지 않는 범위 내에서의 정보활동은 법률의 구체적 수권 조항이 없더라도 경찰법 제3조와 경찰관직무집행법 제2조와 같은 직무 또는 임무에 관한 일반 조항만으로도 그 활동이 가능하다.

(3) 사실행위성

정보활동은 각종 경찰활동을 하는 데 기초가 되는 활동으로서 그 법적 성질은 사실행위에 속한다. 따라서 국민의 권리 또는 이익에 직접적·구체적 변동을 초래하는 처분이 아니므로 정보활동 자체는 취소소송의 대상이 되지 아니하고 국민이 이로 인해 손해를 입은 경우에는 손해배상 문제가 발생할 뿐이다.

(4) 광범성

정보경찰활동은 모든 경찰활동을 위한 기초활동이기 때문에 대상 면에서나 사태 또는 범죄의 전후 여부 등 제한이 없다. 그리고 경찰의 정보활동에는 공공의 안녕과 질서에 대한 위험이나 경찰 위반의 상태를 제거하기 위한 경찰활동의 전제가 되는 모든 치안정보가 포함될 뿐만 아니라 그 배경이 되는 내·외의 정치·경제·사회·문화 등의 일반적인 정보 등이 포함된다(임재강·한태천, 2008: 499; 김성훈, 2008: 13-14).

3 정보경찰활동의 근거와 한계

1) 정보경찰활동의 근거

정보경찰활동의 근거법으로는 경찰법(제3조)와'[1], 경찰관 직무집행법(제2조)의 '치안정보의 수집 · 작성 및 배포', 외근경찰 근무규칙(제51조)의 '첩보 수집' 조항, 그리고 견문 수집 및 처리규칙, 수사첩보 활동규칙 등이 있다.

2) 정보경찰활동의 한계

(1) 법령상 한계

국민의 기본권은 국가의 안전 보장 · 질서 유지를 위해 필요한 경우 법률로 제한할 수 있으나 제한하는 경우에도 자유와 권리의 본질적 내용은 침해할 수 없다(헌법 제37조 2항). 경찰의 정보활동도 헌법과 법률이 허용하는 범위 내에서 직무상 필요한 최소한도 내에서 이루어져야 하며 남용되어서는 아니 된다(경찰법 제4조, 경찰관직무집행법 제1조). 법률이 허용하는 범위를 벗어나는 정보활동은 위법한 행위로서 행정적 · 형사적 처벌 대상이 된다.

(2) 조리상 한계: 필요성, 상당성, 타당성

정보활동은 복잡 · 다양하고 고도의 기술성이 요구되므로 정보활동의 수단 · 방법 등을 모두 법령으로 규정하는 것은 불가능하다. 경찰이 정보활동을 수행할 경우에는 개개의 상황에 따라 그 대상, 수단, 방법, 기본적 인권에 대한 제한 유무, 현장 상황, 당시의 사회 상황 등 제반의 조건을 구체적으로 고려하여 그 활동이 경찰 목적 달성을 위해 필요하며, 정보활동 수단이 필요성에 비추어보아 상당한 경우라야 하고 사회적으로도 타당성이 있어야 한다.

---

1) 일본의 경우는 경찰법에 치안정보 수집의 규정이 없어 판례로 인정되고 있다.

제 4 절 정보경찰의 활동 내용

1 일반정보활동

정보경찰은 국가 안전 및 공공의 안녕 질서와 관련되는 정치·경제·사회·노동·학원·종교·문화 등 광범위한 분야의 일반정보를 수집하여 분석·종합·판단·작성·배포하는 활동을 한다.

1) 선거 관련 사항(「공직선거법」의 내용)

(1) 선거권자(동법 제15조)

선거권자와 피선거권자의 연령은 선거일 현재로 산정한다(동법 제17조).

① 대통령, 국회의원 선거

대통령 선거 및 국회의원 선거의 선거권자는 만 19세 이상의 국민이다. 다만, 지역구 국회의원의 선거권은 19세 이상의 국민으로서 해당 국회의원 지역선거구 안에 주민등록이 되어 있는 사람, 「재외동포의 출입국과 법적 지위에 관한 법률」 제6조 제1항에 따라 해당 국회의원 지역선거구의 선거구역 안에 거소를 두고 그 국내거소신고인명부에 3개월 이상 계속하여 올라 있는 사람에게 부여된다.

② 지방자치단체장, 지방의회의원 선거

19세 이상의 국민으로서 선거인명부 작성 기준일 현재 해당 지방자치단체의 관할구역에 주민 등록이 되어 있는 사람, 「재외동포의 출입국과 법적 지위에 관한 법률」 제6조 제1항에 따라 해당 지방자치단체의 국내거소신고인명부에 3개월 이상 계속하여 올라 있는 국민, 「출입국관리법」 제10조에 따른 영주의 체류 자격 취득일 후 3년이 경과한 외국인으로서 같은 법 제34조에 따라 해당 지방자치단체의 외국인등록대장에 올라 있는 사람이다.

③ 선거권이 없는 자(동법 제18조)

선거일 현재 다음에 해당하는 자는 선거권이 없다.

㉠ 금치산선고를 받은 자

㉡ 금고 이상의 형의 선고를 받고 그 집행이 종료되지 아니하거나 그 집행을 받지 아니하기로 확정되지 아니한 자

㉢ 선거범으로서, 100만 원 이상의 벌금형의 선고를 받고 그 형이 확정된 후 5년 또는 형의 집행유예의 선고를 받고 그 형이 확정된 후 10년을 경과하지 아니하거나 징역형의 선고를 받고 그 집행을 받지 아니하기로 확정된 후 또는 그 형의 집행이 종료되거나 면제된 후 10년을 경과하지 아니한 자(형이 실효된 자도 포함한다)

㉣ 법원의 판결에 의해 선거권이 정지 또는 상실된 자

(2) 피선거권자(동법 제16조)

① 대통령 선거

선거일 현재 5년 이상 국내에 거주하고 있는 40세 이상의 국민은 대통령의 피선거권이 있다. 이 경우 공무로 외국에 파견된 기간과 국내에 주소를 두고 일정 기간 외국에 체류한 기간은 국내 거주 기간으로 본다.

② 국회의원 선거

국회의원 선거의 피선거권자는 25세 이상의 국민이다.

③ 지방자치단체장, 지방의회의원 선거

선거일 현재 계속하여 60일 이상 당해 지방자치단체의 관할구역 안에 주민 등록이 되어 있는 주민으로서 25세 이상의 국민이다.

④ 피선거권이 없는 자(동법 제19조)

선거일 현재 다음에 해당하는 자는 피선거권이 없다.

㉠ 금치산선고를 받은 자

㉡ 선거범으로서, 100만 원 이상의 벌금형의 선고를 받고 그 형이 확정된 후 5년 또는 형의 집행유예의 선고를 받고 그 형이 확정된 후 10년을 경과하지 아니하거나 징역형의 선고를 받고 그 집행을 받지 아니하기

로 확정된 후 또는 그 형의 집행이 종료되거나 면제된 후 10년을 경과하지 아니한 자(형이 실효된 자도 포함한다)

㉢ 금고 이상의 형의 선고를 받고 그 형이 실효되지 아니한 자

㉣ 법원의 판결 또는 다른 법률에 의해 피선거권이 정지되거나 상실된 자

(3) 선거 기간(동법 제33조)

선거 기간이라 함은 대통령 선거는 후보자 등록 마감일의 다음 날부터 선거일까지이다. 국회의원 선거와 지방자치단체의 의회의원 및 장의 선거는 후보자 등록 마감일 후 6일부터 선거일까지이다.

(4) 선거일(동법 제34조)

① 대통령 선거

임기 만료일 전 70일 이후 첫 번째 수요일 06 : 00~18 : 00이다.

② 국회의원 선거

임기 만료일 전 50일 이후 첫 번째 수요일 06 : 00~18 : 00이다.

③ 지방자치단체장, 지방의회 의원

임기 만료일 전 30일 이후 첫 번째 수요일 06 : 00~18 : 00이다.

④ 보궐선거일과 재선거일

가. 대통령의 궐위로 인한 선거 또는 재선거는 그 선거의 실시 사유가 확정된 때부터 60일 이내에 실시하되, 선거일은 늦어도 선거일 전 50일까지 대통령 또는 대통령 권한대행자가 공고해야 한다.

나. 기타 선거

㉠ 지역구 국회의원·지방의회 의원 및 지방자치단체의 장의 보궐선거·재선거, 지방의회 의원의 증원선거는 전년도 10월 1일부터 3월 31일까지의 사이에 그 선거의 실시 사유가 확정된 때에는 4월중 마지막 수요일에 실시하고, 4월 1일부터 9월 30일까지의 사이에 그 선거의 실시 사유가 확정된 때에는 10월 중 마지막 수요일에 실시한다.

㉡ 지방자치단체의 설치·폐지·분할 또는 합병에 의한 지방자치단체의

장 선거는 그 선거의 실시 사유가 확정된 때부터 60일 이내에 실시하되, 선거일은 관할선거구선거관리위원회 위원장이 해당 지방자치단체의 장(직무대행자를 포함한다)과 협의하여 선거일 전 30일까지 공고해야 한다.

다. 선거의 일부 무효로 인한 재선거의 규정에 의한 재선거는 확정 판결 또는 결정의 통지를 받은 날부터 30일 이내에 실시하되, 관할선거구선거관리위원회가 그 재선거일을 정해 공고해야 한다.

(5) 예비후보자의 등록 및 선거운동(동법 제60조)

① 예비후보자의 등록

예비후보자가 되려는 사람(비례대표 국회의원 선거 및 비례대표 지방의회 의원선거는 제외)은 다음에서 정하는 날부터 관할 선거구선거관리위원회에 예비후보자 등록을 서면으로 신청해야 한다.

㉠ 대통령 선거: 선거일 전 240일

㉡ 지역구 국회의원 선거 및 시 · 도지사 선거: 선거일 전 120일

㉢ 지역구 시 · 도의회 의원선거, 자치구 · 시의 지역구 의회의원 및 장의 선거: 선거 기간 개시일 전 90일

㉣ 군의 지역구 의회의원 및 장의 선거: 선거 기간 개시일 전 60일

위에 따라 예비후보자 등록을 신청하는 사람은 관련 서류를 제출해야 하며, 해당 선거 기탁금의 100분의 20에 해당하는 금액을 중앙선거관리위원회규칙으로 정하는 바에 따라 관할 선거구선거관리위원회에 기탁금으로 납부해야 한다.

② 예비후보 등록자의 선거운동

예비후보자는 선거사무소를 설치하거나 그 선거사무소에 간판 · 현판 또는 현수막을 설치 · 게시하는 행위를 할 수 있다.

㉠ 자신의 성명 · 사진 · 전화번호 · 학력 · 경력, 그 밖에 홍보에 필요한 사항을 게재한 길이 9센티미터 너비 5센티미터 이내의 명함을 직접 주거나 지지를 호소하는 행위를 할 수 있다. 다만, 지하철역 구내 그 밖에 중앙선거관리위원회규칙으로 정하는 다수인이 왕래하거나 집합

하는 공개된 장소에서 주거나 지지를 호소하는 행위는 그러하지 아니하다.

㉡ 선거구 안에 있는 세대 수의 100분의 10에 해당하는 수 이내에서 자신의 사진·성명·전화번호·학력·경력, 그 밖에 홍보에 필요한 사항을 게재한 인쇄물을 작성하여 관할 선거관리위원회로부터 발송 대상·매수 등을 확인받은 후 선거 기간 개시일 전 3일까지 중앙선거관리위원회규칙이 정하는 바에 따라 우편 발송하는 행위를 할 수 있다. 이 경우 대통령 선거 및 지방자치단체의 장 선거의 예비후보자는 표지를 포함한 전체 면수의 100분의 50 이상의 면수에 선거공약 및 이에 대한 추진계획으로 각 사업의 목표·우선순위·이행 절차·이행 기한·재원 조달 방안을 게재해야 하며, 이를 게재한 면에는 다른 정당이나 후보자가 되려는 자에 관한 사항을 게재할 수 없다.

㉢ 선거운동을 위해 어깨띠 또는 예비후보자임을 나타내는 표지물을 착용하는 행위를 할 수 있다.

㉣ 전화를 이용하여 송·수화자 간 직접 통화하는 방식으로 지지를 호소하는 행위를 할 수 있다.

㉤ 예비후보자의 배우자와 직계존비속, 예비후보자와 함께 다니는 선거사무장·선거사무원 및 활동보조인, 그리고 예비후보자 또는 그의 배우자가 그와 함께 다니는 사람 중에서 지정한 각 1명은 예비후보자의 명함을 직접 주거나 예비후보자에 대한 지지를 호소할 수 있다.

(6) 선거운동(동법 제58조, 59조, 60조)

① 의의

선거운동이란 당선되거나 되게 하거나 되지 못하게 하기 위한 행위를 말한다. 누구든지 자유롭게 선거운동을 할 수 있다. 그러나 이 법 또는 다른 법률의 규정에 의해 금지 또는 제한되는 경우에는 그러하지 아니하다. 다만, 다음에 해당하는 행위는 선거운동으로 보지 아니한다.

㉠ 선거에 관한 단순한 의견 개진 및 의사 표시

㉡ 입후보와 선거운동을 위한 준비 행위

㉢ 정당의 후보자 추천에 관한 단순 지지 · 반대의 의견 개진 및 의사 표시

㉣ 통상적인 정당활동

㉤ 특정 정당 또는 후보자(후보자가 되려는 사람을 포함)를 지지 · 추천하거나 반대하는 내용 없이 투표 참여를 권유하는 행위(호별로 방문하는 경우 또는 선거일에 확성 장치 · 녹음기 · 녹화기를 사용하거나 투표소로부터 100미터 안에서 하는 경우는 제외)

② 선거운동 기간

선거운동은 선거 기간 개시일부터 선거일 전일까지에 한해 할 수 있다. 다만, 다음의 어느 하나에 해당하는 경우에는 그러하지 아니하다.

㉠ 예비후보자 등이 선거운동을 하는 경우

㉡ 선거일이 아닌 때에 문자(문자 외의 음성 · 화상 · 동영상 등은 제외) 메시지를 전송하는 방법으로 선거운동을 하는 경우. 이 경우 컴퓨터 및 컴퓨터 이용 기술을 활용한 자동 동보통신의 방법으로 전송할 수 있는 자는 후보자와 예비후보자에 한하되, 그 횟수는 5회(후보자의 경우 예비후보자로서 전송한 횟수를 포함)를 넘을 수 없으며, 매회 전송하는 때마다 중앙선거관리위원회규칙에 따라 신고한 1개의 전화번호만을 사용해야 한다.

㉢ 선거일이 아닌 때에 인터넷 홈페이지 또는 그 게시판 · 대화방 등에 글이나 동영상 등을 게시하거나 전자우편(컴퓨터 이용자끼리 네트워크를 통해 문자 · 음성 · 화상 또는 동영상 등의 정보를 주고받는 통신 시스템을 말한다)을 전송하는 방법으로 선거운동을 하는 경우. 이 경우 전자우편 전송 대행업체에 위탁하여 전자우편을 전송할 수 있는 사람은 후보자와 예비후보자에 한한다.

(7) 여론조사 결과의 공표 금지

누구든지 선거일 전 6일부터 선거일의 투표 마감 시각까지 선거에 관해 정당에 대한 지지도나 당선인을 예상하게 하는 여론조사의 경위와 그 결과를 공표하거나 인용하여 보도할 수 없다.

(8) 당선 무효

① 피선거권의 상실

선거일 현재 다음에 해당하는 자는 피선거권이 없다.

㉠ 「공식선거법」 제18조(선거권이 없는자) 제1항 제1호, 제3호 또는 제4호에 해당하는 자

㉡ 금고 이상의 형의 선고를 받고 그 형이 실효되지 아니한 자

㉢ 법원의 판결 또는 다른 법률에 의해 피선거권이 정지되거자 상실된 자

② 선거 비용의 초과 지출

선거사무장 또는 선거사무소의 회계책임자가 징역형 또는 300만 원 이상의 벌금형의 선고를 받은 때에는 그 후보자의 당선은 무효로 한다.

③ 당선인의 선거범죄

당선인이 당해 선거에서 이 법에 규정된 죄를 범함으로 인해 징역 또는 100만 원 이상의 벌금형의 선고를 받은 때에는 그 당선은 무효로 된다.

④ 선거사무장 등의 선거범죄

선거사무장, 선거사무소의 회계책임자 또는 후보자의 직계존·비속 및 배우자가 당해 선거에서 이 법에 규정된 기부행위를 한 죄를 범함으로 인해 징역형 또는 300만 원 이상의 벌금형의 선고를 받은 때에는 그 후보자의 당선은 무효로 한다.

2) 압력(이익)단체

(1) 의의

정치권에 대해 압력을 가하는 조직화된 특수 이익의 집단을 말한다. 압력단체들은 자신들의 이익을 관철시키기 위해 정부와 의회에 대한 로비활동 등을 통해 정치 권력에 영향을 끼친다(김홍순, 2008: 48).

(2) 대두 원인

압력단체는 경제적·사회적 이익의 다양화·세분화, 지역별 이익대표원리(제도)의 결함, 정당의 대표 기능 약화, 확대·강화된 국가 권력에 대한

통제 등을 원인으로 점차 그 영향력이 증가하고 있다.

(3) 정당과의 차이점

압력(이익)단체와 정당은 다음과 같은 차이점을 가진다.

	압력(이익)단체	정당
추구 이익	특정 집단의 특수이익 추구	국민 전체의 이익 추구(국민에게 제시한 정강·정책)
활동	특수이익 보호를 위해 주로 로비 활동을 전개함	목표인 정권 획득을 공개적으로 추구함
정치적 책임	정권 획득이나 정치적 책임에는 관심이 없다.	정부 구성 능력을 가지며 정치적 책임을 진다(김흥순, 2008: 49).

3) 노동조합

(1) 의의

노동조합은 근로자들이 근로 조건을 유지 또는 개선할 목적으로 조직한 상설 단체를 말한다. 최고의사 결정기관은 총회이며, 노조 전임자(勞組全任者) 등에 의해 운영되고 있다(임종률, 2005: 16).

(2) 노동조합의 유형(단위조직별)

현행 「노동조합 및 노동관계조정법」은 노동조합의 조직 형태에 대한 강제 조항을 두고 있지 않다.

① 직종별 조합

동일한 직종에 속하는 근로자들이 기업과 산업을 초월하여 횡적으로 결합된 조합을 말한다.

② 산업별 조합

동종의 산업에 종사하는 근로자에 의해 직종과 기업을 초월하여 조직된 조합이다.

③ 일반조합

일반조합은 직종별, 산업별에 관계없이 근로자, 특히 미숙련 근로자를 포함하여 광범위하게 결성되는 조합을 말한다(배문기, 2005: 397-398).

(3) 노동 3권

노동 3권에는 단결권, 단체교섭권, 단체행동권이 있다.

① 단결권

근로자가 사용자와 대등한 입장에서 그들의 이익과 지위의 향상을 위해 단결하는 권리, 즉 노동조합 등과 같은 단체를 조직할 수 있는 권리이다.

② 단체교섭권

근로자가 노동조합 기타 노동단체의 대표를 통해 임금·근로 시간·후생·해고 등 근로 조건에 관해 사용자와 교섭하는 권리를 말한다.

③ 단체행동권

근로자가 사용자에게 대항하여 근로 조건의 유지·개선을 위해 단결해서 노동쟁의, 즉 파업·태업 등의 단체활동을 할 수 있는 권리(쟁의권)이다.

(4) 노동쟁의

① 노동쟁의

노동조합과 사용자·사용자단체 사이에 임금·근로 시간·복지·해고 기타 대우 등 근로 조건의 결정에 관한 주장의 불일치로 인해 발생한 분쟁 상태이다.

② 쟁의행위

노동조합 또는 사용자가 분쟁 상태를 자기측에게 유리하게 전개하여 그 주장을 관철할 목적으로 행하는 투쟁행위와 이에 대항하는 행위로서 업무의 정상적인 운영을 저해하는 행위이다.

③ 단체행동

집단적 행위를 말하는 것으로 근로자 측의 파업·태업·가두시위·피케팅 등과 사용자 측의 직장폐쇄가 포함되며, 업무의 정상적인 운영의 저해를 수반하지 않는다는 점에서 쟁의행위보다 그 개념이 넓다.

2 신원조사

신원조사란 「보안업무규정」, 「보안업무규정 및 시행규칙」, 「정보 빛 보안업무기획조정규정」, 「신원조사업무처리규칙」 등에 의거하여 보안의 대상이 되는 인원, 즉 국가 안전에 관련되는 임무에 종사하거나 이에 관련되는 행위를 하는 자 및 그 예정자에 대해 실시하는 대인정보 활동을 말한다. 즉, 국가에 대한 충성심, 성실성, 신뢰성을 조사·확인하는 대인정보 자료 수집 활동이다.

신원조사는 국가정보원장이 직권으로 또는 관계 기관의 장의 요청에 의해 이를 실시한다. 신원조사의 일부 권한은 국가정보원장이 경찰청장과 국방부 장관에게 위임할 수 있다.[2)]

3 채증활동

1) 의의

채증활동이란 각종 집회나 시위 및 치안 위해 사태의 발생 시에 정확한 진상 파악과 위법자의 사법 처리를 위한 증서사료의 확보 빛 치안 자료의 축석을 위해 위법 상황을 촬영·녹화·녹음 등의 방법으로 증거를 수집하는 활동을 말한다.

2) 채증 시 유의 사항

채증 시에는 범죄의 구성 요건에 해당하는 행위에 중점을 두어 채증하며,

2) 한편, 긴급신원조사는 피경호인에 대한 경호 및 안전을 확보하기 위해 행사에 참석하는 사람을 대상으로 경호실에서 보안 기능에 하명하는 것으로, 긴급 신원조사를 수명하거나 협소를 받은 경찰서에서는 다른 업무에 우선하여 처리해야 하며, 원칙적으로 수명 시로부터 24시간 이내에 신원을 파악하여 보고해야 한다. 긴급 신원조사 업무는 경찰청에서는 보안1과장이, 지방경찰청에서는 보안과장이, 경찰서에서는 경찰서장이 관장한다.

주동자 등 인물 채증은 얼굴의 식별이 가능하도록 촬영해야 한다. 차량은 번호를 식별할 수 있도록 채증하고, 전경(全景)을 촬영하기 어려울 때에는 파노라마식으로 촬영하도록 한다.

또한 주요 부분은 반복하여 촬영하며, 사용된 주요 장비 및 시위용품은 특정지을 수 있도록, 그리고 채증 자료는 신속히 판독해야 한다(조철옥, 2008: 607).

4 집회 및 시위에 관한 업무

옥외집회 및 시위와 관련하여 경찰서 또는 지방경찰청 정보과에서는 신고의 수리, 보완 통고, 제한 조치, 금지 통고 등의 업무를 처리한다.

1) 「집회 및 시위에 관한 법률」의 목적(동법 제1조)

집회 및 시위에 관한 법률은 적법한 집회 및 시위를 최대한 보장하고, 위법한 시위로부터 국민을 보호함으로써 집회 및 시위의 권리 보장과 공공의 안녕·질서를 적절히 조화되게 함을 목적으로 하고 있다.

2) 용어의 정의(동법 제2조)

(1) 옥외집회

천장이 없거나 사방이 폐쇄되지 아니한 장소에서 여는 집회를 말한다.

(2) 시위

다수인이 공동 목적을 가지고 도로, 광장, 공원 등 공중이 자유로이 통행할 수 있는 장소를 행진하거나 위력 또는 기세를 보여 불특정 다수인의 의견에 영향을 주거나 제압을 가하는 행위를 말한다(시위에는 일정한 장소에서 고정하여 이루어지는 경우와 다른 장소로 이동하며 행하는 경우 등이 있으나 법률상으로는 동일한 적용을 받는다).

(3) 주최자

자기 명의로 자기 책임 아래 집회 또는 시위를 개최하는 사람 또는 단체를 말한다. 주최자는 주관자를 따로 두어 집회 또는 시위의 실행을 맡아 관리하도록 위임할 수 있다. 이 경우 주관자는 그 위임의 범위 안에서 주최자로 본다.

(4) 질서유지인

주최자가 자신을 보좌하여 집회 또는 시위의 질서를 유지하게 할 목적으로 임명한 자를 말한다.

(5) 질서유지선

관할 경찰서장이나 지방경찰청장이 적법한 집회 및 시위를 보호하고 질서 유지나 원활한 교통 소통을 위해 집회 또는 시위의 장소나 행진 구간을 일정하게 구획하여 설정한 띠, 방책(防柵), 차선(車線) 등의 경계 표지(標識)를 말한다.

3) 옥외집회 및 시위의 신고

(1) 신고자

옥외집회 · 시위를 개최하고자 하는 자를 말한다.

(2) 신고 기간

옥외집회 · 시위의 개최 720시간 전부터 48시간 전까지이다.

(3) 신고서 제출기관

① 1의 경찰서 관할에 속하는 경우: 관할 경찰서장
② 2 이상의 경찰서 관할에 속하는 경우: 관할 지방경찰청장
③ 2 이상의 지방경찰청장의 관할에 속하는 경우: 주최지를 관할하는 지방청장

(4) 신고 내용 및 방법

목적 · 일시(소요 시간 포함) · 장소 · 주최자(단체인 경우에는 그 대표자

를 포함)·연락책임자·질서유지인의 주소·성명·직업과 연사(演士)의 주소·성명·직업·연제(演題), 참가 예정단체 및 참가 예정 인원과 시위 방법(진로 및 약도를 포함) 등을 기재한 문서(신고서)를 통해 신고한다.

(5) 신고를 요하지 않는 집회

옥내집회, 학문·예술·체육·의식·친목·오락·관혼상제 및 국경행사에 관한 집회(집회 및 시위에 관한 법률 제13조)의 경우는 신고를 요하지 않는다. 또한 대학구내·종교시설 구내 등 소위 '성역'에서의 집회는 원칙적으로 옥외집회에 해당되지만 현실적으로 시설 당국의 자치권을 인정, 시설주에게 일임하고 있는 실정이며, 시설이용권이 없는 외부인이 이 시설에서 집회를 개최하는 경우에는 집회 신고를 하도록 해야 한다.

한편, 공공용물로서 건설된 지하철역·대합실 등은 그 시설이 일반인에게 개방된 시간에 한해 옥외집회에 해당하며, 옥내집회는 원칙적으로 신고 대상이 아니지만 집회 후 행진을 할 경우에는 신고 대상이다.

4) 접수증의 즉시교부

신고서를 접수한 때에는 관할 경찰서장 또는 지방경찰청장은 접수 일시를 기재한 접수증을 즉시 신고자에게 교부해야 한다. 신고서류에 미비점이 있다 하더라도 일단 접수하고 즉시 접수증을 교부해야 한다.

5) 신고서의 보완 통고 등(동법 제6조 1항)

관할 경찰서장·지방경찰청장은 신고서의 기재 사항 등에 미비점이 있는 경우 접수증을 교부한 때로부터 12시간 이내에 주최자에게 24시간을 기한으로 기재 사항의 보완을 통고할 수 있다. 보완 통고는 서면으로 하되 주최자 또는 연락 책임자에게 송달한다.

6) 집회 및 시위의 금지·제한 사유

(1) 절대적으로 금지되는 집회·시위

① 헌법재판소의 결정에 의해 해산된 정당의 목적을 달성하기 위한 집

회 · 시위

② 집단적인 폭행, 협박, 손괴, 방화 등으로 공공의 안녕 질서에 직접적인 위협을 가할 것이 명백한 집회 · 시위

③ 다음의 청사 또는 저택의 경계 지점으로부터 1백 미터 이내의 장소에서 옥외집회 또는 시위 금지

㉠ 국회의사당, 각급 법원, 헌법재판소

㉡ 대통령 관저, 국회의장 공관, 대법원장 공관, 헌법재판소장 공관

㉢ 국무총리 공관. 다만, 행진은 예외이다.

㉣ 국내 주재 외국의 외교기관이나 외교사절의 숙소. 다만, 외교기관이나 외교사절의 숙소의 기능이나 안녕을 침해할 우려가 없다고 인정되는 때, 그리고 당해 외교기관이나 외교사절의 숙소를 대상으로 하지 아니하는 경우는 제외된다. 또한 대규모 집회 또는 시위로 확산될 우려가 없는 경우와 외교기관의 업무가 없는 휴일에 개최되는 경우 역시 제외된다.

(2) 상대적으로 금지되는 집회 · 시위

① 경찰관서장의 신고서 보완 통고에도 불구하고 보완하지 않는 경우

② 옥외집회 및 시위의 금지 시간(야간)에 해당하는 경우[3)]

③ 교통 소통을 위한 금지 및 제한

㉠ 관할 경찰서장은 대통령령이 정하는 주요 도시의 주요 도로에서의 집회 또는 시위에 대해 교통 소통을 위해 필요하다고 인정하는 경우 이를 금지하거나 교통 질서 유지 조건을 붙여 제한할 수 있다.

---

3) 이 법 제10조(옥외집회와 시위의 금지 시간)에서는 누구든지 해가 뜨기 전이나 해가 진 후에는 옥외집회 또는 시위를 해서는 아니 된다. 다만, 집회의 성격상 부득이하여 주최자가 질서유지인을 두고 미리 신고한 경우에는 관할 경찰관서장은 질서 유지를 위한 조건을 붙여 해가 뜨기 전이나 해가 진 후에도 옥외집회를 허용할 수 있다고 규정하고 있다. 그러나 2010년 헌법재판소의 위헌 결정으로 법률 개정이 필요한데, 국회 개정안이 미통과되고 있다. 현재 이 법에서는 [헌법 불합치, 2008헌가25, 2009.9.24, 집회 및 시위에 관한 법률(2007. 5. 11. 법률 제8424호로 전부 개정된 것) 제10조 중 '옥외집회' 부분 및 제23조 제1호 중 '제10조 본문의 옥외집회' 부분은 헌법에 합치되지 아니한다. 위 조항들은 2010. 6. 30.을 시한으로 입법자가 개정할 때까지 계속 적용된다.]고 규정하고 있다.

㉡ 그러나 주최자가 질서유지인을 두고 도로를 행진하는 경우에는 금지할 수 없다. 다만, 당해 도로와 주변 도로의 교통 소통에 장애를 발생시켜 심각한 교통 불편을 줄 우려가 있는 경우에는 그러하지 아니하다.

7) 집회 및 시위의 금지 또는 제한 통고

(1) 신고서를 접수한 관할 경찰서장은 신고된 옥외집회 또는 시위가 제5조 제1항, 제10조 본문 또는 제11조의 규정에 위반된다고 인정될 때, 제7조 제1항의 규정에 의한 기재 사항을 보완하지 아니한 때 또는 제12조의 규정에 의해 금지할 집회 또는 시위라고 인정될 때에는 그 신고서를 접수한 때부터 48시간 이내에 집회 또는 시위의 금지를 주최자에게 통고할 수 있다.

(2) 집회 또는 시위가 집단적인 폭행·협박·손괴·방화 등으로 공공의 안녕 질서에 직접적인 위험을 초래한 경우에는 남은 기간의 당해 집회 또는 시위에 대해 신고서를 접수한 때로부터 48시간이 경과된 경우에도 금지 통고를 할 수 있다.

(3) 집회 또는 시위의 시간과 장소가 경합되는 2 이상의 신고가 있고, 그 목적으로 보아 상반되거나 방해가 된다고 인정될 경우에는 뒤에 접수된 집회 또는 시위에 대해 제1항의 규정에 준해 그 집회 또는 시위의 금지를 통고할 수 있다.

(4) 다음에 해당하는 경우로서 그 거주자 또는 관리자가 시설이나 장소의 보호를 요청하는 때에는 집회 또는 시위의 금지나 제한을 통고할 수 있다.

① 신고 장소가 타인의 거주 지역이나 이와 유사한 장소로서 집회 또는 시위로 인해 재산 또는 시설에 심각한 피해가 발생하거나 사생활의 평온에 현저한 해를 입힐 우려가 있는 경우

② 신고 장소가 초·중등교육법 제2조의 규정에 의한 학교의 주변 지역으로서 집회 또는 시위로 인해 학습권을 현저히 침해할 우려가 있는 경우

③ 신고 장소가 군사시설보호법 제2조 제1호의 규정에 의한 군사시설의 주변 지역으로서 집회 또는 시위로 인해 시설이나 군작전의 수행에 심각한 피해가 발생할 우려가 있는 경우

8) 금지 통고에 대한 이의신청 등

(1) 이의신청인

집회 또는 시위의 주최자로서 금지 통고에 불복하는 자는 이의신청을 할 수 있다.

(2) 신청 기간

금지 통고를 받은 날부터 10일 이내이다. 10일이 경과하면 금지 통고에 대해 다툴 수 없다

(3) 재결청

이의신청에 대한 재결청은 금지통고를 한 당해 경찰관서의 직근 상급 경찰관서의 장이다.

(4) 재결 기간

재결 기간은 이의신청 접수 시부터 24시간 이내이다. 접수 시부터 24시간 이내에 재결서를 발송하지 아니한 때에는 관할 경찰관서장의 금지 통고는 소급하여 그 효력을 잃게 된다.

(5) 재결의 효력

금지 통고가 위법 또는 부당한 것으로 재결되거나 그 효력을 잃게 된 경우에 이의신청인은 최초에 신고한대로 집회·시위를 개최할 수 있다. 다만, 금지 통고로 시기를 놓친 경우에는 일시를 새로이 정해 집회 또는 시위의 24시간 전에 관할 경찰서장에게 신고함으로써 집회·시위를 개최할 수 있다.

(6) 재결에 대한 불복

재결에 대해 불복할 경우 행정소송의 제기(이의신청 절차를 거치지 않고

곧바로 행정소송을 제기할 수도 있다)가 가능하다.

9) 질서유지선의 설정

옥외집회 및 시위의 신고를 받은 관할 경찰관서장은 집회·시위의 보호와 공공의 질서 유지를 위해 필요하다고 인정할 때에는 최소한의 범위를 정해 질서유지선을 설정할 수 있다.

경찰관서장이 질서유지선을 설정할 때에는 주최자 또는 연락 책임자에게 서면으로 이를 고지해야 한다. 질서유지선의 효용을 해한 자(정당한 이유 없이 상당 시간 침범, 손괴, 은닉, 이동 등)는 6월 이하의 징역이나 50만원 이하의 벌금·구류 또는 과료에 당한다.

10) 확성기 등의 사용 제한

집회 또는 시위의 주최자는 확성기·북·꽹과리 등 기계 및 기구의 사용으로 타인에게 심각한 피해를 주는 소음으로서 대통령령이 정하는 기준을 위반하는 소음을 발생시켜서는 안 된다.

소음 기준을 초과하여 타인에게 피해를 주는 경우에는 기준 이하의 소음 유지 명령, 확성기 등 사용 중지 명령, 확성기 등의 일시 보관 조치가 가능하다.

한편, 소음 기준은 주거지역 및 학교 주변의 경우 주간 65db, 야간 60db이며, 기타 지역의 경우 주간 80db, 야간 70db이다. 소음의 특정은 피해자가 위치한 건물 외벽에서 소음원 방향으로 1~3.5m 떨어진 지점에서 하되, 지면 위 1.2~1.5m에서 측정한다.

11) 집회 또는 시위의 해산

(1) 해산 사유

① 절대적으로 금지되는 집회·시위

헌법재판소의 결정에 의해 해산된 정당의 목적을 달성하기 위한 집회·시위, 집단적인 폭행, 협박, 방화 등으로 공공의 안녕 질서에 직접적인 위협을 가할 것이 명백한 집회·시위 등은 해산이 가능하다.

② 금지 시간에의 옥외집회·시위

일출 시간 전, 일몰 시간 후에는 집회·시위가 금지되지만, 질서유지인이 있는 경우 질서 유지 조건으로 허용이 가능하다.

③ 금지 장소에서의 옥외집회·시위

청사 또는 저택의 경계 지점으로부터 1백 미터 이내 장소에서의 집회·시위 금지 장소에서는 해산할 수 있다.

④ 주최자가 종결선언을 한 집회·시위

주최자가 질서 유지를 할 수 없어 종결선언을 한 집회·시위를 말한다.

⑤ 신고하지 않은 집회·시위

적법한 절차에 의해 경찰관서장에게 신고하지 않은 집회·시위 역시 해산 사유이다.

⑥ 금지 통고된 옥외집회·시위

금지 통고를 받은 집회·시위는 원칙적으로 불법이므로 해산할 수 있다.

⑦ 교통 소통을 위해 금지한 옥외집회·시위

대통령령이 정하는 주요 도시의 주요 도로에서의 집회·시위에 대해 교통 소통을 위해 필요하다고 인정할 때에 금지한 집회·시위이다.

⑧ 질서유지인을 위한 조건을 위반한 집회·시위

일출 전, 일몰 후에 질서 유지와 교통 소통을 위한 교통 질서 유지 조건에 위반하여 교통 소통 등 질서 유지에 직접적인 위험을 명백하게 초래한 집회·시위는 해산할 수 있다.

⑨ 금지행위로 인해 질서를 유지할 수 없는 집회·시위

총포, 폭발물, 도검, 철봉, 곤봉, 석괴 기타 타인의 생명·신체에 위험을 가할 수 있는 무기를 휴대 또는 사용하거나 휴대 또는 사용하게 하는 행위, 폭행, 협박, 손괴, 방화 등으로 질서를 문란하게 하는 행위, 신고한 목적, 일시, 장소, 방법 등 그 범위를 현저히 일탈하는 행위 등이다.

(2) 퇴거 의무 및 처벌

집회 또는 시위가 해산명령을 받았을 때에는 모든 참가자는 지체 없이 퇴거해야 하며, 이를 위반했을 때는 6개월 이하의 징역 또는 50만 원 이하의 벌금 · 구류 · 과료에 처한다.

12) 집회 · 시위자문위원회의 구성

집회 및 시위의 자유와 공공의 안녕 질서가 조화를 이루도록 하기 위해 각급 경찰관서에 다음 각 호의 사항에 관해 각급 경찰관서장의 자문 등에 응하는 집회 · 시위자문위원회를 둘 수 있다.

위원회의 직무는 집회 또는 시위의 금지 또는 제한 통고, 이의 신청에 관한 재결, 집회 또는 시위에 대한 사례 검토, 집회 또는 시위 업무의 처리와 관련하여 필요한 사항 등이다. 구성은 위원장 1명을 두되, 위원장을 포함한 5명 이상 7명 이하의 위원으로 구성되며, 위원장과 위원은 각급 경찰관서장이 변호사, 교수, 시민단체에서 추천하는 사람, 관할 지역의 주민대표 중 전문성과 공정성 등을 고려하여 선정한다.

제 5 절 외국의 정보경찰

1 영국의 정보경찰

영국에는 대표적 정보기관으로 외무부의 SIS(Secret Intelligence Service), 내무부의 SS, 국방부의 DIS(Defence Intelligence Staff) 등이 있다. 또한 수도경찰청 특수부서로 A과(A squad: 요인경호담당), B과(B squad: 아일랜드공화국군 관련 업무 수행), CE과(CE squad: 좌 · 우익단체 관련 업무 수행)가 있는데, 이들이 담당 업무를 수행하기 위해 정보활동도 함께 수행하고 있다(임재강 · 한태천, 2008: 507-508).

2 미국의 정보경찰

대표적 기관으로 NSA(국가안보국)는 1952년 대통령령으로 설치한 미국 국방부 소속 정보기관이다. FBI와는 별개이며, 세계를 무대로 전자첩보활동을 하는 방대한 국가안보기관으로서 육군안전국 및 해군 · 공군의 통신정보기구에 대해서도 광범위한 감독권이 있다.

NRO(국가정찰실 또는 국가정찰국)는 미국 국가안전보장회의(NSC) 상하의 정보기관이며, CIA(중앙정보국)는 미국 내에서 활동하고 있는 외국첩보기관의 정보를 수집 · 분석하고, 그 조직 및 구성원의 행동을 사찰 · 내사함으로써 미국의 안전을 해하는 반미 활동의 수행을 봉쇄하는 임무를 수행한다. 정보부에 정보1과, 정보2과, 정보3과가 있으며, 이 중 정보3과는 우리나라의 외사경찰 기능과 유사하다(미국의 정보 체계는 CIA의 장이 겸하는 중앙정보부장의 지휘 아래 모든 정보기관을 정보협의체로 묶어 운영하고 있다)(강용길 외, 2010b: 317-319).

한편, FBI(연방수사국)는 법무부 산하기관으로서 스파이, 사보타주, 반란, 소요, 정부 전복 등의 연방 범죄에 대한 수사를 전담하는 기관이지만, 국내 공안정보 수집의 임무도 있으나 그 임무는 CIA에서 수행한다(장노순 · 남재성, 2008: 62).

3 독일의 정보경찰

독일에는 BND(연방정보국), 국방부 산하의 MAD(국방보안국)가 대표적이다. 또한 내무부 산하기관인 BVS(연방헌법보호청)는 반헌정 질서 범죄 및 범죄자에 대한 정보 수집 및 배포 임무를 수행하며, 주경찰 내부에는 따로 정보 업무를 전담하는 조직은 없어 LVS(주헌법보호청)가 정보 업무를 담당한다(강용길 외, 2010b: 322-323).

4 프랑스의 정보경찰

프랑스의 국립경찰청 정보국(Direction Centrale des Reseignements Generaux: D. C. R. G.: 우리나라의 정보국에 해당)은 내무부 장관의 지휘를 받는 국립경찰청 산하의 정보국이다. 이 기관에서는 정부기관에 필요한 모든 정보를 제공할 임무를 띠고 있으며, 중앙조직으로는 일반첩보부, 특별첩보부, 조사부, 관리부, 경마도박부가 있고 지방조직으로는 23개의 지방본부와 103개 도지부가 있는데, 정보국의 지방조직은 지방경찰청장과 중앙의 정보국장의 이중 감독을 받는다. 그 임무를 구체적으로 살펴보면 혐의가 있는 인물 및 단체를 감시하고 치안 유지에 필요한 정치·경제·사회·언론 등 전반적 정보활동과 정치적 폭력·테러의 감시 및 분석, 유흥장·도박장·승마장의 감시를 통한 정보 수집 등이 있다.

이 밖에도 국방부 해외안전총국(D. G. S. E.)은 국방부 장관의 지휘를 받는 군(軍)경찰 산하기관으로 국외정보와 방첩 업무를 담당한다. 기타 기관으로는 외무부 정보과와 각 국(局) 정보기관 등이 있다(김재홍, 1998: 254).

프랑스의 정보경찰은 경마도박부의 임무를 제외하고는 우리나라의 정보경찰과 가장 유사하며, 가장 우수한 자질의 경찰관들로 구성되어 있는 것으로 전해지고 있다.

5 일본의 정보경찰

일본의 정보활동은 국가 수준의 종합정보기관인 내각정보조사실, 법무성의 외청인 공안조사청, 방위청, 외무성의 정보조사국이 있고, 경찰의 정보활동은 경찰청 경비국·국제부, 관구경찰국 공안부, 도도부현 경찰본부 공안부 또는 경비부의 라인으로 이루어지고 있다.

일본 경찰의 정보활동은 국외에 관련되는 것만 국제부에서 수행하는 외에는 원칙적으로 경비경찰에 소속되어 있는 공안경찰이 담당하며, 공안경찰은 공안정보 활동이라고 하여 국가의 공안이나 이익에 관계된 범죄정보 및 정치·사회운동에 관련된 범죄정보 수집 등을 임무로 활동한다. 일본 경찰의 정보활동은 우리나라의 보안활동과 정보활동, 그리고 경비활동이 통합되어 있다는 데 특징이 있다(장노순·남재성, 2008: 74-79).

구체적으로 내각정보조사실은 내각의 중요 정책에 관한 정보의 수집 및 분석과 그 외의 각 행정기관에 필요한 정보의 수집 및 분석 업무를 담당하는 기관으로 정식 명칭은 내각관방 정보 조사실이다.[4]

공안조사청은 일본에 대한 다양한 안보 위협 요소에 대한 정보 및 첩보 수집활동을 전담하는 조직으로 특히 북한 관련 정보를 다수 취급한다. 좀 더 구체적으로 이 기관은 내부적으로 옴 진리교, 폭력단, 일본 공산당, 신좌·우익단체, 조총련 등의 정보를 수집하고 있으며, 최근에는 한반도에서 발생하는 위협 요인에 대한 정보 수집에 총력을 기울이고 있다. 또한 외부적으로는 북한이나 중국, 러시아 등 일본과 적대 혹은 긴장 관계에 놓인 국가들의 정보를 수집할 뿐만 아니라 9·11 이후 중동지역의 이슬람 과격단체들에 대한 정보 수집도 병행하고 있다.[5]

또한 경찰청 경비국은 경비기획과, 공안과, 외사과, 외사정보 등으로 구성되어 있으며, 실질적인 공안경찰 업무는 공안과에서 담당하고 있다. 공안과는 전국의 공안경찰을 총괄 지휘하는 조직으로 일본 공산당 등 공안사범에 대한 수사·정보 수집뿐만 아니라 간첩행위를 저지르거나 일본인을 납치하는 행위 등과 같이 헌법이나 법령 위반을 수반하는 활동 및 기타 치안유지 활동 전반을 포괄적으로 담당하고 있다. 또한 일본 공산당이나 알카에다 등의 테러리스트에 대한 공작활동이나 정보 수집 업무를 주된 임무로 하고 있다.[6]

---

4) 내각정보조사실 홈페이지(http://www.cas.go.jp/jp/gaiyou/jimu/jyouhoutyousa.html, 검색일, 2010. 12. 15) 참조.

5) 공안조사청 홈페이지(http://www.moj.go.jp/KOUAN/shoukai2.htm, 검색일, 2010. 12. 151) 참조.

경찰청 국제부는 1994년 7월에 설치된 기관으로 재외국의 국정 및 이를 둘러싼 국제 정세, 치안 수준, 경찰제도, 경찰시설 등의 실태, 경찰관의 지식·기술 수준 등에 관한 정보 수집 및 외국 경찰기관과의 정보 교환 등의 국제적인 정보 업무를 담당한다.

---

6) 일본 경찰청 홈페이지(http://www.npa.go.jp/koho1/sikumi.html, 검색일, 2010. 12. 15) 참조.

Chapter 06

보안경찰활동

제 1 절 보안 일반

1 보안의 의의

보안(保安, security)이란 국가안전 보장에 관련되는 비밀이나 인원·문서·자재·시설 및 지역(장노순·남재성, 2009: 15)을 간첩 등 불순분자나 비인가자로부터 보호하기 위해 취하는 적극적·소극적 사전 예방활동이다.

보안이란 "국가안전 보장의 수단으로서 모든 보안활동, 즉 인원, 문서, 시설, 지역, 통신 등에 대한 보안 대책을 비롯하여 검문, 검색, 측정, 감사를 포함한 총체적 방어 수단"이라 할 수 있다. 또한 "국가 안전에 관한 문서나 자재. 시설, 인원 및 지역 등을 상대자로부터 보호하기 위해 취해지는 일체의 수단과 방법"(행정안전부, 2007: 5)과 관련된 의미로 사용되기도 한다.

그뿐만 아니라 보안의 개념은 보안경찰, 국가보안법, 보안관찰, 보안처분, 보안사범, 산업보안, 통신보안, 보안장비 및 설지, 민간경비, 보안 유지, 보안 검열, 보안요원 등의 매우 포괄적인 의미(임준태, 2006: 149)로 사용되기도 한다. 그리고 과거 협의의 보안 개념으로서 사용되던 위의 의미 이외에

광의의 의미로서 국가 안전을 위협하는 다양한 분야에서 간첩, 태업, 전복 활동을 경계 및 탐지, 제거하는 적극적 방첩 업무 역시 보안의 개념으로 포함되고 있다(김충남, 2006: 494).

2 최근의 안보 패러다임 변화

보안 개념의 변화와 국내외 환경 변화에 따른 보안경찰의 새로운 패러다임(paradigm)이 요구되고 있다. 이렇게 새로운 패러다임이 요구되는 것은 세계화와 정보통신혁명으로 특징지어지는 전 지구적인 흐름에서 과거에는 불가능했던 국가 안보에 위협을 가하는 수단과 대상들이 증가했다는 점에 기인한다. 즉, 한반도를 둘러싼 동아시아 지역의 유동적 주변 환경과 비록 최근에는 더딘 발걸음을 보이고 있으나 그나마 과거에 비해 진전을 보이고 있는 남북 관계, 그리고 국내외의 경계선을 뛰어넘어 일련의 네트워크를 형성하여 국가 안보에 치명적인 위해를 가하게 되는 다양한 위협 상황 등으로 인해 전통적 안보 개념에 큰 변화가 초래되고 있는 현실이 작용하고 있다.

반면에, 미국과 소련의 대립 구도가 해체된 탈냉전의 대외환경에서 초국가적인 행위자들(transnational actors)의 활동이 이전에 비해 크게 증가하고 있다. 이는 국가 안보의 위협이 적대국가의 간첩활동에 크게 국한되었던 과거와 달리 개인이나 조직 혹은 그러한 세력들이 다양한 요인으로 국가 안보에 치명적인 손상을 줄 수 있게 되었음을 의미한다. 결국 이와 같은 현실은 위협의 주체가 국가 체제 전복을 목적으로 하는 것이 아니어도 국가의 안보가 치명적인 위협을 당할 수 있다는 것을 의미하는 것이다. 따라서 대테러 활동이나 산업 보안 및 사이버 안보, 그리고 기타 위기관리 활동은 경찰이 무엇보다 우선적으로 대응해야 할 중요 활동으로 대두되고 있다(장노순 · 남재성, 2008: 8-9).

제2절 좌익이론

1) 종속이론

종속이론(dependency theory)은 자본주의 선진국과 저개발국의 경제적 관계를 지배와 종속의 관계로 규정하여 저개발국은 영원히 저개발에서 탈피할 수 없다고 주장하면서 정치 · 경제 · 사회 · 문화 · 사상 등의 모순을 비판하는 것을 핵심으로 하고 있다(김수행, 2004: 29).

2) 뉴레프트이론

뉴레프트운동(new left theory, 신좌파운동)은 1960년대에 기존 체제와 질서를 부정하면서도 마르크스주의 노선에 입각한 기존 좌익조직의 행동규율에 반기를 들고 행동하는 새로운 좌익행동파의 집단을 지칭한다(정동근, 2003: 95).

3) 유로코뮤니즘

유로코뮤니즘(Euro communism)은 서구 공산주의를 가리키는 말로 네오마르크시즘의 한 분파로 지칭되기도 하는데, 1970년대 자본주의 국가의 발전과 공산주의 국가에서의 모순점 등장으로 기성 공산주의에 대한 근본적인 회의와 재검토가 필요하게 되자 프롤레타리아 독재 폐지, 자유와 민주주의 가치 중시를 표방하고 의회 활동을 통한 사회제도, 법률 등의 개선으로 공산주의에 도달할 수 있다고 보는 서구 공산주의 운동 사조이다(허화평, 2007: 199-200).

4) 네오마르크시즘

네오마르크시즘(neo-Marxism)은 마르크스주의와 산업자본주의를 인본주의적 입장에서 동시에 비판하고 마르크스주의에 대한 재해석을 내용으로 하여 휴머니즘 강조, 전 세계의 공산화, 사회혁명을 제시하고 있다(김용욱, 2002: 175).

1 남한의 좌익운동

1) 좌익운동권의 기본적 투쟁 과정

국내 좌익운동권은 의식화 → 조직화 → 투쟁화의 3단계를 거쳐 혁명전략을 구사한다.

- 의식화 단계: 자본주의를 비판하고 공산주의를 신봉하도록 변화시킨다.
- 조직화 단계: 공산주의혁명이론을 실천하고 직접 행동할 대오를 결성한다.
- 투쟁화 단계: 의식화하고 조직화한 좌익운동권 세력을 가동시키는 실천 과정이다.

2) 국내 좌익운동권의 분파

(1) 민족해방민중민주주의혁명론(NLPDR, NL 주사파)

이들은 김일성 주체사상을 신봉하며, 북한의 대남혁명 전략에 따라 한국을 반(反)자본주의, 미국의 식민지 국가, 현 정권을 미국의 대리 통치자로 규정하여 주한미군을 철수시키고(민족해방, NL: National Liberation) 현 정권을 타도하여 인민 정권의 수립(인민민주주의 혁명, PDR: People's Democracy Revolution)을 이룩하고, 북한과 합작을 통해 사회주의 혁명(social revolution)을 완수하자는 혁명론이다.

(2) 민족민주주의혁명론(NDR: National Democracy Revolution)

민중통일전선을 형성하여 무장 봉기에 의한 임시 민주정부 구성으로 민중공화국을 수립한 후 자본주의제도의 철폐 등으로 사회주의 국가를 건설해야 한다고 주장한다.

(3) 민중민주주의혁명론(PDR: Peoples Democracy Revolution)

노동자계급이 주도하는 전위당을 결성, 독점자본과 파쇼 정권 및 미제를 동시에 타도하고 민중 권력을 쟁취한 후 사회주의 혁명을 완수해야 한다고 주장한다(임재강 · 한태천, 2008: 519).

(4) 국제사회주의혁명론(ISR, 또는 트로츠키파)

러시아 트로츠키(Leon Trotskii)의 혁명노선(영구혁명론)에 입각하여 한국 공산화 혁명을 획책하는 세력을 지칭한다(박기남 · 박종문, 2005: 159-160). 트로츠키의 영구혁명론을 수용하여 노동자계급만을 주력군으로 남한에서 현 정권을 타도하고 미제를 축출하여 사회주의 혁명을 이룩한 후 이어 북한 노동자를 지원하여 북한 정권을 타도하고 남북통일 노동자 권력을 건설한다는 전략이다.[1]

2 북한의 대남 공작기구

북한은 최근 대남 공작부서 조직을 노동당에서 국방위원회 정찰총국 위주로 개편했다.

1) 225국(구 대외연락부)

주로 공작원의 밀봉교육, 남파, 남한 내 지하당 구축공작 및 해외공작을 전담하는 기구이다(강용길 외, 2010b: 396). 1995년 충남 부여 김동식 사건, 1997년 최정남 사건과 관련이 있다.

2) 통일전선부

1977년 김일성의 교시에 따라 설치된 대남 사업부서로 남북 대화를 주관하고, 조총련 및 해외교포 공작사업, 대남심리전 및 통일전선 공작 등을 전

1) http://cafe.naver.com/kimtaeholove.cafe?iframe_url=/ArticleRead.nhn%3Farticleid=53 (검색일: 2010. 12. 16)

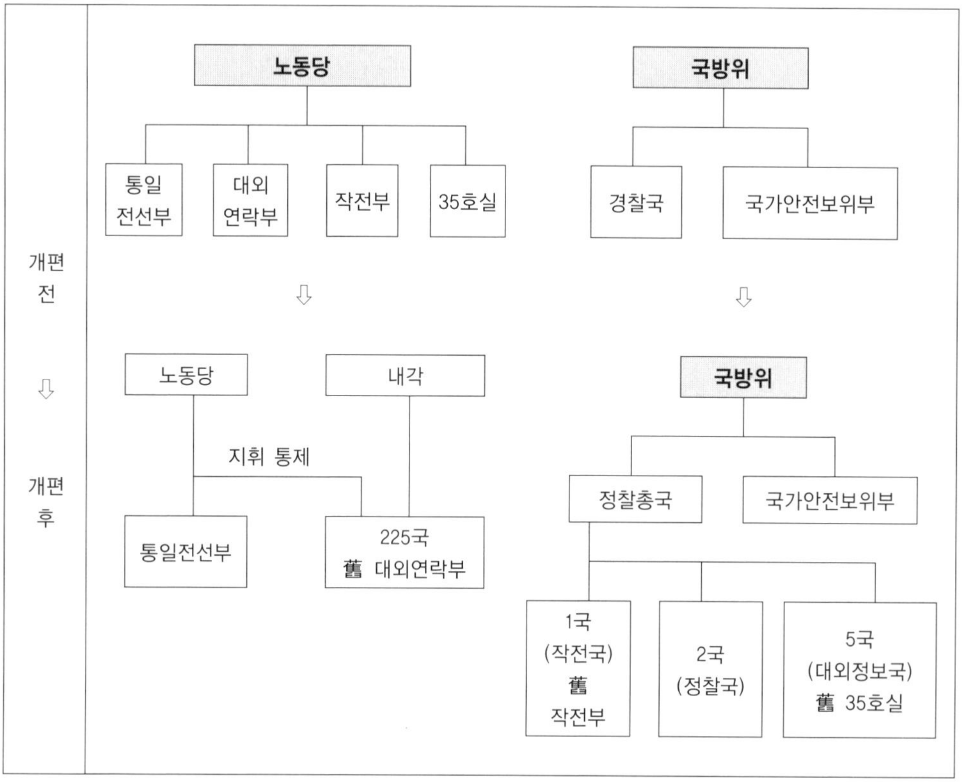

그림 대남 공작기구의 개편 전후 비교

담하고 있다. 외곽단체로는 조국평화통일위원회(조평통), 조국통일민주주의전선(조국전선), 반제민족민주전선(반제민전), 조선아세아태평양평화위원회(아·태평화위) 등이 있다.

한편, 반제민족민주전선(반제민전)은 남한 내 지하당인 것처럼 선전하고 있는 대남 혁명투쟁의 전위조직으로, 북한은 1964년 통일혁명당(통혁당) 창당준비위를 조직했고, 1985년 명칭을 한국민족민주전선으로 개칭한 뒤 '통혁당 목소리 방송'도 '구국의 소리 방송'으로 개명했으며, 2005년 3월 25일 명칭을 반제민족민주전선(반제민전)으로 개명했다. 특히, 심리전의 흑색선전과 관련된 단체이다. 한민전은 2003년 8월 1일부터 '구국의 소리 방송' 방송을 중단하고, 같은 주파수로 조선중앙방송을 송출하고 있으며, 인터넷 사이트 '구국조선'을 운영해 오다 2005년 3월 23일 '반제민전'으로 개칭했다(강용길 외, 2010b: 396-397).

3) 정찰총국

북한 인민무력부에 소속되어 있는 것으로 알려진 기구로, 각종 대남·해외 공작 업무를 총괄하여 지휘한다. 2009년 2월, 조선노동당 소속의 작전부와 35호실, 그리고 인민무력부 산하의 정찰국이 통폐합되어 정찰총국이 신설되었다. 과거의 대남 공작 업무 조직 체계보다 한층 기능과 위상이 강화된 정찰총국이 신설된 것은 대남 침투공작과 정보 수집 업무를 강화하려는 의도인 것으로 해석되었다(손광주, 2009: 36-44).

정찰총국은 6개의 부서로 이루어져 있고, 전방 5개 군단에 각 500~600명 규모의 정찰대대를 운용하는 것으로 알려져 있다.[2]

(1) 정찰총국 1국 (구 작전부)

공작원들에 대한 기본교육 훈련, 침투 공작원 호송·안내·복귀·대남테러공작 및 대남 침투로 개척 등을 주임무로 담당하고 있다. 1998년 유고급 잠수정으로 속초 지역으로 침투한 바 있다.

(2) 정찰총국 2국(구 정찰국)

무장공비 양성·남파·요인 암살 파괴·납치 등 게릴라 활동 및 군사정보 수집을 담당하는 조직으로 1983년 미얀마 아웅산 암살폭파사건, 1996년 강릉무장공비사건을 자행한 바 있다.

(3) 정찰총국 3국(구 35호실)

대외·대남정보 수집, 해외 간첩공작 및 테러공작을 전담하는 부서로, 1987년 KAL 858기 공중폭파 테러를 자행했다.

(4) 정찰총국 5, 6, 7국

제5국은 남북 대화 및 협상 기술을 연구하며, 제6국은 기술국으로 사이

---

2) http://100.naver.com/100.nhn?docid=925764(검색일: 2010. 12. 16).

버 테러 및 침투장비 개발을 전담한다. 또한 제7국은 지원 부서의 기능을 수행한다.[3)4)]

제 3 절 보안경찰활동

1 보안경찰의 의의

보안경찰이란 국가안전 보장을 위태롭게 하는 간첩활동 및 반(反)국가활동 세력에 대비하는 국가적 대공 취약점에 대한 첩보 수집·분석·판단과 보안사범 수사를 전담하는 경찰을 말한다.

또한 보안경찰은 사회 공공의 안녕과 공공의 질서를 유지하기 위한 경찰의 본질적 작용의 일환으로 국가의 기본을 구성하는 체제, 질서, 국민, 재산 등의 국가적 법익을 여러 위해 요소로부터 보호(김상호 외, 2004: 759)하기 위해 이루어지는 경찰활동으로, 사전 예방적 기능과 사후 진압적 기능을 동시에 내포하고 있다(허경미, 2008: 468).

2 보안경찰의 특징

보안경찰은 정보경찰과 마찬가지로 국가 안전과 사회 공공의 안녕·질서 유지를 직접 목적으로 하는 점에서 국민의 생명·신체·재산의 보호를 목적으로 하는 보통경찰과 다르다. 정보경찰과 같이 보안경찰도 국가적·사회적 법익을 침해하는 범죄가 그 대상이나 그 중에서도 대공에 관한 사항을 취급한다.

---

3) 제4국은 '죽을 사(死)'자와 발음이 같다는 이유로 제외되었다고 한다.
4) http://blog.naver.com/leinsoo?Redirect=Log&logNo=106028022(검색일: 2010. 12. 16).

또한 보안경찰활동은 직접 국가안전 보장에 관련되는 범죄를 대상으로 하기 때문에 고도의 보안을 요하는 비공개 활동으로 정보 및 보안 업무 기획조정규정에 따라 방첩공작 시 국가정보원장의 조정을 받는다.

3 보안경찰의 활동 근거

활동 근거로는 경찰법 제3조(치안정보의 수집, 공공의 안녕과 질서 유지), 경찰관 직무집행법 제2조(치안정보의 수집·작성 및 배포, 공공의 안녕과 질서 유지), 경찰청과 그 소속기관 등 직제(보안국의 사무분장), 국가보안법, 형법, 보안관찰법, 남북 교류 협력에 관한 법률, 북한이탈주민의 보호 및 정착에 관한 법률, 정보 및 보안 업무 기획조정규정 등이 있다.

4 보안경찰의 임무

보안경찰의 임무는 간첩 등 중요 방첩공작 수사, 보안관찰 업무 수행, 좌익사범 수사, 방첩 계몽과 관련 단체와의 협조, 불온 유인물 수집·분석, 남북 교류 관련 업무, 북한이탈주민의 거주지 정착 및 신변 보호에 관한 업무 등이다(신현기, 2010: 529).

제 4 절 보안경찰의 주요 활동

1 방첩활동

1) 의의

방첩(counter intelligence)이란 기밀 유지, 보안 유지라고도 하며, 상대로 하여금 우리 측의 의도를 간파하지 못하게 하고, 우리 측의 어떤 상황도 상대에게 노출되지 않도록 하는 방책을 말한다(임준태, 2006: 151). 즉, 방첩은 외세 또는 국내 불순 세력의 국가 위해행위로부터 국가 안전을 보장하기 위한 안전통제 방책이라 할 수 있다. 또한 적의 정보활동에 대비하여 자기 편을 보호하는 노력으로서 간첩, 태업, 전복 행위 등을 미연에 방지하고 적발하기 위한 조직화된 활동, 첩보, 인원, 시설, 물자 등을 보호하기 위한 적극적·소극적 보안 대책에 관계되는 활동 등을 말하기도 한다(이운주, 2004: 367).

한편, 방첩활동은 국가의 안전을 보장하기 위한 활동이기 때문에 보안경찰의 활동 가운데 가장 기본적이면서도 가장 중요한 부분이라 할 수 있으며, 방첩활동은 주로 첩보 수집, 감시, 비밀공작 등의 형태를 통해 수행되고 있다.

2) 방첩의 대상

(1) 간첩

① 의의

간첩(spy)이란 한 국가 또는 정치집단의 이익을 위해 비밀리에 첩보 수집을 하거나 태업·전복활동을 목적으로 대상국 내에 잠입한 자 또는 이를 지원·동조 및 협조하는 모든 조직적 구성분자를 말한다.

② 간첩의 종류

㉠ 임무에 의한 분류

가. 일반간첩

우리나라에 잠입한 대다수의 간첩으로, 일반적인 정보를 수집하거나 또는 태업공작, 전복공작을 전개하는 간첩이다.

나. 증원간첩

간첩요원의 보충·유인·납치 등 인적 자원의 확보를 위해 파견되는 간첩이다.

다. 보급간첩

간첩을 파견함에 필요한 일정한 장소에서 토대를 구축하고 남파 간첩의 공작활동에 필요한 공작 금품, 장비, 증명서 원본 등 물적 지원의 사명을 수행하는 간첩으로 예컨대 일본 등지에 거점을 두는 것이다.

라. 무장간첩

적지에 침투하여 암살, 파괴를 하거나 간첩의 호송, 연락, 안내 또는 호송로 개척을 위해 특별히 무장한 간첩이다(조철옥, 2008: 732-733).

㉡ 활동 방법에 의한 분류

가. 고정간첩

일정한 지역 내에서 영구적으로 간첩행위를 하도록 임무를 부여받고, 활동을 하는 간첩을 말한다. 지역적 연고권과 생업을 유지하며 합법적으로 보장된 신분을 구비하고 있다.

나. 배회간첩

일정한 공작 기간이 설정되어 있는 점이 주된 특징으로서 일정한 주거 없이 전국을 배회하면서 임무를 수행하는 간첩을 말한다.

다. 공행간첩

외교관 등과 같이 타국에 공용(公用)의 명목으로 입국하여 합법적인 신분을 갖고 이를 기화로 상대국에 대한 각종 정보를 수집하는 것을 목적으로 하는 간첩을 말한다(조철옥, 2008: 732).

㉢ 활동 범위에 의한 분류

가. 대량형 간첩

주로 전시(戰時)에 파견되어 특수한 대상의 지목도 없이 광범위한 분야에서 정보를 수집하는 간첩이다.

나. 지명형 간첩

특정한 목표와 임무를 부여받아 특수한 정보를 수집하도록 개별적으로 지명하여 파견된 간첩이다(조철옥, 2008: 733).

참고 **손자(孫子)의 간첩 분류**

향간(鄕間): 적국의 시민을 사용하여 정보활동을 하는 것
내간(內間): 적의 관리를 매수하여 정보활동을 시키는 것
반간(反間): 적의 간첩을 역으로 이용하여 아군을 위해 활동시키는 것
사간(死間): 고의로 허위를 조작하여 배반할 염려가 있는 아군을 간첩으로 하여금 그것을 사실로 알고 적에게 전언 또는 누설하게 하는 것
생간(生間): 적국 내에 잠입하여 정보활동을 하고 돌아와 보고하는 간첩(왕빈, 2004: 43)

③ 간첩망의 형태

㉠ 삼각형

지하당조직에서 주로 사용하는 간첩망 형태로 지하당 구축을 하명받은 간첩이 3명 이내의 행동공작원을 포섭하여 직접 지휘하고 포섭된 공작원 간의 횡적 연락을 차단시키는 활동조직이다. 공작원 간의 횡적 연락이 안 되므로 비교적 보안 유지가 잘 되고 일망타진의 가능성이 적다. 그러나 공작원의 검거 시 주공작원의 정체가 쉽게 규명되고 활동 범위가 좁다.

㉡ 서클형

간첩이 합법적 신분을 이용하여 침투, 합법적으로 공·사무활동을 하면서 대상국의 정치·사회문제를 이용, 적국의 이념이나 사상에 동조하도록 유도하여 공작 목표를 달성하기 위한 조직 형태이다. 간첩활동이 자유롭고 대중적 조직 및 동원이 가능하지만 간첩의 정체가 폭로되었을 때 외교적 문제를 야기한다.

㉢ 단일형

간첩이 단일 특수 목적을 수행하기 위해 동조자를 포섭하지 않고 단독으로 활동하는 점조직으로 대남간첩이 가장 많이 사용한다. 간첩 상호간에 종적·횡적 연락의 차단으로 보안 유지 및 신속한 활동이 가능하다. 그러나 활동 범위가 좁고 공작 성과가 비교적 낮다는 단점이 있다.

㉣ 피라미드형

간첩 밑에 주공작원 2~3명을 두고, 주공작원은 그 밑에 각각 2~3명의 행동공작원을 두는 조직 형태이다.

㉤ 레포형

레포란 연락원을 말하는 공산당의 용어이다. 피라미드형 조직에서 간첩과 주공작원 간, 행동공작원 상호간에 연락원을 두고 종횡으로 연결하는 방식이다. 오늘날은 사용하지 않는다(강용길 외, 2010b: 412).

(2) 태업

태업(sabotage)이란 국가의 방위력 또는 전쟁 수행 능력을 물리적 또는 심리적 방법으로 파괴 또는 약화시키기 위해 취해지는 모든 행위를 말한다.

① 태업의 대상

태업의 대상은 전략·전술적인 가치를 가진 것, 태업에 필요한 기구를 용이하게 입수할 수 있고 접근이 가능한 것, 일단 파괴되면 대체가 곤란한 것 등이다.

② 태업의 형태

㉠ 물리적 태업

물리적 태업의 대상으로는 수송기관, 통신시설, 산업시설 등을 들 수 있다.

가. 방화태업

성냥·유류 등 인화물질로 목표물에 화재를 발생케 하는 태업 방법이다. 가장 파괴력이 강하고, 어떠한 목표에 대해서도 위력을 발휘한다. 특히, 우연한 사고로 가장하기 용이하며, 인화물질의 습득 역시 용이하다.

나. 폭파태업

TNT·다이너마이트 등 폭발물을 사용하여 목표물을 파괴하는 방법이다. 파괴가 즉각적이고 전체적이어야 할 때주로 사용하며, 목표물을 파괴하는 목적을 달성하기 위해 강한 절단력·분쇄력을 필요로 할 때 주로 사용한다.

다. 기계태업

첨물·섬탕물을 기계 내에 투입하여 사용이 불가능하게 하거나, 전철이나 열차를 탈선·전복케 하는 등 기계류의 조작에 의한 태업이다. 범행이

용이한 반면 적발이 곤란하고, 특별한 도구나 수단이 필요 없다. 주로 목표물에 접근하여 있는 자와 장기 공작원이 실행한다.

ⓛ 심리적 태업

가. 선전태업

허위 사실 또는 유언비어 등을 유포시키든지, 혹은 반국가적 선전을 함으로써 국민의 사기를 저하시키고 여론을 혼란하게 하여 전투 수행 능력에 영향을 미치게 하는 행위이다.

나. 경제태업

증권 · 은행권 등을 위조 · 남발하여 신용을 떨어뜨린다든가, 혹은 노동쟁의 행위를 야기함으로써 전쟁 수행 능력에 영향을 미치게 하는 행위이다.

다. 정치태업

부당한 시책을 하든가, 정상적 개선과 개량을 방해한다든가, 또는 부당하게 정치적 물의를 야기시킴으로써 전쟁 수행 능력에 영향을 미치게 하는 행위이다(강용길 외, 2010b: 412-413).

참고 **심리전**

1. 의의

심리전이란 비무력적인 선전 · 선동 · 모략 등의 수단에 의해 직접 상대국 국민 또는 군대에 정신적 자극을 주어 혼란과 국론의 분열을 유발시킴으로써 자국의 의도대로 유도하는 비무력 전술을 말한다.

2. 특징: 전달의 단순단일성 · 내용의 반복성 · 선전 주체의 권위성 등

3. 종류

① 선전: 특정 문제에 대해 체계적 · 학문적 · 이론적으로 주최 측의 사상 · 판단 · 감정 · 관심 등을 대중에게 일방적으로 표시하여 의식 · 무의식 간에 대중의 태도를 자기들이 유리한 방향으로 유도하는 것.

② 선동: 대중의 심리를 자극, 감정을 폭발시킴으로써 그들의 이성 · 판단력을 마비시켜 폭력을 유발하게 하는 것

③ 불온선전물

- 북한이 대남심리전의 일환으로 국내의 정치 · 경제 · 사회 · 문화 · 군사 및 외교 등의 문제를 그때 그때 시사성에 민감하게 맞추어 왜곡 · 선전하는 내용을 담은 각종 전단 · 책자 · 신문 · 화보 · 팸플릿 등의 대남모략 비방 선전물을 총칭하는 개념
- 최근에는 가요 테이프 형태의 불온선전물도 유포되고 있다.
- 국내에서 집회 · 시위 또는 인권운동의 수단으로 정치 · 사회 · 노동단체, 학생 등이 제작 · 살포하는 불온 유인물과는 구별된다.

④ 유언비어

- 정치 · 경제 · 사회의 국가 불안이나 국론 분열 등 공작 목표에 따라 확실한 근거가 없고 출처가 불분명한 풍설을 퍼뜨리는 심리전의 한 방법이다.
- 유언비어는 주로 사회가 불안할 경우에 인간의 기본 감정인 불안 · 공포 · 희망 등과 맞물려 내면적 욕구해소 · 충족을 위해 자연적으로 발생되거나, 인위적으로 조작되어 전파된다.
- 유언비어의 방지 대책으로 근원지를 추적, 색출하는 방법도 사용된다(조철옥, 2008: 751-753).

(3) 전복

전복(subvesion)이란 위헌적인 방법으로 국가를 변혁시키거나 국가 기능을 소멸시켜 정권을 탈취하는 모든 행위를 말한다. 전복의 수단에는 전위당 조직, 통일전선 구축, 선전과 선동, 파업과 폭동, 게릴라 전술, 테러 전술 등이 있다(김충남, 2006: 496-497).

3) 방첩의 기본 원칙

(1) 완전 협조의 원칙

일반 국민의 적극적 협력 없이 방첩기관만으로 방첩의 사명을 완수할 수 없으므로 전담기관 · 보조기관 · 국민이 삼위일체가 되어 긴밀히 상호 협조해야만 방첩 목표를 달성할 수 있다.

(2) 치밀의 원칙

적에 대한 정확한 정보 판단과 전략 · 전술의 완전한 분석 등으로 좀 더 치밀한 계획과 준비로써 방첩활동을 수행해야 한다.

(3) 계속 접촉의 원칙

방첩기관이 간첩 용의자를 발견했다고 해서 즉시 검거해서는 안 되며, 조직망 전체가 완전히 파악될 때까지 계속해서 유형 · 무형의 접촉을 해야 한다. 계속 접촉의 유지 단계는 탐지 → 판명 → 주시 → 이용 → 검진(타진) 단계로 이루어진다(박기남 · 박종문, 2005: 193-194).

4) 방첩의 수단

(1) 적극적 방첩 수단

적극적 방첩 수단에는 적에 대한 첩보의 수집과 입수된 정보를 통한 적의 첩보공작 분석, 대상 인물에 대한 미행 감시 및 기술 감시 등이 포함된다. 또한 공작원 침투와 대상 지역 및 단체 내부에 있는 자를 포섭하여 정보를 탐지하는 등의 침투공작 전개, 검거된 간첩 심문 등이 있다.

(2) 소극적 방첩 수단

소극적 방첩 수단에는 적이 목표로 하는 정보 및 자재를 보호하기 위해 비밀 표시 및 기타 보호 방법을 강구하는 정보·자재 보안, 비밀을 취급하는 인원에 대해 철저한 신원 조사와 통제 등의 인원보안 확립, 비밀자재를 보관하고 있는 시설에 대한 경비, 출입자 통제, 기타 적절한 조치를 강구하는 인원보안 확립 등이 있다. 그리고 정보 및 자재보안과 인원보안, 시설보안 등을 통일성 있게 통제하기 위해 보안 업무의 규정화 실시 등의 보안 업무의 규정화, 방첩 업무에 관련되는 각종 법령을 현실에 맞게 개정 건의하는 입법 사항 건의 등이 있다.

(3) 기만적 방첩 수단

기만적 방첩 수단에는 허위 사실을 유포하여 적이 오인토록 하는 허위 정보 유포, 확실하지 않고 출처가 불분명한 풍설을 퍼뜨려 적이 오인하도록 하는 유언비어 유포, 거짓 행동을 하여 적이 우리가 기도하는 바를 오인 판단케 하는 양동간계 시위 등이 있다(박기남·박종문, 2005: 195-196).

2 비밀공작

1) 의의

비밀공작이란 정보기관이 어떠한 목적하에 주어진 목표에 대해 계획적으로 수행하는 비밀활동으로서 가장술, 비밀통신, 사전정찰, 미행 감시 등이 요구된다. 여기서 비밀활동이란 대적(對敵)을 무릅쓰고 적의 면전에서 수행되는 비밀사업으로서 이에는 첩보 수집활동, 파괴 공작활동, 선전·선동 등을 포함한다.

비밀공작은 간첩 및 반국가단체의 범증 수집 및 범인 색출과 방첩 업무에 현저히 가치가 있는 정보의 수집 등 국가안전 보장을 위한 비노출 활동이다(김충남, 2006: 500).

2) 비밀공작의 4대 요소

(1) 주관자

상부로부터 받은 지령을 계획하고 준비하여 수행하는 집단(공작원) 구성원 중에서 책임자를 말한다.

(2) 목표

공작 목적을 달성하기 위해 지정하는 대상으로 공작 상황에 따라 결정된다. 목표는 이름·장소·물건 등으로 세분할 수 있다. 공작 목표는 개괄적인 광범위한 것으로부터 구체적이고 세부적인 것까지 있을 수 있으며, 공작 진행에 따라 구체화·세분화되는 것이 특징이다.

(3) 공작원

비밀조직의 최선단에서 철저한 가장과 통제하에 공작 목표에 접근하여 비밀을 탐지하거나 기타 부여받은 공작 임무를 직접 수행하는 구성원이다.

(4) 공작금

공작 목표를 효율적으로 달성하는 데 필요한 자금을 말한다(조철옥, 2008: 738-739).

3) 비밀공작의 수단

(1) 가장과 신호

가장(假裝)과 신호(signal)는 비밀공작 비노출 수단의 2대 요소이다.

① 가장

정보활동에 요구되는 모든 요소의 정체가 외부에 드러나지 않도록 꾸며지는 외적·내적 형태를 말한다. 가장은 공작보안의 수단으로서 정보기관의 우열을 결정하는 중요한 요소가 된다(박기남·박종문, 2005: 204).

② 신호

비밀공작 활동에서 공작원 상호간에 의사를 전달하기 위해 사전에 약정해 놓은 표시를 말한다(강용길 외, 2010b: 415).

(2) 연락·연락선

① 연락

연락이란 비밀공작 수행 시 상·하급 인원이나 기관 간에 비밀을 은폐하려는 방법으로 첩보·문서·관념 또는 물자 등을 전달하기 위해 강구된 수단·방법의 유지 및 운용을 말한다. 연락의 3대 요소로는 안전성, 정확성, 신속성을 들 수 있다.

② 연락선(비밀연락선)

연락선이란 변동하는 각종 상황 하에서도 비밀조직 내의 인원이나 기관 사이에 연락이 유지될 수 있도록 체계를 구성하는 것을 말한다. 즉, 공작 진행 과정에 야기되는 여하한 상황 하에서도 상급기관과 현지 공작원 또는 공작원과 하급 공작원 간의 연락이 중단되는 일이 없이 계속될 수 있도록 선을 확립하는 것을 말한다.

연락선의 종류 정상선, 비상선, 예비선이 있다. 정상선은 정상적인 공작 상황 하에서 지령, 첩보, 문서 등 통신물을 전달하기 위해 사용되는 선을 말하며, 비상선은 위급 상황 하에서 공작의 중단이나 정지를 알리기 위해 조직된 선, 예비선은 조직원의 교체 또는 조직의 변동 등에 대비하여 최초 접촉을 위한 선을 말한다(조철옥, 2008: 744-745).

참고 관련 용어 해설

1. 아지트: 선동지령본부(agitation point)의 약칭으로 비합법적인 운동이나 간첩행위 등의 근거지로 사용되는 집회소나 지도본부. 선정 요건으로는 보안성, 차단성, 안전성, 활동의 용이성 등을 들 수 있다.
2. 비트: 땅을 파고 들어가 은신하는 비합법적 활동의 잠복 거점
3. 고정수수소: 고정된 장소나 시설물을 이용한 연락 매개 장소
4. 드보크: 러시아어로 참나무를 뜻하는 '두푸'에서 유래된 공작 용어로 사람을 통하지 않고 자연지물을 이용한 비밀함에 의해 문건 · 공작금 · 장비 · 무기 등을 주고받는 연락 수단. 대인 접선으로 인한 노출 및 위험을 방지할 수 있어 보안성이 높은 반면 매몰 장소 식별이 곤란하다는 단점이 있다.
5. 난수표: 간첩이 지령이나 보고의 내용을 은닉 · 보호하기 위해 약정한 암호 문건
6. A-3방송: 북한이 남파간첩에게 지령을 하달하는 수단으로 사용하고 있는 방송(북한은 2000.12 이후 방송을 중단하고 있다.)

4) 공작의 분류

공작은 공작 운영기구에 따라 통합공작(연락공작, 연합공작), 합동공작으로 구분되며, 공작 대상 지역에 따라 대북공작, 대공산권공작, 대우방국공작으로 분류된다. 또한 공작 목적에 따라 첩보 수집공작, 태업공작, 지원공작, 와해 모략공작(심리전공작) 등으로 나뉜다(박기남 · 박종문, 2005: 200-201).

3 보인수사활동

1) 의의

보안수사란 국가 존립의 기본 질서를 위태롭게 하는 국가안전 보장과 관련되는 반국가사범, 즉 보안사범(정보사범[5])을 인지 · 색출 · 검거 · 신문하는 일련의 활동을 말한다(박종문, 2003: 230).

---

5) '보안사범'은 최근 '정보사범'이라는 용어와 혼용되어 쓰이고 있다.

2) 보안(정보)사범

(1) 보안(정보)사범의 개념

보안사범이란 국가 존립과 직결되는 기본 질서를 위태롭게 하는 반국가적 범죄를 말한다.

(2) 보안(정보)사범 해당 범죄

정보 및 보안 업무기획·조정규정 제2조 5호와 정보사범 등 처리 업무조정규정 시행규칙 제5조에 규정된 범죄로서, 형법상 내란죄와 외환죄를 범한 자와 그 혐의를 받고 있는 자, 군형법상 반란죄·이적죄·군사기밀누설죄·암호부정사용죄를 범한 자와 그 혐의를 받고 있는 자, 군사기밀보호법 및 국가보안법에 규정된 죄를 범한 자와 그 혐의를 받고 있는 자 등이다.

(3) 보안사범(정보사범)의 특성

① 추상적 위험범

보안사범은 국가의 안전을 위태롭게 하는 행위를 함으로써 범죄가 성립하고, 현실적으로 국가의 안전이 그 침해되거나 침해의 구체적 위험이 있을 것을 요하지 않는다는 점에서 추상적 위험범에 속한다.

② 확신범적 성향

보안사범은 자신의 행위가 정당하다고 믿는 확신범적 성향이 매우 강하다. 확신범은 자기가 지키는 규범이나 질서를 현행 국가의 질서보다 상위의 것으로 평가하고, 범행을 수행할 의무가 있다고 확신하는 것이다.

③ 조직적·계획적 범행

보안범죄를 특정 조직을 갖추고 치밀한 계획에 따라 실행한다.

④ 철저한 보안 및 비노출성

보안사범은 자체 보안에 특별한 대책을 수립하고 행동할 뿐만 아니라 지하조직에 의해 은밀하게 비노출적으로 범죄를 실행한다. 따라서 일반 형사범과 달리 범행의 결과가 쉽게 노출되지 않는다.

⑤ **정치성 범행**

정치적 문제나 특정 이데올로기를 배경으로 하는 정치적 성향이 강하다.

⑥ **동족 간의 범죄**

분단국가라는 우리나라의 특수 상황으로 동족 간에 이루어지는 범죄이다.

⑦ **비인도적 범행**

보안사범은 목적 달성을 위해 수단·방법을 가리지 않기 때문에 살인, 방화, 폭행, 폭파 등 비인도적 범행을 자행하고도 태연자약하는 특성을 가진다(강용길 외, 2010b: 418).

3) 국가보안법

(1) 목적

국가보안법은 국가의 안전을 위태롭게 하는 반국가활동을 규제함으로써 국가의 안전과 국민의 생존 및 자유의 확보를 목적으로 한다(제1조).

(2) 법적 성격

① **공법**

국가보안법은 국가가 그 구성원인 국민에 대한 특정한 행위의 금지를 요구하는 내용으로 국가와 국민 간의 법률 관계를 규율하는 법으로서 공법(公法)에 속한다.

② **형사사법법**

국가보안법은 반국가적 행위에 대한 재판의 준거가 되는 법률이며, 국가형벌권의 실현을 목적으로 하는 형사사법법(刑事司法法)이다.

③ **형사특별법**

국가보안법은 '반(反)국가활동'이라는 특정한 행위에 대해 특별한 처벌규정과 절차를 두고 있는(실체적 규정과 절차적 규정이 혼재) 일반형법과 형사소송법에 대한 형사특별법(刑事特別法)이다. 따라서 국가보안법에 특별한 규정이 없는 경우에는 형법과 형사소송법이 그대로 적용되나, 상충되는 경우에는 특별법 우선의 원칙에 따라 국가보안법의 규정이 우선 적용된다.

④ 남북 교류 협력에 관한 법률과의 관계

남북한 간의 왕래・교역・협력사업과 통신 역무의 제공 등 남북 교류와 협력을 목적으로 하는 행위에 관해서는 정당하다고 인정되는 범위 안에서 다른 법률에 우선해서 남북 교류 협력에 관한 법률이 적용되므로(남북 교류 협력에 관한 법률 제3조) 남북 교류 협력에 관한 법률은 국가보안법에 우선 적용되는 특별법이다.

(3) 국가보안법의 특성(형법, 형사소송법과의 비교)

① 고의범만 처벌

과실행위도 처벌하는 형법과는 달리 국가보안법은 고의범만 처벌한다.

② 예비・음모 범위의 확장

형법은 중대한 범죄에 한해 예비・음모・미수를 벌함에 반해, 국가보안법은 예비・음모를 처벌하는 범위가 넓다(예비・음모・미수죄가 원칙적으로 적용되고, 불고지죄・특수직무유기죄 등 일부 죄에만 적용되지 않는다).

③ 불고지에 대한 처벌

특정인이 아닌 모든 국민에 대해 범죄에 대한 고지 의무를 부과하고 이를 위반한 경우에는 처벌한다(불고지죄).

④ 형법상 종범・교사범에 해당하는 행위를 정범으로 처벌(제9조, 제3조 2항, 제4조 1항, 제7조)

편의제공죄, 선동・선전 및 권유죄(반국가단체 가입권유죄, 목적 수행을 위한 선전・선동행위죄, 국가변란 선전・선동행위죄) 등에 대해 종범・교사범에 해당하는 행위를 정범으로 처벌한다.

⑤ 자격정지의 병과(제14조)

국가보안법 위반 범죄에 관해 유기징역형을 선고할 때에는 그 형의 장기 이하의 자격정지를 병과할 수 있다.

⑥ 재범자의 특수 가중(제13조)

국가보안법, 군형법 기타 형법에 규정된 반국가적 범죄로서 금고 이상의 형을 선고받고 그 형의 집행을 종료하지 아니한 자 또는 그 집행을 종료하거나 집행을 받지 않기로 확정된 후 5년이 경과하지 아니한 자가 재차 특정한 범죄를 범했을 때에는 최고형을 일률적으로 사형으로 정하고 있다.

⑦ 몰수·추징 및 압수물의 특별처분(제15조)

이 법의 범인이 범행의 보수를 받았을 때에는 필요적으로 몰수하고, 몰수 불능 시에는 상당가액을 추징토록 했으며, 불기소처분(공소보류 포함) 시에도 압수물(서류 또는 물품)의 폐기 또는 국고 귀속을 명할 수 있도록 했다.

⑧ 형의 특별 감면(제16조)

국가보안법에 해당하는 범인이 다른 범인을 고발했을 때와 타인의 범행을 방해했을 때, 그리고 범인이 자수했을 때(범인이 자수한 경우 형법은 임의적 감면으로 함)는 그 형을 감경 또는 면제한다(필요적 감면).

⑨ 참고인의 구인과 유치(제18조)

검사 또는 사법경찰관으로부터 본법에 규정된 죄의 참고인으로 소환을 받은 자가 정당한 이유 없이 2회 이상 소환에 불응할 때에는 지방법원판사의 구속영장을 받아 구인할 수 있다. 구속영장의 집행을 받은 참고인을 구인하는 경우에 필요할 때에는 가장 근접한 경찰서나 기타 적당한 장소에 임의로 유치할 수 있다.

⑩ 피의자 구속 기간의 연장(제19조)

지방법원판사는 제3조 내지 제10조에 해당하는 범죄로서 수사를 계속함에 상당한 이유가 있다고 인정될 때에는 사법경찰관의 구속 기간은 1차, 검사의 구속 기간은 2차에 한해 연장을 허가할 수 있다. 따라서 사법경찰관은 최장 20일, 검사는 최장 30일 구속할 수 있어 도합 50일간 구속 수사가 가능하다.

⑪ **공소보류(제20조)**

검사는 이 법의 죄를 범한 자에 대해 형법 제51조의 사항(범인의 연령, 성행, 지능과 환경, 피해자에 대한 관계, 범행의 동기·수단)을 참작하여 공소 제기를 보류할 수 있다. 또한 전항에 의해 공소보류를 받은 자가 공소의 제기 없이 2년을 경과한 때에는 소추할 수 없다.

공소보류를 받은 자가 법무부 장관이 정한 감시·보도에 관한 규칙에 위반한 때에는 공소보류를 취소할 수 있다. 그리고 전항에 의해 공소보류가 취소된 경우에는 형사소송법 제208조의 규정에 불구하고 동일한 범죄 사실로 재구속할 수 있다.

공소보류의 기간은 해당 범죄에 대한 공소시효에 따른 차이는 없다.

(4) 국가보안법의 주요 범죄 유형

① **반국가단체 구성 등의 죄(제3조)**

반국가단체를 구성하거나 이에 가입하거나 타인에게 가입할 것을 권유함으로써 성립하는 범죄이다. 국가보안법 제2조 제1항은 "반국가단체라 함은 정부를 참칭(僭稱)하거나 국가를 변란(變亂)할 것을 목적으로 하는 국내외의 결사 또는 집단으로서 지휘·통솔 체제를 갖춘 단체를 말한다"고 규정하고 있다.

② **목적수행죄(제4조)**

반국가단체 구성원 또는 그 지령을 받은 자가 그 결사·집단의 목적 수행을 위해 자행하는 간첩·인명 살상·시설 파괴 등의 범죄를 말한다.

③ **자진지원죄(제5조 1항)**

반국가단체 구성원 또는 그 지령을 받은 자를 지원할 목적으로 자진하여 외환 유치, 간첩, 소요, 중요시설 파괴, 유가증권 위조, 선동 등의 행위를 함으로써 성립하는 범죄이다.

④ **금품수수죄(제5조 2항)**

국가의 존립·안전이나 자유민주적 기본 질서를 위태롭게 한다는 점을 알면서 반국가단체의 구성원 또는 그 지령을 받은 자로부터 금품을 수수함으로써 성립하는 범죄이다.

⑤ **잠입 · 탈출죄(제6조)**

정당한 사유 없이 반국가단체의 지배하에 있는 지역과 대한민국의 지배하에 있는 지역 간을 왕래하거나 반국가적 활동에 관한 지령의 수수 또는 의사 연락을 위해 대한민국의 지배하에 있는 지역을 출입함으로써 대한민국의 통치권을 침해하는 행위를 말한다.

⑥ **찬양 · 고무 등의 죄(제7조 1항)**

반국가단체 그 구성원 또는 그 지령을 받은 자의 활동을 찬양 · 고무 · 선전 · 동조하거나 국가 변란을 선전 · 선동하는 행위이다.

⑦ **회합 · 통신죄(제8조)**

국가의 존립 · 안전이나 자유민주적 기본 질서를 위태롭게 한다는 점을 알면서 반국가단체의 구성원 또는 그 지령을 받은 자와 회합 · 통신 기타의 방법으로써 연락하는 행위를 말한다.

⑧ **편의제공죄(제9조)**

국가보안법 제3조 내지 제8조의 죄를 범하거나 범하려는 자에게 유형 · 무형의 편의를 제공함으로써 그들의 목적 수행을 위한 활동을 용이하게 하는 행위를 말한다.

⑨ **불고지죄(제10조)**

반국가단체를 구성하거나 반국가단체에 가입한 자 또는 그 구성원으로부터 지령을 받은 자의 일정한 범죄행위 또는 그들에 대한 자진 지원행위를 알면서도 그 사실을 수사기관이나 정보기관에 신고하지 아니함으로써 성립하는 범죄이다.

⑩ **특수직무유기죄(제11조)**

범죄 수사 또는 정보의 직무에 종사하는 공무원이 국가보안법에 규정된 죄를 범한 자라는 것을 인지하고도 그 직무를 유기하기 위해 수사 등 필요한 조치를 취하지 아니하는 경우에 성립하는 범죄이다.

⑪ **무고 · 날조죄(제12조)**

타인으로 하여금 형사처분을 받게 할 목적으로 국가보안법에 규정된 죄에 대해 무고(誣告) · 위증(僞證)하거나 증거를 날조 · 인멸 · 은닉하는 행위를 말한다.

4 보안관찰

1) 보안관찰의 의의

보안관찰이란 형법, 군형법, 국가보안법상의 보안관찰 해당 범죄를 저지른 자의 장래 위험성을 예방하고 행위자의 치료 · 교육 · 재사회화를 위한 개선과 사회 방위를 주목적으로 하여 과해지는 형벌 이외의 형사 제재를 말한다(강우애 · 박학모, 2009: 123).

2) 보안관찰의 법적 근거

(1) 보안관찰법

보안관찰법은 특정범죄를 범한 자에 대해 재범의 위험성을 예방하고 건전한 사회 복귀를 촉진하기 위해 보안관찰처분을 함으로써 국가의 안전과 사회의 안녕을 유지함을 목적으로 한다(제1조).

(2) 기타

기타 법적 근거로는 보안관찰법 시행령(대통령령), 보안관찰법 시행규칙(법무부령), 보안관찰처분 대상자 처리업무 조정규정(국가정보원 규정), 보안관찰처분 대상자 처리업무 조정규정 시행규칙(경찰청예규) 등이 있다.

3) 보안관찰 해당 범죄(보안관찰법 제2조)

보안관찰 해당 범죄는 형법, 군형법, 국가보안법으로 나뉜다.

형법	• 내란목적살인죄	• 외환유치죄	• 여적죄
	• 모병이적죄	• 시설제공이적죄	• 시설파괴이적죄
	• 물건제공이적죄	• 간첩죄	
	※ 내란죄, 일반이적죄, 전시군수계약불이행죄 제외		
군형법	• 반란죄	• 반란 목적의 군용물탈취죄	
	• 군대 및 군용시설제공죄	• 군용시설등파괴죄	
	• 간첩죄	• 일반이적죄	
	• 적을 이롭게 할 목적의 반란불보고죄(단순반란불보고죄 제외)		
국가보안법	• 목적수행죄	• 자진지원죄	• 금품수수죄
	• 잠입 · 탈출죄	• 총포 · 탄약 · 무기 등 편의제공죄	

4) 보안관찰처분 대상자와 신고

보안관찰처분 대상자(동법 제3조)는 보안관찰 해당 범죄 또는 이와 경합된 범죄로 금고 이상의 형의 선고를 받고 그 형기 합계가 3년 이상인 자로서 형의 전부 또는 일부의 집행을 받은 사실이 있는 자를 말한다. 보안관찰처분 대상자의 신고(동법 제6조)는 교도소 내 신고와 출소 후 신고로 나뉜다. 교도소 내 신고는 출소 2개월 전까지 교도소 등의 장을 통해 거주 예정지 경찰서장에게 신고해야 한다(경찰서장은 대상자가 거주 예정지에 거주하지 아니할 것이 명백하면 지체 없이 교도소장에게 통보해야 한다). 출소 후 신고는 대상자는 출소 후 7일 이내에 그 거주 예정지 관할 경찰서장에게 출소 사실을 신고해야 한다. 또한 처분 대상자는 교도소 등에서 출소한 후 신고 사항에 변동이 있을 때에는 변동이 있는 날부터 7일 이내에 그 변동된 사항을 관할 경찰서장에게 신고해야 한다.

5) 보안관찰처분 및 그 기간(동법 제4조, 5조)

보안관찰처분 대상자 중 보안관찰 해당 범죄를 다시 범할 위험성이 있다고 인정할 충분한 이유가 있어 재범의 방지를 위한 관찰이 필요한 자에 대해서는 보안관찰처분을 한다. 보안관찰처분을 받은 자는 소정의 사항을 주거지 관할 경찰서장에게 신고하고, 재범 방지에 필요한 범위 안에서 그 지시에 따라 보안관찰을 받아야 한다. 보안관찰처분의 기간은 2년으로 한다.

법무부 장관은 검사의 청구가 있는 때에는 보안관찰처분심의위원회의 의결을 거쳐 그 기간을 횟수 제한 없이 갱신할 수 있다.

6) 보안관찰처분의 절차

(1) 보안관찰처분의 청구(동법 제7조, 8조, 9조)

보안관찰처분의 청구는 검사가 법무부 장관에게 행한다. 검사가 일정 사항을 기재한 보안관찰처분청구서를 법무부 장관에게 제출함으로써 행하고, 검사는 청구 후 지체 없이 처분청구서 등본을 피청구자에게 송달해야 한다. 검사와 사법경찰관리는 보안관찰처분 청구를 위해 필요한 때에는 처분 대상자, 청구의 원인이 되는 사실과 보안관찰처분을 필요로 하는 자료를 조사할 수 있다.

(2) 심사(동법 제10조)

법무부 장관은 처분청구서와 자료에 의해 청구된 사안을 심사한다. 법무부 장관은 심사를 위해 필요한 때에는 법무부 소속 공무원으로 하여금 조사하게 할 수 있다.

(3) 보안관찰처분의 면제(동법 제11조)

법무부 장관은 보안관찰처분 대상자 중 준법정신이 확립되어 있고, 일정한 주거와 생업이 있으며, 대통령령이 정하는 2인 이상의 신원 보증이 있는 경우 보안관찰처분을 하지 아니하는 결정(면제 결정)을 할 수 있다. 법무부 장관은 요건을 갖춘 보안관찰처분 대상자의 신청이 있을 때에는 부득이한 사유가 있는 경우를 제외하고는 3월 내에 면제 여부를 결정해야 한다.

검사는 요건을 갖춘 보안관찰처분 대상자의 정상을 참작하여 위험성이 없다고 인정되는 때에는 법무부 장관에게 면제 결정을 청구할 수 있다. 면제 결정을 받은 자는 그때부터 보안관찰법에 의한 보안관찰처분 대상자 또는 피보안관찰자로서의 의무를 면한다. 면제 결정을 받은 자가 그 면제 결정 요건에 해당하지 아니하게 된 때에는 검사의 청구에 의해 법무부 장관은 면제 결정을 취소할 수 있다.

참고 **보안관찰처분심의위원회**

1. 구성
   - 위원장 1인과 6인의 위원으로 구성한다.
   - 위원장은 법무부 차관이 되고, 위원은 학식과 덕망이 있는 자로 하되 그 과반수는 변호사의 자격이 있는 자이어야 한다.
   - 위원은 법무부 장관의 제청으로 대통령이 임명 또는 위촉한다.
   - 위원의 임기는 2년으로 한다.
2. 심의·의결 사안
   - 보안관찰처분 또는 그 기각의 결정
   - 면제 또는 그 취소 결정
   - 보안관찰처분의 취소 또는 기간의 갱신 결정
3. 의결

위원회의 회의는 위원장을 포함한 재적위원 과반수의 출석으로 개의하고 출석위원 과반수의 찬성으로 의결한다.

7) 보안관찰의 내용

(1) 피보안관찰자의 신고 의무(동법 제18조)

① 피보안관찰자 신고

보안관찰처분을 받은 자는 보안관찰처분결정 고지를 받은 날로부터 7일 이내에 주거지 관할 파출소장을 거쳐 관할 경찰서장에게 일정한 사항(원적, 본석, 실제로 생활하는 거처, 본인 및 가속의 재산 상태, 직장의 소재지 및 연락처, 학력, 경력 등)을 신고해야 한다.

② 정기신고

피보안관찰자는 보안관찰처분결정 고지를 받은 날이 속한 달로부터 매 3월이 되는 달의 말일까지 3월간의 주요 활동 사항, 통신·회합한 다른 보안관찰처분 대상자의 인적 사항과 그 일시, 장소 및 내용, 3월간에 행한 여행에 관한 사항 등을 파출소장을 거쳐 관할 경찰서장에게 정기적으로 신고해야 한다.

③ 수시신고

피보안관찰자는 신고 사항에 변동이 있을 때에는 7일 이내에 파출소장을 거쳐 관할 경찰서장에게 신고해야 한다. 피보안관찰자가 주거지를 이전하거나 국외 여행 또는 10일 이상 주거를 이탈하여 여행하고자 할 때에는 미리 거주 예정지, 여행 예정지, 기타 대통령령이 정하는 사항을 파출소장을 거쳐 관할 경찰서장에게 신고해야 한다. 보안관찰처분에는 여행의 자유를 제한하는 등 주거 제한적 요소는 있지만 가택보호처분은 아니다.

(2) 지도(동법 제19조)

검사 및 사법경찰관리는 피보안관찰자의 재범을 방지하고 건전한 사회복귀를 촉진하기 위해 지도를 할 수 있다. 구체적인 내용으로는 피보안관찰자와 긴밀한 접촉을 가지고 항상 그 행동·환경 등을 관찰하는 것, 피보안관찰자에 대해 신고 사항을 이행할 때 적절한 지시를 하는 것, 기타 피보안관찰자가 사회의 선량한 일원이 되는 데 필요한 조치를 취하는 것 등이다.

또한 검사 및 사법경찰관리는 피보안관찰자의 재범 방지를 위해 특히 필요한 경우에는 보안관찰 해당 범죄를 범한 자와의 회합·통신을 금지하는 것, 집단적인 폭행, 협박, 손괴, 방화 등으로 공공의 안녕·질서에 직접적인 위협을 가할 것이 명백한 집회 또는 시위 장소에의 출입을 금지하는 것, 피보안관찰자의 보호 또는 조사를 위해 특정 장소에의 출석을 요구하는 것 등을 할 수 있다.

(3) 보호(동법 제20조)

검사 및 사법경찰관리는 피보안관찰자가 자조(自助)의 노력을 할 때, 그의 개선과 자위를 위해 필요하다고 인정되는 적절한 보호를 할 수 있다. 구체적으로 주거 또는 취업을 알선하는 것, 직업훈련의 기회를 제공하는 것, 환경을 개선하는 것, 기타 본인의 건전한 사회 복귀를 위해 필요한 원조를 하는 것, 피보안관찰자의 보호 또는 조사를 위해 특정 장소에의 출석을 요구하는 것 등이 가능하다.

한편, 법무부 장관은 보안관찰처분 대상자 또는 피보안관찰자 중 국내에 가족이 없거나 가족이 있어도 인수를 거절하는 자에 대해서는 대통령령이 정하는 바에 의해 거소를 제공할 수 있다.

(4) 응급구호(동법 제21조)

검사 및 사법경찰관리는 피보안관찰자에게 부상·질병 기타 긴급한 사유가 발생했을 때에는 대통령령이 정하는 바에 따라 필요한 구호를 할 수 있다.

(5) 결정의 취소 등(동법 제22조)

검사 및 사법경찰관리는 피보안관찰자가 의무를 위반했거나 위반할 위험성이 있다고 의심할 상당한 이유가 있는 때에는 그 이행을 촉구하고 형사 처벌 등 불이익한 처분을 받을 수 있음을 경고할 수 있다.

(6) 관찰 및 동태 보고(동법시행령 제4조, 5조)

피보안관찰자의 주거지를 관할하는 경찰서장은 피보안관찰자의 동태를 관찰하고 사회에 복귀하도록 선도하여 보안관찰 해당 범죄를 다시 범하지 아니하도록 예방해야 한다. 관할경찰서장은 보안관찰부를 작성·비치하고 매월 1회 이상 피보안관찰자의 동태를 관찰하여 그 결과를 보안관찰부에 기재해야 한다.

관할 경찰서장은 매 3월마다 피보안관찰자의 주요 동태, 신고 사항 변동 여부, 재범 방지 조치, 경고 사항의 준수 여부 등을 검사에게 보고해야 하고(정기 동태보고), 피보안관찰자가 죄를 범하거나 사망한 때 등 특이 동향 발생 시 수시로 검사에게 보고해야 한다(수시 동태보고).

8) 행정소송(동법 제23조)

보안관찰법에 의한 법무부 장관의 결정을 받은 자가 그 결정에 이의가 있을 때에는 행정소송법이 정하는 바에 따라 그 결정이 집행된 날부터 60일 이내에 서울고등법원에 소를 제기할 수 있다.

면제 결정 신청에 대한 기각 결정을 받은 자가 그 결정에 이의가 있을 때에는 그 결정이 있는 날부터 60일 이내에 서울고등법원에 소를 제기할 수 있다.

5 남북 교류 협력

남북 교류 협력은 1988년 '7·7 특별선언'으로부터 시작, 개방과 화해정책에 의한 교류 협력의 개막 선언에 의해 정경분리(政經分離) 원칙에 입각하여 추진되었다. 특히, 1998년 '남북경협 활성화 조치' 이후 민간 주도의 경제 협력 추진. 정부는 과당 경쟁 및 불공정 거래 방지 등 교류 협력 질서 확립에 주력하고 있다.

1) 남북 교류 협력에 관한 법률

남북 교류 협력에 관한 법률은 군사분계선 이남 지역과 그 이북 지역 간의 상호 교류와 협력을 촉진하기 위해 필요한 사항을 규정함으로써 한반도의 평화와 통일에 이바지하는 것을 목적으로 한다(동법 제1조).

(1) 용어의 정의

① 출입 장소

군사분계선 이북 지역으로 가거나 북한으로부터 들어올 수 있는 군사분계선 이남 지역의 항구, 비행장, 그 밖의 장소로서 대통령령으로 정하는 곳을 말한다.

② 교역

남한과 북한 간의 물품의 반출·반입을 말한다.

③ 반출·반입

매매·교환·임대차·사용 대차·증여 등을 원인으로 하는 남한과 북한 간의 물품의 이동(단순히 제3국을 경유하는 물품의 이동을 포함)을 말한다.

④ 협력사업

남한과 북한의 주민(법인·단체를 포함)이 공동으로 행하는 문화·체육·학술·경제 등에 관한 제반 활동을 말한다.

(2) 타법과의 관계

남한과 북한의 왕래·교역·협력사업 및 통신 역무(役務)의 제공 등 남북 교류와 협력을 목적으로 하는 행위에 관하여는 정당하다고 인정되는 범위 안에서 다른 법률에 우선하여 이 법을 적용한다.

(3) 남북 교류 협력 추진협의회

남북 교류 협력에 관한 정책을 협의·조정하고, 중요 사항을 심의·의결하기 위해 통일부에 남북 교류 협력 추진협의회를 둔다. 협의회는 위원장 1명을 포함한 18명 이내의 위원으로 구성하며, 위원장은 통일부 장관이 되며, 협의회의 업무를 총괄한다.

(4) 남북한 방문과 주민 접촉(동법 제9조, 제10조)

① 남북한 방문

남한과 북한의 주민이 남한과 북한을 방문하고자 할 때에는 대통령령이 정하는 바에 의해 통일부 장관이 발급한 증명서를 소지해야 한다. 위의 규정에 의한 증명서는 북한방문증명서와 남한방문증명서로 나누고, 이를 각각 1회에 한해 북한 또는 남한을 방문할 수 있는 증명서와 통일부 장관이 정하는 유효 기간의 만료일까지 횟수의 제한 없이 북한 또는 남한을 방문할 수 있는 증명서(복수방문증명서)로 나눈다. 복수방문증명서의 유효 기간은 5년 이내로 하며, 5년의 범위에서 연장할 수 있다.

복수방문증명서를 발급받은 사람 중 외국을 거치지 아니하고 북한 또는 남한을 직접 방문하는 사람 등 대통령령으로 정하는 사람은 방문 기간 내에 횟수에 제한 없이 북한 또는 남한을 방문할 수 있다. 다만, 방문 기간 내에라도 방문 목적이나 경로를 달리하여 방문할 경우에는 통일부 장관의 방문 승인을 별도로 받아야 한다.

통일부 장관은 위의 규정에 의한 방문증명서를 발급받은 자가 남북 교류 협력을 저해할 우려가 있거나 국가안전 보장·공공 질서 또는 공공복리를 저해할 우려가 있을 때에는 그 발급 결정을 취소할 수 있다.

② 남북한 주민 접촉

남한의 주민이 북한의 주민과 회합 · 통신, 그 밖의 방법으로 접촉하려면 통일부 장관에게 미리 신고해야 한다. 다만, 대통령령으로 정하는 부득이한 사유에 해당하는 경우에는 접촉한 후에 신고할 수 있다.

방문증명서를 발급받은 사람이 그 방문 목적의 범위에서 당연히 인정되는 접촉을 하는 경우 등 대통령령으로 정하는 경우에 해당하면 접촉 신고를 한 것으로 본다.

통일부 장관은 접촉에 관한 신고를 받은 때에는 남북 교류 협력을 해칠 명백한 우려가 있거나 국가안전 보장, 질서 유지 또는 공공복리를 해칠 명백한 우려가 있는 경우에만 신고의 수리(受理)를 거부할 수 있다.

또한 접촉 신고를 받은 통일부 장관은 남북 교류 협력의 원활한 추진을 위해 대통령령으로 정하는 바에 따라 북한 주민 접촉 결과보고서 제출 등 조건을 붙이거나, 3년 이내의 유효 기간을 정하여 수리할 수 있다. 다만, 대통령령으로 정하는 가족인 북한 주민과의 접촉을 목적으로 하는 경우에는 5년 이내의 유효 기간을 정할 수 있다. 아울러 통일부 장관은 필요하다고 인정할 경우 유효 기간을 3년의 범위에서 연장할 수 있다.

③ 외국 거주 동포의 출입 보장

외국 국적을 보유하지 아니하고 대한민국의 여권(旅券)을 소지하지 아니한 외국 거주 동포가 남한을 왕래하려면 「여권법」 제14조 제1항에 따른 여행증명서를 소지해야 한다.

(5) 벌칙(제27조, 제28조, 제29조)

증명서를 발급받지 아니하고 남북한을 왕래하거나, 승인을 얻지 아니하고 회합 · 통신 기타의 방법으로 북한의 주민과 접촉한 자, 승인을 얻지 아니하고 물품을 반출 또는 반입한 자, 협력사업을 시행한 자, 남북한 간에 선박 · 항공기 · 철도 차량 또는 자동차 등을 운행한 자, 사위(詐僞) 기타 부정한 방법으로 증명서를 발급받거나 승인을 얻은 자는 3년 이하의 징역 또는 1,000만 원 이하의 벌금에 처한다. 한편, 위의 죄를 범한 자가 자수한 때에는 그 형을 감경 또는 면제할 수 있다.

(6) 북한 주민 의제(제30조)

이 법의 적용에서 북한의 노선에 따라 활동하는 국외단체의 구성원은 이를 북한의 주민으로 간주한다.

(7) 국가보안법과의 관계 문제

남북 교류와 협력을 목적으로 하는 행위 중 왕래 등 교류는 국가보안법의 잠입·탈출에, 물품 거래는 동법 금품 수수에, 북한 주민과의 회합·통신은 동법 회합·통신에 각각 저촉될 수 있다. 위 두 법 간의 적용 기준은 특별법인 남북 교류 협력에 관한 법률 제3조에 따라 남북 교류와 협력을 목적으로 하는 행위로서 정당성이 있느냐의 여부에 달려 있다.

따라서 남북 교류 협력에 관한 법률이 정하는 절차에 따라 남북한 왕래·물품 거래 등 행위를 하더라도 국가의 안전·존립이나 자유민주적 기본 질서를 위태롭게 한다는 인식하에 정당성이 없이 한 행위일 경우에는 국가보안법이 적용되어야 하며, 반면 단순히 증명서를 발급받지 않고 남북을 왕래하거나 승인 없이 회합·통신·금품 수수한 사실만 인정되는 경우에는 남북 교류 협력에 관한 법률에 의해 처벌이 가능하다.

단순히 증명서를 발급받지 않고 남북을 왕래하거나 승인 없이 회합하면, 남북 교류 협력에 관한 법률이 적용된다. 따라서 재외국민이 재외공관장에게 단순히 신고하지 않고 북한을 왕래하더라도 국가보안법의 적용을 받지 않는다.

그러나 통일부 장관이 발급한 증명서를 소지하고 북한을 왕래하는 경우라도 정당성이 인정되지 않으면 국가보안법 적용이 배제되지 않는다.

남북 교류 협력에 관한 법률에 의해 남북을 왕래하면서 승인 없이 금품을 수수한 경우 정당성이 인정되면 국가보안법이 적용되지 않는다. 남북교류 과정에서 발생하는 반국가적인 경우에 해당하지 않는 법정 절차 위반은 국가보안법이 적용되지 않는다.

6 북한이탈주민의 보호 및 정착 지원: 「북한이탈주민의 보호 및 정착 지원에 관한 법률」의 내용

1) 의의

「북한이탈주민의 보호 및 정착 지원에 관한 법률」은 군사분계선 이북 지역에서 벗어나 대한민국의 보호를 받으려는 군사분계선 이북 지역의 주민이 정치, 경제, 사회, 문화 등 모든 생활 영역에서 신속히 적응·정착하는 데 필요한 보호 및 지원에 관한 사항을 규정함을 목적으로 한다.

2) 용어의 정의

(1) 북한이탈주민

군사분계선 이북 지역(북한)에 주소, 직계가족, 배우자, 직장 등을 두고 있는 사람으로서 북한을 벗어난 후 외국 국적을 취득하지 아니한 사람을 말한다.

(2) 보호 대상자

이 법에 따라 보호 및 지원을 받는 북한이탈주민을 말한다.

(3) 정착 지원시설

보호 대상자의 보호 및 정착 지원을 위해 설치·운영하는 시설을 말한다.

(4) 보호금품

이 법에 따라 보호 대상자에게 지급하거나 빌려주는 금전 또는 물품을 말한다.

3) 적용 범위

대한민국의 보호를 받으려는 의사를 표시한 북한이탈주민에 대해 적용한다.

4) 기본 원칙

① 대한민국은 보호 대상자를 인도주의에 입각하여 특별히 보호한다.
② 대한민국은 외국에 체류하고 있는 북한이탈주민의 보호 및 지원 등을 위해 외교적 노력을 다해야 한다.
③ 보호 대상자는 대한민국의 자유민주적 법 질서에 적응하여 건강하고 문화적인 생활을 할 수 있도록 노력해야 한다.
④ 통일부 장관은 북한이탈주민에 대한 보호 및 지원 등을 위해 북한이탈주민의 실태를 파악하고, 그 결과를 정책에 반영해야 한다.

5) 보호 결정의 기준

보호 여부를 결정할 때 다음에 해당하는 사람은 보호 대상자로 결정하지 아니할 수 있다.

① 항공기 납치, 마약 거래, 테러, 집단살해 등 국제형사 범죄자
② 살인 등 중대한 비정치적 범죄자
③ 위장 탈출 혐의자
④ 체류국(滯留國)에 10년 이상 생활 근거지를 두고 있는 사람
⑤ 국내 입국 후 1년이 지나서 보호 신청한 사람
⑥ 그 밖에 보호 대상자로 정하는 것이 부적당하다고 대통령령으로 정하는 사람

6) 「북한이탈주민의 보호 및 정착 지원에 관한 법률」상 북한이탈주민 보호제도

(1) 정착 지원시설에서의 보호

정착 지원시설을 설치·운영하는 기관의 장은 보호 대상자가 거주지로 전출할 때까지 정착 지원시설에서 보호해야 한다. 기관의 장은 정착 지원시설에서 보호받는 보호 대상자에게 대통령령으로 정하는 바에 따라 보호 금품을 지급할 수 있다. 또한 기관의 장은 보호 대상자가 정착 지원시설에서 보호받고 있는 동안 신원 및 북한 이탈 동기의 확인, 건강진단, 그 밖에

정착 지원에 필요한 조치를 할 수 있다.

(2) 학력 인정

보호 대상자는 대통령령으로 정하는 바에 따라 북한이나 외국에서 이수한 학교 교육의 과정에 상응하는 학력을 인정받을 수 있다.

(3) 자격 인정

보호 대상자는 관계 법령에서 정하는 바에 따라 북한이나 외국에서 취득한 자격에 상응하는 자격 또는 그 자격의 일부를 인정받을 수 있다. 통일부 장관은 자격 인정 신청자에게 대통령령으로 정하는 바에 따라 자격 인정을 위해 필요한 보수교육 또는 재교육을 실시할 수 있다. 한편, 이러한 인정을 위해 필요한 경우 대통령령으로 정하는 바에 따라 자격 인정 여부를 심사하기 위한 위원회를 둘 수 있다.

(4) 사회적응 교육

통일부 장관은 보호 대상자가 대한민국에 정착하는 데 필요한 기본 교육을 실시해야 한다. 통일부 장관은 기본 교육 외에 보호 대상자에게 거주지에서 별도의 적응교육을 추가로 실시할 수 있다.

(5) 직업훈련

통일부 장관은 직업훈련을 희망하는 보호 대상자 또는 보호 대상자였던 사람에 대해 대통령령으로 정하는 바에 따라 직업훈련을 실시할 수 있다. 직업훈련의 실시 기간은 대상자의 직무 능력 등을 고려하여 3개월 이상이 되도록 노력해야 한다.

(6) 취업 보호 등

통일부 장관은 보호 대상자가 정착 지원시설로부터 그의 거주지로 전입한 후 대통령령으로 정하는 바에 따라 최초로 취업한 날부터 2년간 취업 보호를 실시한다. 다만, 사회적 취약계층, 장기근속자 등 취업 보호 기간을 연장할 필요가 있는 경우로서 대통령령으로 정하는 사유에 해당하는 경우에는 1년의 범위에서 취업 보호 기간을 연장할 수 있다.

통일부 장관은 취업 보호 대상자를 고용한 사업주에 대해서는 대통령령으로 정하는 바에 따라 그 취업 보호 대상자 임금의 2분의 1의 범위에서 고용지원금을 지급할 수 있다. 또한 취업 보호 대상자의 고용과 관련하여 모범이 되는 사업주에 대해서는 대통령령으로 정하는 바에 따라 생산품 우선 구매 등의 지원을 할 수 있다. 통일부 장관은 대통령령으로 정하는 바에 따라 보호 대상자의 취업을 알선할 수도 있다.

(7) 특별임용

북한에서의 자격이나 경력이 있는 사람 등 북한이탈주민으로서 공무원으로 채용하는 것이 필요하다고 인정되는 사람에 대해서는 북한을 벗어나기 전의 자격·경력 등을 고려하여 국가공무원 또는 지방공무원으로 특별임용할 수 있다. 북한의 군인이었던 보호 대상자가 국군에 편입되기를 희망하면 북한을 벗어나기 전의 계급, 직책 및 경력 등을 고려하여 국군으로 특별임용할 수 있다.

(8) 주거 지원

통일부 장관은 보호 대상자에게 대통령령으로 정하는 바에 따라 주거 지원을 할 수 있다. 또한 통일부 장관은 보호 대상자에게 대통령령으로 정하는 바에 따라 가정과 같은 주거 여건과 보호를 제공하는 공동생활시설을 이용하는 데 필요한 지원을 할 수 있다.

(9) 정착금 등의 지급

통일부 장관은 보호 대상자의 정착 여건 및 생계 유지 능력 등을 고려하여 정착금이나 그에 상응하는 가액의 물품을 지급할 수 있다.

(10) 거주지 보호

통일부 장관은 보호 대상자가 정착 지원시설로부터 그의 거주지로 전입한 후 정착하여 스스로 생활하는 데 장애가 되는 사항을 해결하거나 그 밖에 자립·정착에 필요한 보호를 할 수 있다. 통일부 장관은 보호 업무를 안전행정부 장관과 협의하여 보호 대상자의 거주지를 관할하는 지방자치단체의 장에게 위임할 수 있다.

(11) 기타

이 밖에도 북한이탈주민에 대해 예비학교 설립, 의료급여 제공, 생활보호, 국민연금에 대한 특례, 생업 비원, 자금 대여 등을 제공하고 있다.

7) 신고 의무 등

보호 대상자는 최초의 거주지에 전입한 날부터 5년간 주소, 직업 또는 근무지가 변동된 경우에는 그 사유가 발생한 날부터 14일 이내에 관할 지방자치단체장에게 서면으로 신고해야 하고, 신고를 받은 지방자치단체장은 그 신고서 사본을 안전행정부 장관을 거쳐 통일부 장관에게 제출해야 한다.

8) 기타 경찰의 지원활동

「북한이탈주민 보호 및 정착 지원에 관한 법률시행령」제42조(거주지에서의 신변 보호)에 따르면 통일부 장관은 거주지로 전입한 보호 대상자의 신변 안전을 위해 경찰청장에게 협조를 요청할 수 있으며, 협조 요청을 받은 경찰청장은 이에 응하도록 규정되어 있다.

그리고 「북한이탈주민 거주지 신변 보호지침」 제4조에 따르면 해당 지방경찰청장은 거주지에 편입한 대상자의 신변 보호 관서를 지정하게 되며, 신변 보호 관서로 지정된 당해 경찰서장은 신변 보호의 종류에 따라 담당관을 지정하고 '가'급 및 '나'급 대상자[6]에 대한 신변 보호 계획을 수립해야 한다.

이 가운데, '가'급 대상자는 재북 시 고위직 종사자, 북한의 테러 기도 등 신변의 위해 가능성이 상당한 자를 말하며, 보호경찰관 1명 이상이 상시적

---

6) 그러나 '북한이탈주민 거주지 신변보호 지침'에서는 위와 같이 '가'급과 '나'급으로 구분하고 있는 것은 아니다. 동법 제9조에서는 신변 보호 등급에 따라 '가'급, '나'급, '다'급, '신변 보호 종료자' 등으로 구분하고 있으며, 이 중에서 '다'급은 통일부에서 요청받은 대상자가 아니라 거주지에 편입된 대상자 가운데 재북 경력 등을 감안할 때 신변 위해의 가능성은 희박하나 초기 사회 정착 차원에서 보호가 필요한 자로 담당 경찰관이 정착 도우미(대한적십자사)로부터 신병을 인수하여 보호하는 대상자를 말한다. 또한 '신변 보호 종료자'는 '가', '나', '다'급의 신변 보호 종료자와 15세 이하의 연소자나 65세 이상의 연장자 및 중증질환자 및 신변 위해의 가능성이 극히 희박한 자를 말한다.

으로 보호한다. '나'급은 재북 시 중요한 직책에 종사하여 신변 위해를 당할 잠재적 우려가 있는 자와 사회 정착생활이 심히 불안정하여 특별한 관찰과 계도가 필요한 자를 말한다.

또한 제5조에서는 신변 보호의 내용을 규정하고 있는데, 첫째, 보호 대상자의 신변 위해 정보 수집 및 위해로부터 신변을 보호해야 하고, 둘째, 북한이탈주민들의 사회 정착에 중요한 변화를 초래할 수 있는 신변 변동 사항 및 범죄 가담 등 관련 정보를 수집해야 하며, 셋째, 보호 대상자가 물의를 일으키지 않고 건전한 민주시민으로 한국 사회에 정착할 수 있도록 규정하고 있다.

Chapter 07

외사경찰활동

제 1 절 외사경찰의 의의

1 외사경찰의 개념

외사경찰이란 대한민국의 안전·이익과 사회 공공의 안녕 및 질서 유지를 목적으로 외국인, 해외교포 또는 외국과 관련된 기관, 단체 등 외사 대상에 대해 이들의 동정을 관찰하고 이들과 관련된 범죄를 예방·단속하는 것을 주된 임무로 하는 경찰활동을 말한다(이종화, 2007: 19-20; 해양경찰청, 2011: 510-520; 경찰고시자료개발연구회, 2012: 510-520; 조철옥, 2008: 671).

2 외사경찰의 특성

1) 대상

외사경찰은 국내에 체류하고 있는 외국인, 외국 기관·단체 또는 해외교포를 대상으로 하므로, 일반 내국인과 관련된 범죄의 예방과 단속을 주업무로 하는 일반 경찰활동과 구별된다. 대상 법률에서도 일반 형법 위반 사건보다는 출입국관리법, 여권법, 외환관리법, 외국인등록법, 밀항단속법, 외국인토지법 등 주로 외국인과 관련 있는 범법행위와 내국인의 외국 관련 범죄를 주 단속 대상으로 한다는 점에서 구별된다(조철옥, 2008: 672).

2) 활동 범위의 광범성

외사경찰은 외사정보활동, 외사보안활동은 물론 외사범죄의 수사, 국제협력활동 등 광범위한 업무를 취급하고 있다.

3) 국가 법익의 보호

개인의 이익보다는 국가의 안전과 국익의 보호를 우선적 목적으로 한다.

4) 고도의 기술성

외사경찰은 외국인, 해외동포, 외교관 등을 대상으로 하므로 국제 관계, 외국의 정치 · 문화 · 경제 · 사회 등에 관한 충분한 이해와 어휘 능력 등 고도의 활동 기법이 요구된다.

5) 비공개성 및 비노출성

업무의 특성상 신분과 업무 내용의 비밀 보장을 필요로 한다.

3 외사경찰의 중요성

외사경찰의 중요성은 국제간 교류의 증가와 밀접한 관계를 가지고 있다. 새로운 국제 질서 속에서 대외무역의 증가, 새로운 국가와의 교류 확대, 해외 여행자의 증가, 관광객 및 외국인 노동자를 비롯한 국내 체류 외국인의 증가 등 외사 대상은 날로 증가하고 있다. 특히 국제화 · 정보화의 물결은 세계를 지구촌이라는 하나의 공동체로 만들어 가고 있다. 또한 독일 통일과 구소련의 붕괴로 냉전이 종식되면서 이데올로기를 중심으로 형성되었던 국제 질서가 붕괴되고 과거에 적대국 또는 적성국으로 분류되어 교류 관계가 미미했던 러시아 · 중국 등 주변 강대국과의 교류 관계가 급속히 증가하고 있다. 더불어 WTO 자유시장 경제 체제라는 새로운 경제적 국제 질서의 틀 안에서, 각국은 자국의 이익을 극대화하고자 무한생존 경쟁을 벌이고 있다. 이와 함께 아시아 각국으로부터의 노동자 유입이 크게 증가하는데 따라 외사경찰의 대상도 증가하고 있다(박기선, 2009: 141).

4 외사경찰의 법적 근거

1) 경찰법 제3조

국민의 생명 · 신체 및 재산의 보호, 범죄의 예방 · 진압 및 수사, 치안정보의 수집, 기타 공공의 안녕과 질서 유지 등에 관한 규정은 외사경찰활동의 포괄적 근거가 된다.

2) 경찰관직무집행법 제2조(직무의 범위)

3) 경찰청과 그 소속기관 등 직제(제8조 제2항): 외사관리관의 업무 사항

- 재외국민 · 외국인 및 이에 관련되는 신원조사
- 외국 경찰기관의 협력 및 교류
- 국제형사경찰기구에 관련되는 업무
- 외사정보의 수집 · 분석 및 관리
- 외국인 또는 외국인과 관련된 간첩의 검거 공작 및 범죄의 수사 · 지도
- 외사방첩 업무의 지도 · 조정
- 국제공항 및 국제해항의 보안활동에 관한 계획 및 지도

4) 외사요원관리규칙(경찰청훈령): 외사요원의 업무

- 외사정보 업무
- 외사방첩 업무
- 외사수사공작 업무
- 대테러 업무
- 해외 주재 업무

5) 기타

출입국관리법, 범죄인인도법, 국제형사사법공조법, 외환관리법, 여권법, 한미행정협정(SOFA) 등.

5 외사경찰의 대상

1) 기관

외국 공관, 주한 외국기관, 외국 언론기관, 외국인 종교·구호단체, 외국인 기업체 및 외국과 관련 있는 국내단체·기업체

2) 인물

외국 공관원 및 준외교관, 주한 외국군 구성원, 재한 외국인, 해외교포 및 취업자, 외국인 근로자, 외국인과 관련 있는 내국인

3) 대상 범죄

주한 외국인 또는 외국기관·단체가 대한민국 내에서 저지른 범죄, 내국인 또는 해외교포가 외국에서 저지른 범죄, 내국인이 외국인 또는 외국기관·단체 등과 연계하여 저지른 범죄, 외국인이 외국에서 대한민국 또는 대한민국 국민을 대상으로 저지른 범죄, 내국인이 국내에서 외국·외국인

을 대상으로 저지른 범죄, 간첩·불순분자 등의 제3국을 통한 우회 침투를 방지·색출하고 무장·과격분자 또는 국제 범죄단체 등에 의한 테러와 납치 등 국제성 범죄에 대처하는 것이 외사경찰의 활동 영역이다

제 2 절 외국인

1 외국인의 의의 및 법적 지위

1) 외국인의 의의

외국인이란 대한민국의 국적을 가지지 아니한 자를 말한다. 외국의 국적을 가진 자와 무국적자가 여기에 해당된다. 대한민국과 외국의 국적을 모두 가진 이중 국적자는 내국인으로 취급된다(김두현, 2004b: 640).

2) 외국인의 법적 지위

외국인은 국제법과 조약이 정하는 바에 의해 그 지위가 보장된다(헌법 제6조 2항). 외국의 외교관이나 군대를 제외한 외국인은 원칙적으로 대한민국의 주권에 복종해야 한다.

2 외국인의 입·출국과 체류 및 퇴거

1) 외국인의 입국

외국인이 국내에 체류하기 위해 대한민국의 영역 내로 들어오는 것을 말한다. 외국인이 국내에 입국하고자 할 때에는 유효한 여권과 사증(VISA)을 발급받아 입국 절차를 밟아야 한다. 사증은 여권과 함께 외국 여행에 필

수적인 것이므로 여권이 있어도 사증을 받지 못하면 그 나라에 입국할 수 없음이 원칙이다(「출입국관리법」 제7조). 입국은 상륙과 구별된다. 상륙은 사증(VISA) 없이 출입국 공항·항만에서 출입국관리소장의 허가를 받아 일시 상륙하는 것을 말한다.

※ 여권과 사증(VISA)

1. 여권

① 의의

국민의 출국을 증명하는 문서

② 발급권자

원칙적으로 외교부 장관이 발급하나 일반여권의 발급은 시·도 지사에게 위임, 대행하게 할 수 있다. 영사는 국외에서 일반·관용여권을 발급할 수 있다.

③ 여권대용증명서

- 여행증명서: 긴급하거나 부득이 필요한 경우에 외교부 장관이 여권에 대신하여 발급하는 증명서로 그 유효 기간은 1년이다.
- 국제연합통행증: 국제연합(UN)이 그 직원들에게 발급하는 증명서로 접수국에서 동상직으로 여권으로 취급한다.

2. 사증(VISA)

① 의의

외국에 여행하는 자에게 목적지 국가에서 발급하는 입국 허가서

② 발급권자

법무부 장관이 발급하며, 필요한 경우 재외공관의 장에게 위임할 수 있다.

③ 종류(사용 횟수별)

- 단수사증: 1회만 입국이 가능, 유효 기간은 발급일로부터 3개월
- 복수사증: 2회 이상 입국이 가능, 유효 기간은 발급일로부터 1년

2) 외국인의 출국

외국인이 출입국 공항·항만에서 소정의 절차를 밟아 체류하는 국가의 영역 밖으로 이탈·퇴거하는 것을 말한다. 외국인이 체류하는 국가의 영역

밖으로 출국할 경우에는 외국인의 자유로서 원칙적으로 출국을 금지할 수 없다(경찰공제회, 2009: 851). 한편, 외국인에 대해 특정한 경우 출국 정지를 할 수 있는데, 출국 정지 통산 기간이 6월을 초과하는 장기 출국정지자에 대해서는 출국 정지 결정 또는 출국정지 기간 연장 결정의 통지로 인해 수사에 중대한 장애가 생길 우려가 있는 경우에도 출국 정지 결정 등의 통지를 하도록 해야 한다.

※ 출입국관리법(제29조)상의 외국인의 출국정지 대상자

- 범죄의 수사를 위해 그 출국이 부적당하다고 인정되는 자
- 형사재판에 계속중인 자
- 징역형 또는 금고형의 집행이 종료되지 아니한 자
- 법무부령이 정하는 금액 이상의 벌금 또는 추징금을 납부하지 아니한 자
- 법무부령이 정하는 금액 이상의 국세·관세 또는 지방세를 정당한 사유 없이 그 납부 기한까지 납부하지 아니한 자
- 그 밖에 대한민국의 이익이나 공공의 안전 또는 경제 질서를 해할 우려가 있어 그 출국이 부적당하다고 법무부령이 정하는 자

※ 외국인 출국정지 업무 처리규칙(제2조)상의 외국인의 출국정지 대상자

- 사형, 무기, 장기 3년 이상의 징역 또는 금고에 해당하는 범죄 혐의로 입건되어 수사를 받고 있거나 그 소재를 알 수 없어서 기소중지 결정이 된 자
- 벌금 1천만 원 이상 미납자 및 추징금 2천만 원 이상 미납자
- 5천만 원 이상의 국세·관세 또는 지방세 체납자
- 20억 원 이상의 허위 세금계산서를 발행한 혐의로 세무조사를 받고 있는 자
- 그 밖에 법무부 장관이 그 출국이 국가안보 또는 외교 관계를 현저하게 해할 염려가 있다고 인정하는 자

3) 외국인의 체류

외국인의 체류는 입국사증에 기재된 체류 자격과 체류 기간의 범위 내에서 가능하며, 체류 중 여권 등 휴대 및 제시의 의무를 가진다. 체류 자격 이

외의 활동을 하고자 할 때에는 법무부 장관의 허가를 받아야 한다. 그리고 외국인의 정치적 활동은 원칙적으로 금지되며, 공공의 안녕·질서 또는 대한민국의 중요한 이익을 위해 필요한 경우 거소 또는 활동 범위를 제한하거나 기타 필요한 준수 사항을 정할 수 있다. 또한 대한민국의 국적을 상실하거나 대한민국의 출생 또는 기타 사유로 인해 체류 자격을 가지지 못하고 체류하게 되는 외국인은 그 사유가 발생한 날로부터 30일 이내에 체류 자격을 받아야 하며, 이를 받지 못하면 강제 퇴거시킬 수 있다(김정순, 2010: 20-35; 박귀천·이유봉, 2012: 30-72).

4) 외국인의 등록

대한민국에 90일을 초과하여 체류하는 외국인에 대해서는 입국한 날로부터 90일 이내에 출입국관리소에 등록해야 한다.

※ 등록 제외 대상
주한 외국공관과 국제기구의 직원 및 그의 가족, 대한민국 정부와의 협정에 의해 외교관 또는 영사와 유사한 특권 및 면제를 누리는 자와 그의 가족, 대한민국 정부가 초청한 자.

5) 외국인의 강제 퇴거

(1) 강제 퇴거 대상

- 유효한 여권 또는 사증 없이 입국한 자
- 입국 금지 사유가 입국 후에 발견되었거나 발생한 자
- 출국심사규정에 위반하여 출국하려고 한 자
- 상륙 허가 없이 상륙했거나 상륙 허가 조건을 위반한 자
- 체류 자격 외에 활동을 하거나 체류 기간이 경과한 자
- 중지명령 등의 규정을 위반한 자
- 외국인 등록, 또는 거소, 활동 범위의 제한 기타 준수 사항을 위반한 자
- 대한민국 법률에 의해 금고 이상의 형을 선고받고 석방된 자

(2) 강제 퇴거 절차

• 출입국관리 공무원의 강제 퇴거 대상자를 조사
• 강제 퇴거 사유에 해당한다고 의심할 만한 상당한 이유가 있을 경우에는 사무소장의 수용명령서에 의해 외국인 수용소 등에 수용(수용 기간: 최장 20일)
• 출입국관리사무소장의 심사 및 강제 퇴거 대상자로 인정된 경우 강제 퇴거명령서 발부
• 출입국관리 공무원의 강제 퇴거명령서 집행(단, 사무소 또는 수용소의 의뢰에 의해 경찰관이 집행 가능)

3 외국인의 권리와 의무

외국인의 권리	공법(公法)상의 권리	일반적으로 참정권인 선거권, 피선거권 · 공무담임권 등과 생활권인 근로의 권리 · 교육을 받을 권리 등은 인정되지 않는다. 그러나 자유권인 신체의 자유, 종교의 자유, 언론 · 출판의 자유, 통신의 자유, 학문의 자유 등과 재판청구권인 민사재판청구권 · 형가재판청구권 · 행정재판청구권 등은 인정된다.
	사법(私法)상의 권리	사법상의 권리에서 국가의 안전, 공공의 질서, 국가의 중대 이익 등에 관련되는 재산권 및 직업은 외국인이 향유할 수 없다(예: 선박소유권, 형사재판청구권, 도선사가 되는 권리)
외국인의 의무	① 외국인은 특권을 인정받은 외교사절 등을 제외하고는 원칙적으로 내국인과 동일한 의무를 갖는다. 즉, 외국인도 내국인과 마찬가지로 경찰권 · 과세권 및 재판권에 복종할 의무를 갖는다. ② 외국인은 병역 · 교육의 의무 등 신분상의 의무는 부담하지 않는 것이 원칙이다. 다만, 수해 · 화재 · 유행병 · 폭행에서의 비상경찰적인 의무, 전시의 방공활동의 의무 등은 국민과 마찬가지로 부과된다. ③ 외국인은 입국한 날부터 90일을 초과하여 대한민국에 체류하게 되는 경우에는 대통령령이 정하는 바에 따라 입국한 날부터 90일 이내에 그의 체류지를 관할하는 출입국관리사무소장 또는 출장소장에게 외국인 등록을 해야 한다(출입국관리법 제30조). 그러나 ㉠ 외교관, 영사관 및 그 가족과 수행원, ㉡ 대한민국 정부가 승인 한 외국정부 또는 국제기구의 공무를 수행하는 자와 그 가족 및 구성원, ㉢ 대한민국 정부와의 협정에 의해 외교관 또는 영사와 유사한 특권과 면제를 누리는 자와 그 가족은 예외로 하고 있다(출입국관리법 제31조 제①항).	

4 외국인의 보호

외국인은 일반 국제법상 신체 · 재산에 대해 체류국의 보호를 받을 권리가 있고, 체류국은 그것을 보호할 의무가 있다. 특히 외국인에게 인정한 권리에 대해서는 행정상 · 사법(司法)상의 보호를 부여해야 한다.

제 3 절 외교사절

1 외교사절의 의의

1) 의의

외교사절이란 파견국을 대표하여 외교 교섭을 하고, 자국민을 보호하며, 주재국의 정세를 살펴 본국에 보고하는 등 정치적 임무를 수행하기 위해 외국에 파견되는 기관을 말한다. 외교사절은 접수국과의 우호 관계를 증진하고 경제 · 문화 · 과학 등 협력 관계를 증진시키는 기능을 한다(김두현 외, 2002: 137).

2) 종류와 계급

외교사절에는 상임사절과 임시사절이 있다. 상임사절은 접수국에 상주하며 외교 관계를 처리하는 외교사절로 대사, 공사, 대리공사의 계급이 있다. 임시사절은 특정한 외교교섭이나 국제회의 참석 또는 조약 체결을 위해 일시적으로 파견하는 사무사절과 외국의 축전 또는 의식에 국가대표로 파견되는 예의사절이 있다.

3) 국제법상 규율

외교사절에 관한 국제법상의 규율은 국제관습법으로 존재해 왔으나 1961년 「외교 관계에 관한 비엔나협약」이 체결됨으로써 명문화되었다.

※ 영사
정치적 교섭을 주임무로 하는 외교사절과 달리 영사는 국가 경제적 목적 수행과 자국민의 보호를 위해 국가 간에 파견된 공식기관으로, 국가를 대표하여 외교교섭을 할 권한이 없고, 파견에 아그레망이나 신임장이 필요 없으며, 비정치적 목적을 수행한다. 영사에게도 외교사절의 특권보다는 약하나 역시 특권이 인정된다(최원목, 2007: 170).

2 외교사절의 파견과 접수

1) 외교사절의 파견

(1) 아그레망의 요청

특정의 인물을 외교사절로 임명하기 전에 접수국에 대해 사전 동의를 구하는 것을 말한다. 접수국은 아그레망(agrément: 同意)을 요청받은 특정인이 자국의 이익을 위해 만족할 만한 인물이 아니라고 판단되면 이를 거부할 수 있으며(아그레망의 거부), 이때 파견국에 대해 그 이유를 통지할 의무는 없다.

(2) 신임장 수여와 파견

접수국이 아그레망의 요청에 동의(아그레망의 부여)하면 파견국은 그 인물을 외교사절로 임명하고 신임장을 주어 파견한다. 신임장은 외교사절로서의 자격을 증명하는 공문서이다.

2) 외교사절의 접수

외교사절이 접수국에 신임장 정본을 제출하여 정식 접수되었을 때부터 외교사절의 자격이 인정되고 직무를 개시할 수 있다(※ 외교특권은 입국 시부터 인정된다)(조철옥, 2008: 684).

3 외교사절의 특권과 면제

외교사절은 종류와 계급을 불문하고 일정한 특권적 지위를 향유하는데, 이러한 외교사절의 특권을 외교특권이라 한다. 외교관의 특권은 1961년 4월 18일 「외교 관계에 관한 비엔나 협약」과 1963년 4월 24일 「영사 관계에 관한 비엔나협약」에서 인정했는데, 특히 외교 관계에 관한 비엔나협약 제29조에는 외교관에 대한 신체의 불가침을 명백히 규정하고 있다. 외교특권은 헌법 제6조에 따라 일반적으로 승인된 법규로서 국내법과 동일한 효력을 갖는다.

1) 불가침권

(1) 신체의 불가침

외교사절의 신체는 불가침이며 신체의 불가침에는 생명·신체의 안전뿐만 아니라 신체의 자유까지도 포함된다. 외교관은 어떠한 형태의 체포 또는 구금도 당하지 아니한다. 다만, 정당방위나 긴급피난은 외교관에 대해서도 할 수 있다. 우리 형법은 대한민국에 체재하는 외교사절에 대한 폭행이나 협박 등의 죄에 대해 일반범죄보다 가중하여 처벌하는 규정을 두고 있다(형법 제107조, 108조).

(2) 관사의 불가침

외교사절의 공관 및 관사는 불가침이다. 외교관의 개인 주택도 불가침이다. 소유 또는 임차를 불문하며 관사는 본건물뿐만 아니라 부속건물, 정원, 차고 등을 포함한다. 관사에 대한 불가침에 준해 외교사절의 승용차, 보트, 비행기 등 교통 수단도 불가침의 특권을 갖는다. 접수국의 관리는 외교사절의 요구나 동의 없이는 출입할 수 없다. 다만, 화재나 전염병 발생 등 긴급을 요하는 경우에는 동의 없이도 출입할 수 있다. 또한 공관의 범죄인 비호권은 인정되지 않는다.

(3) 문서의 불가침

외교공관 및 외교사절의 문서(공문서 및 사문서)는 언제, 어디서나 불가침이며 수색·검열·압수되거나 그 제시가 요구되지 아니한다. 심지어 외교 단절의 경우에도 접수국은 문서의 불가침권을 존중하고 보호해야 한다. 다만, 문서가 간첩행위의 서증인 경우 또는 사절과 동일한 국적의 간첩이 주재국에서 절취 또는 복사한 문서로서 그것을 접수국이 입수한 경우에는 불가침권을 상실한다.

2) 치외법권(면제권)

(1) 형사재판권의 면제

외교사절은 접수국의 형사재판 관할권으로부터 면제된다. 외교관은 어떠한 경우에도 체포·구금·소추 또는 처벌되지 않는데, 이는 공무 수행 중에 행해진 행위에 대해서뿐만 아니라 개인 자격으로 행한 행위에 대해서도 그러하다. 다만 중대한 위법행위를 한 때에는 '기피 인물' 또는 '비우호적인 인물'로 선언하여 소환을 요구하거나 추방 등의 조치를 취할 수 있으며, 긴급한 필요가 있는 경우에는 일시적으로 신체의 자유를 구속할 수 있다.

(2) 민사재판권의 면제

외교사절은 원칙적으로 접수국의 민사재판으로부터 면제된다. 외교사절에 대한 민사소송을 접수국의 재판소에 제기할 수 없고, 접수국의 재판소는 이를 수리할 수 없다. 그러나 그 면제의 범위는 형사재판권에 비해 매우 제한적이다. 자진 출소와 응소의 경우 또는 개인의 부동산 영업·손해배상 등에 관한 소송은 재판할 수 있다.

(3) 증언 의무로부터의 면제

외교사절은 접수국 내에서 형사·민사 또는 행정재판과 관련하여 재판정에 출석하여 증언할 의무가 없다. 재판정뿐만 아니라 공관에서도 증언할 의무가 없다. 그러나 자발적인 증언은 할 수 있으며, 당사자로서의 증언은 면제되지 않는다.

(4) 과세권의 면제

외교사절은 원칙적으로 접수국의 과세권으로부터 면제되므로 인적, 물적 또는 국세, 지방세를 불문하고 조세로부터 면제된다. 다만, 간접세, 외교사절의 사유 부동산에 관한 조세・사용료 등에 관해서는 면제되지 않는다.

(5) 역무의 면제

외교사절은 접수국의 모든 개인적 역무, 공적 역무, 징발, 군사상의 기부, 숙사 제공 등과 관련된 군사적 의무로부터 면제된다.

(6) 경찰권의 면제

외교사절은 접수국의 경찰권으로부터 면제된다는 것이 통설이다. 경찰의 명령이나 규칙은 외교사절을 구속하지 않는다. 다만, 외교사절이 접수국의 경찰규칙에 위반하는 경우에는 접수국은 파견국에 대해 소환을 요구하거나 외교사절에 대해 퇴거를 요구할 수 있다.

3) 특권 향유의 범위

물적 범위	• 공적(公的) 행위(접수국의 재판관할권 자체로부터의 먼제) • 사직(私的) 행위(제판관할권 행사로부터의 면제)
인적 범위	• 외교사절 및 그 가족 • 외교직원 • 사무・기술직원: 접수국의 국민이 아니거나 접수국에 영주하는 사람이 아닌 한 원칙적으로 외교관과 동일한 특권과 면제가 부여된다. • 역무 직원: 접수국의 국민이 아니거나 접수국에 영주하지 않는 경우에는 공적 행위에 대해서만 면제가 부여된다. • 개인적 사용인: 접수국의 국민이 아니거나 접수국에 영주하지 않는 경우에 한해 급료에 대한 조세만이 면제되며, 그 밖의 분야에서의 외교특권의 면제는 접수국의 재량에 의한다.
시간적 범위	• 외교특권이 부여되는 시점은 접수국의 영역 내로 들어간 때(입국시) 그리고 이미 접수국의 영역 내에 있는 상태에서 임명된 때에는 그 임명이 접수국에 통고된 때이다.

4) 외교특권의 포기

외교관의 특권과 면제는 외교 업무의 수행을 위해 필요한 외교관의 활동의 자유를 보장하려는 것이므로 이러한 필요성이 없는 때에는 포기할 수 있다. 그러나 외교관의 특권과 면제는 외교관 개인의 권리가 아니고 파견국이 갖는 국제법상의 권리이므로 포기의 주체는 파견국이다(최원목, 2007: 170).

제 4 절 한 · 미행정협정(SOFA)

1 한 · 미행정협정의 의의

한미행정협정(Status of Forces Agreement: SOFA)이란 주한미군의 지위에 관해 1967년 7월 9일 한 · 미 양국이 체결한 「대한민국과 미합중국간의 상호방위조약 제4조에 의한 시설과 구역 및 대한민국에서의 미합중국군대의 지위에 관한 협정」을 말한다. 그 법적 성격은 조약이다(임상곤, 2003: 440; 이석우, 2007: 1-30).

2 적용 대상자

구분	내용
미합중국 군대의 구성원	대한민국의 영역 안에 주둔하고 있는 미합중국의 육 · 해 · 공군에 속하는 현역 군인(주한미대사관에 근무하는 무관과 주한 미 군사고문단원은 제외).
군속	미합중국의 국적을 가진 민간인으로서 대한민국에 주둔하고 있는 미국 군대에 고용되어 근무하거나 또는 동반하는 자(대한민국에 통상적으로 거주하는 자와 초청 계약자는 제외). 대한민국 및 미국의 이중 국적자와 제3국의 국민이라도 미국 정부에 고용되어 한국에 파견된 자는 이 협정에 의한 군속으로 간주
가족	미합중국 군대의 구성원 또는 군속의 가족 중 배우자 및 21세 미만의 자녀

	부모 및 21세 이상의 자녀 기타 친척으로 생계비의 반액 이상을 미합중국 군대의 구성원 또는 군속에 의존하는 자 • 기타 친척: 미군(군속)에게 의존하고 있는 가족구성원 혹은 피보호자로서 한·미정부 혹은 법원이 이러한 관계를 법적으로 확인하고 미군 당국이 한국 당국에 기타 친척으로 통보한 경우(2001.2. 개정으로 추가)
초청 계약자	미합중국법에 의해 설립된 법인이나 미합중국 내에 통상적으로 거주하는 자의 고용원 및 그의 가족으로서 주한미군 등의 군대를 위해 특정된 조건 하에 미합중국 정부의 지정에 의한 수의계약을 맺고 대한민국에서 근무하는 자

3 출입국 및 통관 등

시설 및 구역의 사용	• 미군은 대한민국 내의 시설과 구역을 임대료 없이 사용함 • 미군은 시설 및 구역의 반환 시 원상회복 의무 및 보상 의무를 지지 않음
출입국	• 미군 구성원은 여권 및 사증에 관한 대한민국 법령(예: 여권법, 출입국관리법)의 적용으로부터 면제됨
통관 및 관세	① 관세의 면제 • 미군의 군용물품 및 미군·군속 및 그들 가족용으로 수입하는 모든 자재, 군수용품과 비품 및 미군 전용의 상기 물자들이 미군에 의해 대한민국 내로 반입될 경우 • 대한민국에서 처음 근무하기 위해 처음 도착하는 미군·군속과 그들 가족이 동거하기 위해 처음 도착할 때의 가구·가정용품 및 개인용품 • 미군·군속이 그들 자신 및 가족들의 사용으로 수입하는 차량과 부속품 • 그들이 미국에서 사적 용도로 통상 구입할 수 있는 합리적인 양의 가정 및 개인 용품으로서 미군사우편국을 통해 대한민국에 우송되는 것 ② 세관검사의 면제 • 대한민국에 도착하거나 대한민국을 떠나는 미군(군속과 그 가족 및 미군 기족은 제외) • 공문 및 사신(私信) • 미군에 탁송된 군사화물

4 형사재판권

1) 재판관할권

영토 주권의 원칙과 일반국제법상의 원칙에 입각하여 대한민국과 미합중국 군당국이 재판권을 행사하는 주체임을 명시하는 '재판권 분장의 원칙'

을 선언하고 있다.

대한민국 당국은 미합중국 군대의 구성원, 군속 및 그들의 가족에 대해 대한민국의 영역 안에서 범한 것으로서 대한민국 법령에 의해 처벌할 수 있는 범죄에 대해 재판권을 가진다. 여기서의 대한민국 당국은 군당국이 아니라 민간 당국을 의미한다. 계엄령을 선포한 경우에는 대한민국의 재판관할권이 정지된다.

미합중국 군당국은 미합중국 군대의 구성원, 군속 및 그들의 가족에 대해 미합중국 법령이 부여한 모든 형사재판권 및 징계권을 대한민국 안에서 행사할 권리를 가진다. 한·미행정협정의 후속 문서인 합의의사록에서는 "미합중국 법률의 현 상태 하에서 미합중국 군당국은 평화 시에는 군속 또는 가족에 대해 유효한 형사재판권을 가지지 아니한다"고 규정하여 미합중국 군당국이 행사하는 형사재판권이 일정한 범위 내에 한정됨을 명시하고 있다(성선제 외, 2003: 163).

2) 전속적 재판권

(1) 개념

한·미 양국 중 어느 일방 국가의 법령에 의해서는 처벌할 수 있으나, 다른 일방 국가의 법령에 의해서는 처벌할 수 없는 경우에 처벌이 가능한 국가만이 배타적으로 형사재판권을 행사하는 경우를 전속적 재판권이라 한다.

(2) 미군 당국의 전속적 재판권

미국의 안전에 관한 범죄를 포함하여 미국 법령에 의해서는 처벌할 수 있으나 한국의 법령에 의해서는 처벌할 수 없는 범죄에 대해 전속적 재판권을 가진다.

(3) 대한민국 당국의 전속적 재판권

대한민국의 안전에 관한 범죄를 포함하여 우리나라 법령에 의해서는 처벌할 수 있으나 미국의 법령으로는 처벌할 수 없는 범죄에 관해 대한민국이 전속적 재판권을 가진다.

- 국가의 안전에 관한 범죄
- 해당국에 대한 반역
- 태업(사보타주), 간첩행위
- 공무상 또는 국방상의 비밀에 관한 법령 위반

3) 재판권의 경합과 1차적 재판권

(1) 개념

재판권의 경합이란 특정한 범죄사건이 발생했을 때 대한민국과 미합중국 군당국이 각각 자국의 법률에 의해 서로 재판권을 행사하여 처벌할 수 있는 경우를 말한다.

(2) 미군 당국의 제1차적 재판권

- 오로지 미국의 안전이나 재산에 관한 범죄
- 오로지 주한미군, 군속 및 그 가족 상호간의 신체나 재산에 관한 범죄
- 공무 집행 중의 작위 또는 부작위에 의한 범죄

※ 공무의 범위

공무의 범위는 공무집행 중이거나 공무집행에 부수하여 발생하고, 공무 집행과 범죄는 직접적으로 행위상 관련성을 가져야 한다. 한・미행정협정의 후속 문서인 합의의사록 양해 사항에서는 공무 여부의 판단을 미군 당국이 발행한 공무증명서가 1차적 재판권을 결정하기 위한 충분한 증거가 되고, 다만 한국 측에서의 토의, 질문, 거부에 대해서는 정당한 고려를 하도록 규정하고 있다. 한국 측의 검사가 미군의 공무증명서를 거부하게 되면 그 후 이의 제기 기간(10일), 조정 기간(30일)을 두고 미군과 의견 조정을 하게 되나, 그래도 의견 절충이 되지 않으면 결국 한・미 동수가 참여하는 합동위원회가 구성되어 위원회의 결정에 따르게 된다. 공무 수행 중이 아닐 때 범죄를 저질렀을 경우에는 대한민국 정부가 재판관할권을 갖는다.

(3) 대한민국 당국의 제1차적 재판권

주한 미군 당국의 제1차적 재판권에 속하지 아니하는 모든 범죄

4) 재판권의 포기

대한민국 당국이 제1차적 재판권을 갖는 경우라도 대한민국 당국이 재판하는 것이 특히 중요하다고 결정하는 경우를 제외한 기타 사건에 대해 미군 당국이 재판권의 포기를 요청하는 경우에는 그 요청에 대해 호의적으로 고려해야 한다.

〈우리나라에서 재판하는 것이 특히 중요한 경우〉

- 우리나라의 안전에 관한 범죄
- 살인죄, 치사죄, 강도죄 및 강간죄
- 상기 각 범죄의 미수 또는 공범 등 여러 중요한 범죄

사법 운영의 신속화를 위해 어떤 사건이 발생했을 경우 특히 중요하다고 인정할 때에는 법무부 장관은 미군 당국의 통고 또는 범죄 사실을 안 때로부터 15일 이내에 우리나라가 재판권을 행사하겠다는 결정을 서면으로 미군 당국에 통고한 후 재판권을 행사한다.

5 시설 및 구역의 경찰권

1) 시설 및 구역 내부 경찰권

미군 당국은 시설 및 구역 내에서 범죄를 행한 모든 자를 체포할 수 있다. 또한 미군 당국이 동의한 경우와 중대한 죄를 범하고 도주하는 현행 범인을 추적하는 때에는 대한민국 당국도 시설 및 구역 내에서 범인을 체포할 수 있다. 그리고 대한민국 당국이 체포하려는 자로서 미군·군속 또는 그 가족이 아닌 자가 이러한 시설 또는 구역 내에 있을 때에는 대한민국 당국이 요청하는 경우에는 미군 당국은 그 자를 체포하여 즉시 대한민국 당국에 인도해야 한다.

2) 시설 및 구역 주변 경찰권

미국 군사경찰은 시설 및 구역 주변에서 국적 여하를 불문하고 시설 및 구역의 안전에 대한 현행범을 체포 또는 유치할 수 있으며, 그러한 자가 미군·군속 또는 그 가족이 아닐 때에는 즉시 대한민국 당국에 인도해야 한다.

3) 사람이나 재산에 관한 수색·압수·검증

대한민국 당국은 미군 당국이 동의하는 경우가 아니면 시설 또는 구역 내에서 사람이나 재산에 관해 또는 시설 및 구역 내외를 불문하고 미국 재산에 관해 수색·압수 또는 검증을 할 수 없다.

6 범죄 수사 절차

1) 피의자의 체포 통보

대한민국 당국은 미군·군속 또는 그들의 가족을 체포했을 때 지체 없이 미군 당국에 통보해야 한다. 미군 당국은 제1차적 재판권이 대한민국 당국에 귀속되어 있는 범죄의 범인인 협정 대상자를 체포했을 때는 체포 사실을 즉시 대한민국 당국에 통보해야 한다.

(1) 피의자가 미군 당국의 수중에 있는 경우

모든 재판 절차가 종결되고 대한민국 당국이 구금을 요청할 때까지 미군 당국이 계속 구금한다. 다만, 살인 등 12개 유형의 중요 범죄에 해당하는 경우에는 기소 시에 대한민국 당국에 구금을 인도한다(2001. 2 개정). 또한 미군 당국은 수사와 재판을 위해 요청이 있으면 즉시 대한민국 당국에 이러한 피의자 또는 피고인에 대한 수사와 재판을 할 수 있게 해야 하며, 특정 사건 피의자에 대해 대한민국 당국으로부터 구금 인도 요청이 있으면 호의적으로 고려해야 한다.

※ 12개 중요 범죄 유형

살인, 강간, 석방 대가 갈취 목적의 유괴, 마약 거래, 마약 생산, 방화, 흉기를 휴대한 강도, 상기 7개 범죄의 미수, 폭행치사·상해치사, 음주 운전으로 인한 치사, 교통사고 치사 후 도주, 상기 범죄를 포함하는 다른 죄명의 범죄

(2) 피의자가 대한민국 당국의 수중에 있는 경우

미군 당국의 요청이 있으면 대한민국에 의한 수사와 재판이 가능할 것을 전제로 피의자는 미군 당국에 인도되어야 하며, 모든 재판 절차가 종결되고 또한 대한민국 당국이 구금을 요청할 때까지 미군 당국이 계속 구금한다. 다만, 살인 혹은 죄질이 나쁜(egregious) 강간을 저지른 미군 피의자를 우리 측이 체포했을 경우, 미군 당국에 신병을 인도하지 않고 계속 구금이 가능하다(2001.2 개정으로 신설).

3) 범죄 수사

(1) 피의자에 대한 예비 수사

대한민국 당국이 협정 대상 피의자를 체포했을 때는 경찰관서로 연행 후 미군 당국에 통보하며, 미국 정부 대표의 입회를 요청하여 먼저 신문조서를 작성하고 미군 측에 신병을 인도한다. 미군 당국(미헌병대)은 신병 인수 시 구금인도 요청서 및 구금인수증을 제시해야 한다. 이와 함께 대한민국 당국은 미국 정부 대표의 입회 하에 미군·군속 또는 가족을 신문할 수 있으며, 체포 후 신병을 미군 당국에 인도하기 전에 사건에 대해 예비수사를 할 수 있다.

(2) 피의자의 소환

대한민국의 수사 담당관서가 48시간 전에(헌병대 내규) 피의자 출석요구서를 관할 미헌병대로 발송하면 동 헌병대에서는 피의자 소속 부대장에 통보하고, 부대장은 피의자의 직급보다 상급자로 하여금 피의자를 인솔하여 미군 법무감실을 경유하여 미국 정부 대표자 인솔 하에 출석하게 한다.

(3) 신문조서의 작성

일반피의자 신문조서 작성과 같은 요령으로 한글로 작성하고, 피의자는 서명하지 않고 미국 정부 대표자가 신문에 입회하여 조서 말미에 서명한다. 미국 정부 대표자 입회를 흠결하고 작성된 신문조서는 그 효력을 상실한다.

(4) 피의자의 구속

① 구속 대상 범죄

- 대한민국의 안전에 관한 범죄
- 살인(상해치사, 폭행치사 등)
- 강도 · 강간
- 마약류의 밀수출 · 입
- 중대한 관세법 위반
- 위 범죄의 미수 · 공범
- 죄질이 위 범죄에 상응하다고 인정되는 범죄 등

② 구속절차

현행범은 체포 즉시 검사에게 보고 후 구속영장을 신청하고, 최단 거리의 미합중국 군대의 헌병대장(또는 헌병사령관)에게 통고한다. 현행범이 아닌 경우에는 구속영장을 발부받아 피의자 소속 부대의 헌병대장에게 제시하고 신병을 인도받는다.

(5) 압수 및 수색

대한민국 법관이 발부한 압수수색 영장으로 미군시설 구역 내 및 군인 등의 가택을 수색하거나 증거물을 압수할 때에는 그 지역 관할 미군 헌병대장(또는 헌병사령관)에게 그 사실을 통지하고 협조를 얻어야 한다.

(6) 사건 송치

담당 검사의 수사 지휘 아래 발생일로부터 15일 이내로 수사를 종결하고 송치해야 한다.

(7) 공소 제기

구속사건은 구속 만기 3일 전에, 불구속사건은 공소 제기 전에 일건 기록에 의해 범죄 사실 및 증거 등을 관할 검사가 대검에 보고하여 승인을 받고 공소를 제기한다.

4) 피의자 및 피고인의 권리

(1) 원칙적 권리

협정 대상자가 대한민국 당국에 의해 피의자나 피고인이 된 경우에 원칙적으로 대한민국 법률이 국민에게 부여하고 있는 형사소송 절차상 권리를 가진다(변호인의 조력을 받을 권리, 신속한 재판을 받을 권리 등).

(2) 추가적 권리

미국 정부 대표와 접견·교통할 권리 및 자신의 재판에 그 대표를 입회시킬 권리를 가진다. 특히 접견권의 경우 무제한적 접견권을 인정하여 대한민국 당국에 의해 구금되거나 유치된 협정 대상자에 대해 미국 군당국은 언제든지 접견할 권리를 가지며, 접견하는 동안 의류, 음식, 침구, 의료 등 보조적인 보호와 물건을 공여할 수 있도록 하고 있다.

(3) 2001.2 개정으로 신설된 사항

- 질병, 부상, 임신 등 경우 재판 전 신병 인도 연기에 대한 호의적 고려
- 기소 후 한국 당국의 신문 불가
- 대한민국 당국이 체포 후 계속 구금권을 행사할 경우 변호사 출두 시까지 신문 불가 및 변호사 부재 시 취득한 증언·증거는 재판 과정에서 사용 불가(신속한 수사와 재판을 위해 미군 측은 미국 정부 대표의 신속한 출석 보장)
- 현장 검증 과정에서 피의자의 인권 보호와 무죄 추정의 원칙 존중
- 형 집행에 관한 미군 측의 특별 요청에 대해 충분한 고려

(4) 기타

미군과 군속의 대물 교통사고 중 공무 수행 중이거나 25,000달러 이상의

보험에 가입한 경우에는 형사 불입건(2001.2 개정으로 신설)

7 한·미행정협정의 문제점

1) 협정 대상자의 범위

한·미행정협정의 대상에서 가족을 배우자 및 21세 미만의 자녀 또는 기타 친척으로서 그 생계비의 반액 이상을 미국 군대의 구성원 또는 군속에 의존하는 자로 규정하고 있고, 다른 나라에 없는 초청 계약자를 포함하고 있어 그 범위가 지나치게 넓다(하영선, 2006: 50).

2) 공무의 개념

미군의 공무 집행 중의 작위 또는 부작위에 의한 범죄의 경우 1차적 재판권은 미국 군당국이 갖게 되어 있는데 이때 공무 여부의 판단을 미군 당국이 발행한 공무증명서가 1차적 재판권을 결정하기 위한 충분한 증거가 되고, 다만 한국 측에서의 노의, 실문, 서부에 내해서는 정당한 고려를 하도록 규정하고 있어 사실상 공무 여부에 대한 판단권을 미군이 행사하고 있다.

3) 재판권의 포기

한국 정부가 1차적 재판권을 가지고 있는 경우에도 특히 중요하다고 인정되는 경우 외에는 미군 당국의 요청에 의해 1차적 재판권을 포기하도록 되어 있다.

4) 구금 및 신병 인도

한국 정부가 미군 피의자를 검거하는 경우에도 미군 당국의 신병 인도 요구에 즉시 신병을 미군에게 인도해야 하고 신병이 인도된 후에는 모든 재판 과정이 종결된 후 또는 한국 정부가 구금 요청(이 경우에도 단지 "호의적으로 고려해야 한다"라고만 규정되어 있다)을 할 때까지 미군 당국이 구금하도록 규정하고 있어 일반 피의자와 형평성에 어긋나고 초동수사에 어려움이 있어 진상을 밝히는 데도 어려움을 가중시키고 있다.

8 피의자 · 피고인의 권리

12개 중요 범죄 피의자에 대한 신병을 인도받는 시기를 기소 시점으로 한 것은 진일보한 내용이나 기소 후 심문 불가 등 내국인과 비교할 때 미군에게 차별적 우대를 하는 것은 공권력의 신뢰 문제를 야기한다. 또한 미군 피의자들은 재판이 시작되어도 육체적 · 정신적으로 자신의 변호에 부당한 때에는 심판의 출석을 요청받지 않을 권리, 미군의 위신과 합당한 조건이 아닌 경우에는 죄수복을 입지 않을 수도, 수갑을 채우지 아니할 수 있는 권리가 있다고 규정되어 있어 사실상 재판을 거부할 권리를 미군에게 부여하는 결과를 초래하고 있다.

제 5 절 외사경찰활동

1 외사정보활동

외사정보활동이란 대한민국의 안전과 이익, 사회 공공의 안녕과 질서 유지를 목적으로 주한 외국인, 주한 외교사절, 주한 외국기관 · 상사단체, 해외교포 등 각종 외사활동의 객체를 대상으로 외사첩보를 수집하고 이를 판단 · 분석하여 정책 수립 자료로 제공함으로써 경찰상 또는 국가 안보상의 위해 요인을 사전 제거하여 그 대책을 마련하는 활동을 말한다(최선우 · 손봉선, 2009: 484).

2 외사수사활동

1) 의의

대한민국의 안전과 이익, 사회 공공의 안녕과 질서 유지를 목적으로 외국인 또는 외국과 관련된 범죄 및 범죄자에 대해 공소를 제기하고 이를 유지하기 위한 준비 절차로서 범죄 사실을 탐지하고, 범인을 검거 · 조사하며, 증거를 수집 · 보전하는 외사경찰의 활동을 말한다(조철옥, 2008: 692).

※ 일반경찰 수사활동과의 차이점

그 대상이 외국인 또는 외국과 관련된 것이라는 점과 활동 범위가 국내에 그치는 것이 아니라 외국 또는 국제기구와의 경찰공조 등 국외에 걸쳐 있다는 점 등에서 차이가 있다.

2) 외사사범(외사범죄)

(1) 의의

외사사범이란 외국인 · 해외교포 또는 외국과 관련하여 이루어진 행위로서 국가 안전과 이익 및 사회 공익을 침해하는 범죄를 말한다. 개인적 법익을 침해하는 행위는 외사사범이 아니다.

(2) 특징

① 직접 개인적 피해가 없으므로 국민의 피해 의식이 약하다.
② 조직적 · 계획적 · 광역적이며 일반범죄에 비해 잘 노출되지 않는다.
③ 외교특권 등이 이용되기도 한다.
④ 수사상 섭외사건에 관한 특칙이 적용된다.

(3) 유형

① 법익에 따른 분류

국가의 안전 및 이익 침해사범	• 국가보안법에 규정된 범죄로서 외국을 위한 또는 외국인에 의한 범죄 • 형법 제3조 내지 제5조에 규정된 내국인의 국외범, 국외에 있는 내국 선박 등에서 외국인이 범한 죄, 외국인의 국외범 • 출입국관리법 · 밀항단속법 · 해외이주법 · 외국인토지법에 규정된 범죄 • 관세법 · 외환거래법 · 국내재산도피방지법 · 외자도입법 · 외국간행물 수입 배포에 관한 법률에 규정된 범죄 등
사회공익 침해사범	• 외국인 · 해외교포 또는 외국과 관련되어 마약류관리에 관한 법률 · 관광진흥법을 위반하는 범죄 • 외국인 · 해외교포 또는 외국과 관련되어 직업안정법을 위반하는 범죄 등

② 성질에 따른 분류

국제성 범죄	국제협약에서 규정하고 있는 범죄와 인적 · 장소적으로 2개 국가 이상이 관련되어 있는 범죄로서 국제성 · 조직성 · 이동성을 특징으로 한다. • 국제 간첩사건과 같은 반국가적 범죄 • 국제 테러(항공기 납치 등) • 북한의 우회 침투간첩 • 마약 · 무기 밀매나 인신매매 · 국제적 매춘조직 등 인간의 존엄성과 건강을 위협하는 국제적 · 조직적인 범죄 • 국제통화 위조 · 국제상거래범죄 · 돈세탁 등 신용을 해치는 범죄 등
일반외사 범죄	성질상 국제성 범죄에 속하지 않는 단순범죄를 말한다. • 외국인의 국내형법 위반사범 • 한 · 미행정협정 위반사범 • 출입국관리법 · 여권법 · 밀항단속법 위반사범 • 외국인토지법 위반사범 • 외국간행물 수입 · 배포에 관한 법률 위반사범 등

3) 일반 외국인 범죄자 처리 요령

일반 외국인의 범죄는 영토고권과 속지주의 원칙에 따라 우리나라 형사법의 적용을 받아 내국인과 동일하게 처리함을 원칙으로 한다. 그러나 관계 국제법규 · 조약 및 예의상의 고려를 해야 한다.

(1) 신원 확인

대상자가 소지한 여권의 제시를 요청하여 본인의 사진인가 여부를 대조한 후 국적, 성명, 생년월일, 여권번호, 입국 일자, 입국 목적, 비자의 종류와 기간, 국내 체류 기간 및 외교 특권자 유무를 신속히 확인한다.

(2) 체포

일반 외국인 범죄자의 체포 절차는 영사기관에의 통보 등을 제외하면 내국인의 경우와 거의 동일하다. 다만, 한국어를 이해하지 못하는 외국인에 대해서는 수사의 각 단계에서 통역이 필요하다. 또한 외국인을 체포·구속했을 때에는 지체 없이 그 자에 대해 변호인 선임권·진술거부권 등 일반적인 고지 사항 외에 다음 두 가지 사항을 반드시 고지해야 한다(영사 관계에 관한 비엔나협약 제36조).

- 해당 영사기관에 신병 구속 사실의 통보를 요청할 수 있음
- 한국 법령에 위반되지 않는 한도 내에서 해당 영사기관원과의 접견·교통을 요청할 수 있음

(3) 신병 보호

자해 또는 피해자로부터 위해를 방지하기 위해 신병 보호에 유의해야 한다.

(4) 자국 영사와의 면담

외국인 범죄자를 경찰관서에 동행했을 경우 지체 없이 자국의 주한 영사와 면담을 원하는지 여부에 대해 문의해야 하며, 면담을 원하는 경우 지체 없이 주한 공관에 전화 통보하여 면담토록 조치한다. 면담을 원하지 않을 경우에는 진술서에 그 사실을 기록한다.

(5) 보고

외국인 범죄자를 체포·구속한 경찰관서는 인적 사항, 검거 경위, 범죄 내용, 조치 사항 등을 경찰청 외사과에 즉시 보고한다.

(6) 수사 서류 작성

신분소서, 신술서 등 수사 서류 작성 시 말미에 서명만으로 날인에 갈음할 수 있다.

(7) 출·입국 규제

해외 도피 우려가 있는 범죄자는 신속히 출국을 규제하여 수사 및 재판권을 확보해야 한다. 즉, 사건 종결 시까지 출국을 정지시키고 범죄 후 소재 불명된 자는 출국 시에 검거하도록 한다.

(8) 관계 기관과의 협조

정보 교환, 증거 수집 등 수사 공조를 위해 출입국관리사무소, 행정관서 등 유관 기관과 긴밀히 협조 체제를 유지한다.

3 외사보안활동

1) 의의

외사보안활동이란 국가의 안전 및 사회 공공의 안녕과 질서 유지를 목적으로 외국인, 외국기관·상사·단체원, 해외교포, 출입국자 등을 대상으로 국가보안법 위반 사항이나 산업 스파이 등의 반(反)국가적 행위를 파악하고 동향을 관찰하는 경찰활동을 말한다. 여기에는 간첩의 혐의가 있는 자에 대한 검거 공작은 물론 국제 테러단체와 그 조직의 동향을 파악하고 대책을 수립하는 활동이 포함된다(조철옥, 2008: 695).

2) 내용

(1) 외사보안 업무

각종 국제행사의 원활한 진행을 위해 인적·물적 위해 요소를 제거하고, 국제 테러단체와 그 조직원의 활동으로부터 국가의 안전을 보호하기 위한 외사경찰활동의 중요한 분야이다.

(2) 외사 동향 관찰 업무

국내 체류 외국인 또는 해외교포 등이 국가 기밀이나 첨단사업 분야 기술 등을 불법으로 유출하는 것을 막기 위해 입국·체류·출국 시까지의 동향을 관찰하는 활동이다.

(3) 외사방첩 업무

외사관찰 대상자 중 국가 기밀이나 첨단산업 관련 정보활동을 하고 있는 혐의가 있는 자에 대해 비밀내사 및 검거를 위한 수사활동이다.

4 국제협력활동

1) 의의

국제협력활동이란 외국 및 국제경찰 관련 기구의 경찰 공조·상호 방문·교육 파견·자매 결연·국제회의 및 세미나 참석 등을 통해 외국 경찰이나 인터폴(Interpol) 등 국제경찰 관련 기구와의 협력 관계를 증진하고, 정보를 상호 교환하며, 국제 성범죄에 좀 더 효과적으로 대처하기 위한 업무를 말한다.

2) 범죄인 인도

(1) 의의

범죄인 인도란, 한 국가가 외국에서 범죄를 저지르고 자국 영토상에 도망와 있는 피의자나 유죄 판결자를 다른 국가의 요구에 따라 재판 및 처벌을 하도록 넘겨주는 형사 관할권 수행을 위한 관행상 또는 국제법상의 국제협력제도를 말한다(최선우·손봉선, 2009: 487).

(2) 범죄인 인도의 원칙

임의적 인도의 원칙	청구국의 인도 청구에 의해 소추, 재판 또는 형의 집행을 위해 청구국에 인도할 수 있다(범죄인인도법 제5조).
자국민 불인도의 원칙	인도의 대상이 되는 범죄인은 원칙적으로 외국인에 한하며, 범죄인이 자국민일 때에는 인도하지 않는 것이 보통이다. 우리나라는 임의적 인도 거절 사유로 규정하고 있다(범죄인인도법 제9조 1호).
상호주의의 원칙	우리나라와 범죄인 인도조약이 체결되어 있지 않은 국가에서 범죄인 인도를

	청구할 경우, 우리나라의 범죄인 인도 청구에 응한다는 보증이 있을 때 상응한 조치를 취한다.
정치범 불인도의 원칙	인도의 대상이 되는 범죄는 일반 범죄에 한하며, 정치 · 군사 범죄는 인도하지 않는 것이 원칙이다.
쌍방 가벌성의 원칙	범죄가 청구국과 피청구국의 쌍방 법률에 의해 모두 범죄가 성립되는 경우에만 범죄인을 인도한다.
유효성의 원칙	범인 인도가 범인을 실제로 처벌하기 위해 필요하다는 데 기초하고 있으므로 인도가 실제로 유용해야 한다는 원칙이다. 시효에 걸렸다든지 사면을 내린 경우에는 인도할 필요가 없다.
특정성의 원칙	청구국은 범죄인 인도 청구를 한 대상 범죄만 처벌하고, 그 외의 범죄는 처벌할 수 없다.

(3) 범죄인 인도의 사유(범죄인인도법 제6조)

대한민국의 영역 안에 있는 범죄인을, 대한민국과 청구국의 법률에 의해 인도 범죄가 사형 · 무기 · 장기 1년 이상의 징역 또는 금고에 해당하는 경우에 청구국의 인도 청구에 의해 인도한다.

(4) 범죄인 인도 청구 및 심사 절차

① 외국이 우리나라에 범죄인 인도를 청구한 경우

인도 청구서의 수수	• 조약 체결 국가: 외교 경로를 통해 청구(법무부로 긴급인도구속청구도 가능) • 조약 미체결 국가: 상호보증서를 첨부하여 청구
외교통상부 장관의 조치	• 범죄인인도조약의 존재 여부, 상호보증 유무, 인도 대상 범죄 여부 등을 확인하고 관계 서류를 첨부하여 법무부 장관에게 송부
법무부 장관의 조치	• 서울고등검찰청 검사장에게 서류를 송부하고 소속 검사에게 서울고등법원에 범죄인 인도 허가 여부에 관한 심사를 청구하도록 명령(서울고등검찰청과 서울고등법원의 전속 관할) • 인도조약 또는 범죄인인도법의 규정에 의해 범죄인을 인도할 수 없거나 인도하지 아니하는 것이 상당하다고 인정되는 때에는 인도심사명령 없이 외교통상부 장관에게 통지
검사의 인도심사 청구	• 검사는 지체 없이 서울고등법원에 인도심사를 청구 • 단, 범죄자의 소재를 알 수 없을 경우 인도심사청구 중지 결정을 한 후, 검찰청장을 경유하여 법무부 장관에게 보고

범죄인의 인도 구속	• 서울고등법원 판사가 발부한 영장에 의해 구속
인도 심사	• 청구에 관계된 범죄가 인도 거절 사유에 해당되는지 여부를 심사(임의적 거절 사유에 해당될 경우 상당성 여부를 법무부 장관이 판단함) • 인도조약에 의한 청구일 경우, 인도범죄가 조약의 인도청구 대상 범죄인지 여부를 심사한다. 단, 인도조약에 의한 청구가 아닐 경우 인도 제한 사유에 해당되지 않는지 여부만 심사한다(상당성, 상호주의 보증 여부는 법무부 장관과 외통부 장관이 판단한다. • 심사의 결정(법원의 심사 결정에 대한 불복 불인정)
인도	• 서울고등검찰청 검사는 법원의 심사결정문과 관계 서류를 즉시 법무부 장관에게 보고한다. • 법무부 장관은 인도 여부에 관해 최종 결정한다. • 서울 고등검찰청 검사는 법무부 장관으로부터 인도장을 받은 때에는 즉시 교도소장에게 인도 지휘하거나 불인도 통보 시 범죄인을 즉시 석방하도록 지휘한다. • 교도소장은 인수허가증을 가진 청구국 호송 공무원에게 범죄인을 인도한다. • 청구국의 공무원은 지체 없이 범죄인을 청구국으로 호송한다.
인도심사 청구의 취소	• 외교통상부 장관이 청구국으로부터 범죄인 인도 청구를 철회한다는 통지를 받아 법무부 장관에게 그 사실을 통지한 때, 법무부 장관이 인도심사 청구명령을 한 후, 인도조약이 인도법 규정에 반하거나 인도하지 않는 것이 상당하다고 인정되는 때에는 그 명령을 취소할 수 있다.

② 우리나라가 외국에 인도 청구를 하는 경우

인도 청구	• 수사를 담당 또는 재판에 관여하는 검사는 범죄인의 인도 가능성을 검토하여 법무부 장관에게 인도를 신청한다. • 범죄인 인도를 청구할 것인지 여부는 법무부 장관이 결정한다.
인도청구 자료의 작성	• 외교통상부는 검사가 작성한 인도 청구 자료에 인도청구서를 첨부하여 외교문서로 작성, 지방검찰청 검사장에게 송부한다.
송부 절차	• 지방검찰청 검사장이 검창총장을 경유하여 법무부에 인도 청구 자료를 송부한다(대검은 법무부 장관에게 송부). • 인도청구서는 법무부→외교통상부→피청구국의 경로로 전달한다. 단, 조약이나 피청구국의 국내법에 다른 규정이 있으면 법무부에서 직접 전달이 가능하다.
송환	• 외국 기관이 인도할 준비가 되면 한국 대사관을 통해 통보한다. • 법무부는 검사에게 통보하여 해당 호송관을 임명하여 송환한다

※ 범죄인 인도 청구의 대체 수단

인터폴 수배를 통한 강제송환	인터폴 대한민국 중앙사무국(경찰청 외사관리관 소속 외사3담당관)에서 가입국에 수배 자료를 송부하고 소재 확인이 되면 해당국에 강제 송환을 요청하여 인도받는 방법으로, 절차가 간편하고 신속하며 효율적이다.
추방 요구	청구국은 피청구국의 국민 또는 법률상 거주자가 아닌 경우 피청구국에 대해 강제 추방 요구를 할 수 있으나 배제 사유가 있다.
제3국에서의 인도	범죄인의 인도가 불가능한 나라일 경우에는 범죄인의 인도가 가능한 제3국에 대해 인도를 요청할 수 있다.
여권의 무효 처리	범죄인이 우리나라의 여권을 무효 처리할 수 있는 나라에 입국할 때에는 당해 국가에서 입국 금지 또는 불법 체류자로 추방하게 하여 범죄인을 인도받는 효과를 거둘 수 있다.
외국에서의 사법 처리	당해 국가에서 자국민이라는 이유로 인도를 거절할 경우에는 범죄인이 우리나라에서 범한 죄에 대해 사법 처리를 요구한다.

3) 국제형사경찰기구

(1) 의의

공식 명칭이 국제형사경찰기구(International Criminal Police Organization: ICPO)인 인터폴(Interpol)은 국제범죄의 예방과 진압을 위해 인터폴 헌장과 국내법이 허용하는 범위 내에서 회원국 상호간 필요한 각종 정보와 자료를 교환하고, 또한 범인 체포 및 인도에서 상호 신속·원활한 협조 관계를 유지하는 형사경찰의 정부간 국제 공조 수사기구이다.[1)]

(2) 목적

범죄의 예방과 진압을 위해 각 회원국의 현행법 범위 내에서 세계인권선언의 정신에 입각하여 회원국 간 가능한 다방면에 걸쳐 상호 협력을 증진시킨다. 그리고 범죄의 예방과 진압을 효과적으로 수행할 수 있는 모든 기관을 설치하고 이를 발전시킨다. 더불어 국제범죄정보 및 자료를 교환한다.

※ 인터폴

인터폴은 자체 내에 국제수사관을 두어 각국의 법과 국경에 구애됨이 없이 자유로이 왕래하면서 범인을 추적·수사하는 국제 수사기관은 아니다. 또한 정치적·군

---

1) 인터폴 홈페이지(http://www.interpol.int/, 검색일 2013년 2월 6일).

사적·종교적 또는 인종적 성격을 띤 문제에 대한 관여나 활동은 엄격히 금지된다.

(3) 인터폴의 조직

본부	• 프랑스 리용에 소재 • 영국, 미국, 프랑스 등 176개국이 가입 • 한국은 1964년에 가입(북한은 아직 미가입 상태) • 공용어로 영어, 불어, 프랑스어, 아랍어가 사용된다.
사무총국	인터폴의 상설기관으로서 국제범죄 예방과 진압을 위해 각 회원국 및 국제기관과 긴밀한 협조 관계를 유지하면서 각종 국제범죄에 관한 정보를 교환하는 국제센터로서의 중추적 역할을 담당한다.
국가중앙사무국	각국 중앙경찰 산하의 상설기구로 인터폴의 모든 회원국에 설치되어 1개국에 1국의 중앙사무국이 운영되고 있다. 우리나라는 대한민국 중앙사무국을 경찰청의 외사국 소속 인터폴계에 두고 있다.

(4) 협력의 종류

범죄 예방을 위한 협력	• 국제성 범죄 관련 우범자 등 발생 시 사전통보 • 새로운 범죄사건 발생 시 각국에 참고 통보 • 범죄정보회람서 • 기술 협조(교육과 교육 보조자료 등)
범죄 수사를 위한 협력	• 조사통보 • 도망 범인의 체포 또는 신병 확보
구체적 협조 요청의 내용	• 진술조서, 증서, 검증조서, 감정서 등 일체의 증거 및 이를 위한 승인 신문, 압수, 수색, 검증 • 범인 인도를 위한 수사 및 긴급(일시) 구속 • 타국 수사관의 자국 입국 및 활동 허용 • 범죄 예방을 위한 정보 교환 및 협력 • 범인 수배 • 특정인 또는 일반적 자료와 수사상 필요한 자료 • 범죄 경력 및 수법 제공

4) 국제수배서

(1) 의의

국제수배서는 인터폴 사무총국이 국외 도피범·실종자·우범자 및 장물 등 수배 대상인 인적·물적 사항에 관한 정확한 자료를 각 회원국에 통보하여 이에 공동으로 감시할 수 있는 체제를 제도적으로 확립함으로써 사무총국 및 각 회원국 간에 각종 국제범죄의 예방과 진압에 효과적으로 대처하고 신속한 국제 공조수사 체제를 유지하여 수배 대상을 색출할 목적으로 발행하는 수배서를 말한다.

(2) 종류

적색수배서	국제체포수배서. 일반형법을 위반하여 체포영장이 발부되고 범인 인도를 목적으로 하는 경우에 발행
청색수배서	국제정보조회수배서. 피수배자의 신원과 소재 확인을 목적으로 발행
녹색수배서	상습적으로 범행했거나 범행할 우려가 있는 국제 범죄자의 동향을 파악케 하여 그 범행을 방지할 목적으로 발행
황색수배서	가출인의 소재 확인 또는 기억상실자 등의 신원을 파악하기 위해 발행
흑색수배서	사망자의 신원을 확인할 수 없거나 또는 사망자가 가명을 사용했을 경우 정확한 신원을 확인할 목적으로 발행
오렌지수배서	2004년부터 폭발물, 테러범(위험인물) 등에 대해 경보하기 위해 발행되는 인터폴 국제수배서
장물수배서	도난당하거나 불법 취득한 것으로 보이는 물건이나 문화재에 대해 상품적 가치를 고려하여 발행
범죄수법수배서	세계 각국에서 사용된 새로운 범죄 수법을 사무총국에서 집중관리하고, 이를 각 회원국에 배포하여 범죄 예방과 수사자료에 활용케 할 목적으로 발행

(3) 국제수배서의 취급

① 국제수배서의 발행

긴급한 경우 우선 인터폴 통신망을 이용하여 사무총국 및 각 회원국에게 수배 의뢰한 후 소정의 양식으로 사무총국에 국제수배서 발행을 요청하며, 사무총국은 각 회원국이 수배 의뢰한 것을 종합하여 월 1회 국제수배서를 발행하고 이를 각 회원국에 배포한다.

② 적색수배자 발견 시의 조치

- 수배국 인터폴(중앙사무국)에 피의자 소재 발견 및 동향 감시
- 범죄인인도조약 체결 국가에서 요청한 수배자일 경우-외교 경로를 통한 공식적 범죄인 인도 요청이 있는 경우 법무부와 협조하여 피의자·범인 인도 시까지 신병 구속
- 범죄인인도조약 미체결 국가에서 요청한 수배자일 경우-외교 경로를 통한 공식적 범죄인 인도 요청이 있는 경우, 상호주의 원칙에 의해 인도를 요청한 국가에서 동종의 범죄에 대한 범인을 인도해 주겠다는 보

증을 한 때 범인 인도 가능

③ **국제수배의 취소**

수배자 검거·시효 완성·범인 인도·소재 확인·신원 파악·장물 회수 등 수배 취소 사유 발생 시에는 사무총국에 통보하며, 사무총국은 이를 종합하여 월 2회 수배 해제를 각 회원국에 통보한다.

Chapter

08 사이버 경찰활동

제 1 절 사이버범죄의 개념

사이버범죄는 컴퓨터범죄를 포함하여 사이버 공간에서 행해지는 모든 범죄를 말한다. 과거 컴퓨터범죄, 정보통신범죄, 하이테크범죄 등의 용어가 사용되었다. 컴퓨터범죄는 독립적인 컴퓨터 시스템에서의 범죄라는 개념이다. 따라서 인터넷이라는 사이버 공간에서의 범죄를 지칭하는 용어로는 부적절하다.

경찰청은 사이버 범죄를 사이버테러형 범죄와 일반 사이버범죄로 구분하고 있다. 해킹, 바이러스 유포와 같이 고도의 기술적인 요소가 포함되어 정보통신망 자체에 대한 공격행위를 통해 이루어지는 것은 사이버테러형 범죄로 전자상거래 사기, 프로그램 불법 복제, 불법 사이트 운영, 개인정보 침해 등과 같이 사이버 공간이 범죄의 수단으로 사용된 유형은 일반 사이버범죄로 구분하고 있다(경찰청, 2012: 100).[1)]

1) 경찰청 사이버테러대응센터(http://www.netan.go.kr).

제 2 절 사이버 공간의 특수성

1 비대면성 또는 익명성

사이버 공간은 인터넷을 매개로 하여 형성되는 생활공간으로서 비가시적이므로 현실 세계와는 달리 범죄자들이 자신의 얼굴과 정체를 노출시키지 않고 행동할 수 있다는 이점을 갖는다.

2 자율성

사이버 공간에서는 접근 가능한 누구나 자신의 목적이나 의도를 달성하기 위해 자신의 사상, 생각, 견해 등을 유포할 수 있으며, 획득할 수 있다. 따라서 자율성은 사이버 공간의 가장 강력한 도덕적 원리로서, 오프라인에서의 일방향적인 소통 방식과 통제기구 및 규범에서 벗어나 자율적인 개인들이 스스로 표현의 자유를 만끽할 수 있는 원리인 것이다.

3 개방성

혹자는 사이버 공간을 '무정부주의'라 칭하기도 한다. 이것은 어느 정도 비약된 측면도 있겠지만, 인터넷의 무한한 개방성을 염두해 둔다면 결코 지나친 표현은 아닐 것이다. 사이버 공간은 전 세계에 펼쳐져 있는 수많은 네트워크와 컴퓨터들이 기종에 관계 없이 표준화된 규정에 따라 상호간의 접속을 허용해 주는 개방성을 제공한다. 그러나, 개방성은 본연의 순기능에도 불구하고, 여타의 사이버 공간의 특성들과 마찬가지로 사이버범죄라는 역작용과 무엇보다 밀접한 관련을 맺고 있다.

4 시공간적 초월성, 탈공간적 구속성

사이버 공간에서의 삶은 시간과 공간의 개념을 무색하게 만든다. 즉, 이러한 요인으로 인해 일련의 바이러스 유포 사건(예: 멜리사, CIH, 러브바이러스, 웜바이러스, 트로이 목마 등)과 같이 범죄자는 인터넷이 연결된 곳이면 세계 어느 곳에 있는 컴퓨터에라도 바이러스를 유포할 수 있고 해킹도 할 수 있다.

제 3 절 사이버범죄의 특징

1 비대면성과 익명성

범죄자와 피해자와의 대면이 없이 컴퓨터와 접촉함으로써 이와 같은 특징을 지닌다(오원이, 2005: 41-42).

2 전문성과 기술성

많은 경우 고도의 전문적 지식과 기술을 가진 자에 의해 발생한다.

3 시간적 · 공간적 무제약성

인터넷망에 의해 24시간 지속되는 가상공간 속에서 발생하므로 범죄자나 그 시간에 제약을 받지 않는다.

4 빠른 전파성과 천문학적 재산 피해

가상공간의 네트워크망을 통해 확산되며, 그 피해 역시 최근 들어 천문학적으로 증가하고 있다.

5 희박한 죄의식

범죄자가 연소자인 경우가 많으므로 죄의식이 희박하며, 범죄행위에 대해 오히려 자랑스러워한다.

6 기타

적발이 어려우며, 고의성에 대한 입증에 어렵다.

제 4 절 사이버범죄의 유형

1 사이버테러형

1) 해킹

일반적으로 다른 사람의 컴퓨터 시스템에 무단 침입하여 정보를 빼내거나 프로그램을 파괴하는 전자적 침해행위를 의미한다. 해킹(hacking)은 사용하는 기술과 방법 및 침해의 정도에 따라서 다양하게 구분된다 경찰청에서는 해킹에 사용된 기술과 방법, 침해의 정도에 따라서 단순 침입, 사용자 도용, 파일 등 삭제 변경, 자료 유출, 폭탄 스팸메일, 서비스 거부 공격으로 구분하고 있다.

(1) 단순 침입

정당한 접근 권한 없이 또는 허용된 접근 권한을 초과하여 정보통신망에 침입하는 것을 말한다.

① 접근 권한

행위자가 해당 정보통신망의 자원을 임의로 사용할 수 있도록 하는 권한을 말한다.

② 정보통신망에의 침입

행위자가 해당 정보통신망의 자원을 사용하기 위해 거쳐야 하는 인증 절차를 거치지 않거나 비정상적인 방법을 사용해 해당 정보통신망의 접근 권한을 획득하는 것을 말한다. 즉, 정보통신망의 자원을 임의대로 사용할 수 있는 상태가 되었을 때 침입이 이루어진 것이라고 할 수 있다.

(2) 사용자 도용

정보통신망에 침입하기 위해 타인에게 부여된 사용자 계정과 비밀번호를 권한자의 동의 없이 사용하는 것을 말한다. 개념상으로만 보면 단순 침입의 한 가지 유형에 해당하지만 사용자 도용이 차지하는 부분이 많아 별도로 구분하고 있다.

(3) 파일 등 삭제와 자료 유출

정보통신망에 침입한 자가 행한 2차적 행위의 결과로, 일반적으로 정보통신망에 대한 침입행위가 이루어진 뒤에 가능하다.

(4) 폭탄 메일

메일 서버가 감당할 수 있는 한계를 넘는 많은 양의 메일을 일시에 보내 장애가 발생하게 하거나 메일 내부에 메일 수신자의 컴퓨터에 과부하를 일으킬 수 있는 실행 코드 등을 넣어 보내는 것이다. 서비스 거부 공격의 한 유형이다.

※ 서비스 거부 공격

정보통신망에 일정한 시간 동안 대량의 데이터를 전송시키거나 처리하게 하여 과부하를 야기시켜 정상적인 서비스가 불가능한 상태를 만드는 일체의 행위를 말한다(한국정보보호진흥원, 2001: 12).

2) 악성 프로그램

정보 시스템의 정상적인 작동을 방해하기 위해 고의로 제작·유포되는 모든 실행 가능한 컴퓨터 프로그램을 악성 프로그램으로 규정하고 이를 유포하는 행위를 처벌하고 있다. 악성 프로그램은 리소스의 감염 여부, 전파력 및 기능적 특징에 따라 크게 바이러스, 웜, 스파이웨어 등으로 구분할 수 있다. 악성 프로그램에 감염된 컴퓨터는 처리 속도가 현저하게 감소하거나 평소에 나타나지 않았던 오류 메시지 등이 표시되면서 비정상적으로 작동하기도 하고 지정된 일시에 특정한 작동을 하기도 한다.

(1) 트로이 목마(Trojan horse)

프로그램에 미리 입력된 기능을 능동적으로 수행하여 시스템 외부의 해커에게 정보를 유출하거나 원격 제어 기능을 수행한다. 트로이 목마처럼 유용한 유틸리티로 위장하여 확산되기 때문에 감염 사실을 알아채기가 어렵다.

(2) 웜(warm)

시스템 과부하를 목적으로 이메일의 첨부 파일 등 인터넷 이용하여 확산된다. 확산 시 정상적인 파일이 이메일에 첨부되기도 하기 때문에 개인정보 유출의 위험을 내포하고 있다.

(3) 스파이웨어(spyware)

공개 프로그램, 쉐어웨어, 평가판 등의 무료 프로그램에 탑재되어 정보를 유출시키는 기능이 있는 모든 종류의 프로그램을 말한다.

2 일반형

1) 사기

전자상거래 사기는 인터넷을 통해 물건을 사고 파는 과정에서 발생하는 것으로 인터넷의 보급이 확대됨에 따라 그 규모가 날로 팽창하고 있다. 인터넷 화면을 보며 마우스 클릭만으로 주문에서 결제, 배송까지 확인할 수 있다는 편리성 때문에 온라인 쇼핑몰 이용자들이 급증하는 추세지만, 통상 '선(先)결제'라는 인터넷 거래의 특성을 악용하여 인터넷 쇼핑 사이트를 그럴듯하게 만들어놓고 유명한 상품을 시중 가격에 비해 싸게 판매하는 것처럼 광고한 후 고객으로부터 선불금을 받은 뒤 잠적해 버리거나, 상대방이 확인하기가 힘들다는 점을 악용하여 물건을 가지고 있지 않거나 팔 생각이 없으면서도 거래를 하기로 한 후 돈만 받고 연락을 끊어버리는 등의 수법을 이용한 사기 사건이 급증하고 있다. 이와 달리 게임 사기는 인터넷 게임 인구가 늘어나고 게임시장이 점점 확대됨에 따라 게임 사이트에서 실제 돈으로 게임 머니를 충전해 주거나 사이버 상에서 통용되는 게임 머니나 게임 아이템 등이 게임마니아 사이에서 실물처럼 거래되고 있는 실정으로, 게임 머니나 아이템을 거래하기로 하는 과정에서 사기 피해가 발생하고 있다(이원상·채희정, 2010: 47-62).

2) 불법복제

불법 복제는 저작권법상의 창작물에 대한 저작권을 침해하는 행위이다. 인터넷의 발달로 불법 복제가 쉬워지면서 과거 불법 복제되어 오프라인에서 거래되던 컴퓨터 프로그램·영화·음반CD들이 최근에는 인터넷을 통해 파일 형태로 유포되거나 인터넷을 매개로 판매되는 등, 불법 복제물의 유포 및 판매가 사이버 범죄의 한 형태로 나타나고 있다. 특히 최근에는 자신의 컴퓨터에 관련 프로그램만 설치하면 동일한 프로그램을 사용하는 다른 사람의 컴퓨터에 보관되어 있는 자료를 공유할 수 있는 P2P(peer to peer) 방식의 인터넷 자료 공유 서비스가 확산되면서 자료 공유를 원하는 네티즌들 사이에 범죄 의식 없이 불법 복제된 컴퓨터 프로그램이나 영화 및 음반들이 유포되고 있다.

3) 불법 · 유해 사이트

공공의 안녕 · 질서 또는 미풍양속을 해치는 등 반사회적 내용을 담고 있는 사이트로 개설 목적 자체가 법률에 위반되거나 범죄 수단으로 사용되는 위법 사이트를 포함한다. 접근의 제한이나 이용의 제약이 없는 인터넷을 이용하여 각종 불법행위에 대한 정보 교환 등이 이루어지고 있으며, 특히 자살 사이트나 마약 거래를 위한 사이트는 물론이고, 최근에는 청부 살인이나 폭력을 의뢰하는 심부름센터 사이트까지 생겨나 인터넷으로 정보를 주고받음으로써 오프라인 범죄의 모태가 되기도 한다. 또한 누구나 접근할 수 있는 사이버 공간에 이러한 유해정보를 제공하는 것은 청소년이나 기타 일반 네티즌 등에게 범죄의 유혹을 제공함으로써 사회적으로도 큰 물의를 빚게 된다.

4) 사이버 명예 훼손

인터넷 게시판에 타인의 명예를 훼손하는 글 · 사진 등을 게시하거나 전자우편 등을 통해 유포하는 것을 말한다. 불특정 다수인의 무제한 접근이 가능한 인터넷의 특성상 인터넷 게시판 등에 해당 내용이 일단 게재되면 시간이나 공간의 제한 없이 단시간 내에 급속도로 유포될 수 있기 때문에 그로 인한 피해가 심각하다. 이러한 이유로 「정보통신망 이용 촉진 및 정보보호 등에 관한 법률」에서는 사이버 명예훼손죄를 일반 명예훼손죄보다 더 무겁게 처벌하도록 규정하고 있다. 또한 방송통신심의위원회에 명예훼손 분쟁조정부를 두어 운영하고 있다.

5) 개인정보 침해

쇼핑, 오락, 교육, 행정, 금융 업무 등 생활 전반이 온라인을 통해 이루어짐에 따라 온라인에서 개인의 성명, 주민등록번호, 주소 및 전화번호 등과 같은 개인정보의 중요성은 점점 커지고 있다. 개인정보 침해 범죄의 심각성은 단순히 개인정보가 유출된 것으로 끝나는 것이 아니라 유출된 개인정보가 다른 범죄에 사용될 수 있다는 것에 있으며 이러한 개인정보는 범죄의 표적이 되고 있다. 또한 개인정보는 재화로서의 가치를 갖고 유통되기도 하기 때문에 법에서는 정보통신 서비스 제공자가 이용자의 동의 없이 개인정보를 수집하는 경우나 개인정보를 취급하거나 취급했던 자가 개인정보를 타인에게 누설하거나 제공하는 경우 등과 같은 조직적인 개인정보 침해행위도 규제하고 있다.

※ 「정보통신망 이용 촉진 및 정보 보호 등에 관한 법률」에서 금지하고 있는 내용

- 이용자의 동의 없이 개인정보 수집
- 개인정보 수집 시 기본 사항 미고지 및 이용 약관 등에 명시하지 않은 경우
- 서비스 제공에 불필요한 개인정보 요구
- 제공받은 목적 이외로 개인정보 사용
- 이용자의 동의 없이 제3자에게 개인정보 제공
- 개인정보 관리책임자 미지정
- 개인정보 취급자가 개인정보 유출
- 이용자의 개인정보 열람 요구에 불응
- 오류 정정·삭제 요구에 불응
- 오류 정정 요구 접수한 후에도 정정되지 않은 정보 이용
- 타인의 개인정보를 훼손하거나 비밀을 침해·도용·누설
- 수신자가 원하지 않는 영리 목적의 광고성 정보 전송(스팸메일 발송 포함)

6) 사이버 스토킹

인터넷 게시판, 대화방, E-mail 등 정보통신망을 통해 상대방이 원하지 않는 접속을 지속적으로 시도하거나 욕설, 협박 내용을 담고 있는 메일 송신행위를 지속하는 것을 말한다. 우리나라에서는 현재까지 사이버 스토킹(cyber stalking)을 구체적으로 범죄로 규정하지 않고 사이버 성폭력의 한

사례로 분류하고 있으나 외국에서는 사이버 스토킹을 독립된 하나의 범죄로 중요하게 취급하고 있으며, 우리나라도 스토킹에 대한 좀 더 명확하고 확실한 입법이 요구되고 있는 실정이다. 최근 경범죄처벌법에 따라 스토킹을 처벌할 수 있는 근거가 마련되었다. 그러나 스토킹이 경범죄인지 아닌지를 두고 논란이 일고 있다. 다른 규정으로 「정보통신망 이용 촉진 및 정보 보호 등에 관한 법률」 제44조의7 제①항 3호와 제74조의 제①항 3호는 정보통신망을 통해 공포심이나 불안감을 유발하는 말, 음향, 글, 화상 또는 영상을 반복적으로 상대방에게 도달하게 한 자는 1년 이하의 징역 또는 1천만 원 이하의 벌금에 처한다고 규정하고 있다(정창덕, 2007: 116; 김연수, 2004: 349; 임상곤, 2003: 365).

제 5 절 사이버범죄의 대응기관

1 경찰청

경찰청은 사이버테러대응센터를 구축하고, 범죄 수사 및 추적에 있어 기술적 흐름을 주도하기 위해 디지털 증거분석 소프트웨어를 비롯하여 각종 첨단 하드웨어 장비를 확충하는 한편, 각 지방청의 사이버범죄수사대 및 공공기관, 산업시설, 연구기관 및 인터폴 회원국과 긴밀한 공조수사 체제를 갖추는 등 차세대 통합 사이버범죄 대응 시스템을 구축하고 있다(최양희, 2008: 19).

2 한국인터넷진흥원

한국인터넷진흥원에서는 주민번호클린센터를 통한 도용 방지, 불법 스팸

대응센터를 통한 스팸 차단, KISA보호나라를 통한 해킹, 피싱, 웜, 바이러스 신고센터를 운영하고 있다(최양희, 2008: 19).

3 국가정보원

정부산하 각급 기관이 운영하는 정보통신망에서 발생하는 해킹, 바이러스 등 각종 보안사고를 처리하여 조사한다(최양희, 2008: 19).

4 대검찰청

지난 1995년 서울지검에 정보범죄수사센터 발족을 시작으로 2001년에는 대검 컴퓨터수사과 내에 인터넷범죄수사센터를, 2010년에는 대검 디지털수사담당관실 내에 사이버통제팀을 설립하는 등 사이버범죄수사에 힘써 왔다. 특히, 2011년 사이버범죄수사단을 창단하여 점점 지능화·첨단화되고 있는 사이버범죄에 효과적으로 대응하기 위한 전담조직을 구성했다. 사이버범죄수사단에서는 해킹, DDoS 공격 및 악성 코드 유포, 정보통신망 마비 등 피해 규모가 크고 국가적 혼란을 일으킬 수 있는 신종 사이버범죄 및 분야를 막론하고 일상화되고 있는 각종 사이버범죄 수사를 전담하고 있다. 이러한 신종 사이버범죄에 대한 범죄신고 접수와 함께 사이버범죄를 효율적으로 제압할 수 있는 수사 기법 개발, 관련 법령에 대한 제도 개선 및 전문 지식과 기술을 습득한 전문 수사관 양성을 위해 많은 노력을 기울이고 있다. 특히, G8국가로 이루어진 '사이버범죄수사 24시간 국제공조 네트워크(G8 Network for 24Hour Hightech Crime)'에 2000년 12월 가입함으로써 국경을 넘나들며 발생하고 있는 사이버범죄에 대한 국제 공조 역량 강화에도 힘쓰고 있다.[2)]

2) 대검찰청 홈페이지(http://www.spo.go.kr, 검색일 2013년 1월 6일).

제 6 절 사이버범죄 단속의 한계

사이버범죄는 개개인에 대한 피해가 경미하다는 이유로 발생 건에 비해 신고되지 않는 경우가 많다. 또한 일반적인 현실 세계의 범죄보다 고의의 입증이 어렵다는 문제점이 있다. 그것은 사이버범죄를 발견하기가 어렵고 대게 범죄행위 성립에 대한 지식이 없고, 죄의식이 희박하기 때문이다. 그리고 범행 자체가 시공을 초월하여 동시다발적으로 동시에 일어나는 경우가 많아 범행 자체를 특징하기 어렵다.

제 7 절 사이버범죄 단속 법규의 한계

사이버범죄는 법적 근거나 적용할 죄명이 없어 피해가 방치되며, 동일 행위가 여러 법률에 중복되어 단속에 혼선이 빚어질 수 있다. 또한 온라인을 통한 정보 제공자가 개인정보를 남용하는 행위 혹은 불필요한 개인정보를 수집하는 행위에 대한 객관적 규제가 없어 형평성 시비가 생길 수 있다. 더불어 법적 근거는 있으나 단속 기준이 시대 상황이나 개인 주관에 따라 달라 혼란과 혼동을 야기하는 경우가 많다. 인터넷의 큰 특징은 개개인이 정보의 수요자이자 공급자일 수 있다는 점인데, 모든 정보 제공을 국가에서 통제한다는 것은 권위주의적 발상이라는 논란이 제기될 수 있고, 현실적으로 불가능한 일이다(제임스 애덤스, 2000: 49; 김영수 교수 회갑기념간행위원회, 2000: 327).

제 8 절 사이버범죄 대응을 위한 국제적 연대

국가 간 공조를 추진하려면 상대 국가와 범죄인인도조약 또는 형사사법 공조조약이 체결되어 있어야 하는 것이 원칙이다. 이러한 원칙론적 한계를 극복하기 위해서는 지정학적으로 관련 깊은 공조 문제에 우선하여 정보 인프라가 발달한 국가 간의 공조가 필요하다. 이를 위해 외국 해커의 침입 시 실시간(real-time)으로 접속 기록 정보를 해당 국가에 제공할 필요성이 있다.

이러한 국제적 문제를 해결하기 위해 개별 국가의 정부기관이 대응하고 있지만 인터폴은 별도로 세계 각국의 사이버경찰을 상대로 사이버범죄의 동향에 대한 최신 정보를 제공하고 있다(차영구 외, 2002: 143; 박병식 외, 2002: 376).

제 9 절 사이버범죄의 수사 단계

사이버범죄의 수사는 유형에 따라 다르다. 그러나 일반적인 모습은 아래와 같이 진행된다.

- 웹사이트를 드나들며 해킹 등 유행하는 범죄행위의 정보를 수집한다.
- 홈페이지, 이메일 등 피해 발생의 증거를 취득한다.
- 정보통신업체(IPS) 등과의 협력을 통해 피의자의 로그 기록을 확인한다.
- 정보통신업체(IPS) 등과의 협력을 통해 피의자의 로그 기록을 확인한다.
- 정보통신업체(IPS) 등과의 협력을 통해 피의자의 로그 기록을 확인한다.

제10절 FBI의 컴퓨터범죄 수법 분류

자료 변조 **(data diddling)**	자료가 최종적으로 컴퓨터에 입력되는 순간에 자료를 절취, 삭제, 변경, 추가하는 방법
트로이 목마 **(Trojan horse)**	프로그램 목적을 실행하면서 일부에서 부정한 결과가 나오도록 프로그램 속에 범죄자만이 아는 명령문을 삽입시켜 이용하는 방법
살라미 기법 **(Salami techniques)**	어떤 일을 정상적으로 수행하면서 관심 밖에 있는 조그마한 이익을 긁어 모으는 수법으로서 금융기관의 컴퓨터 체계에 이자 계산 시 단수 이하의 적은 금액을 특정 계좌에 모이게 하는 방법 등
트랩 도어 **(trap door)**	프로그램 개발 과정에서 프로그램 검증을 위해 프로그램을 수정할 수 있는 명령이 끼워 넣어져 있는 것을 삭제하지 않고 범행에 이용
슈퍼 재핑 **(super zapping)**	슈퍼잽(super zap) 컴퓨터가 작동 정지되어 복구나 재작동 절차에 의해 해결할 수 없을 때 사용하는 만능키와 같은 프로그램으로 이 프로그램의 강력한 힘을 이용하여 범죄행위를 하는 것
부정명령 은닉 **(logic bomb)**	프로그램에 어떠한 조건을 넣어주고 그 조건이 충족될 때마다 자동적으로 부정행위가 이루어지도록 하는 것
스카벤징 **(scavenging)**	컴퓨터의 작업 완료 후 체계 주변에서 정보를 획득하는 방법(=쓰레기 주워모으기)
전송 시 은닉과 위장 **(piggy backing and impresonation)**	정규의 절차를 거쳐서 사용되고 있는 단말기의 회선을 전환시켜 자격이 없는 단말기에 연결, 부정하게 컴퓨터를 사용하거나 사용 허가를 받지 않은 자가 유자격자를 가장하여 컴퓨터를 부정 사용하는 방법
부정 접속 **(wire trapping)**	데이터 통신회사에 불법적으로 선로를 접속시켜 단말기 등을 연결 조작하여 자료를 절취하거나 컴퓨터를 부정적으로 사용하는 방법
시뮬레이션 모델링 **(simulation & modeling)**	컴퓨터를 정상적인 시험이나 시뮬레이션을 하는 것처럼 하면서 실제로는 컴퓨터를 범행 도구로 이용하여 부정행위를 자행하는 수법
비동기성의 이용 **(asynchronous attack)**	컴퓨터 운영 체계의 비동기성을 이용하여 범죄행위를 저지르는 것

참고 문헌

국내 문헌

강용길 외(2010a). 『경찰학개론 I』, 서울: 경찰공제회.

———(2010b). 『경찰학개론 II』, 서울: 경찰공제회.

강우애 · 박학모(2009). 『형사 법개 정연구 IV: 보안처분제도의 정비 방안』, 서울:한국형사정책연구원.

경찰고시자료개발연구회(2012). 『해양경찰실무』, 서울: 경안기획.

경찰공제회(2009). 『경찰학개론(하)』, 서울: 경찰공제회.

경찰대학(2002). 『경찰정보론』, 용인: 경찰대학.

———(2003). 『경찰외사론』, 용인: 경찰대학.

———(2004a). 『경찰교통론』, 용인: 경찰대학.

———(2004b). 『경찰수사론』, 용인: 경찰대학.

경찰청(2000). 『경찰실무전서』, 서울: 경찰청.

———(2012). 『경찰백서』.

곽영길 외(2008). 『경찰학개론』, 서울: 도서출판 문성.

김광원 외(2002a). 『경찰수사 I』, 서울: 유한문화사.

———(2002b). 『경호의 전비서학』, 서울: 백산출판사.

김두현(2004a). 『경호학개론』, 서울: 백산출판사.

———(2004b). 『현대 테러리즘론』, 서울: 백산출판사.

———(2010). "현행 경비업법의 문제점과 발전 방안", 『한국경비협회정책연구』, 창간호.

김두현 외(2002). 『경호의전비서학』, 서울: 백산출판사.

김상호 외(2004). 『경찰학개론』, 서울: 법문사.

김성종(2005). "정보경찰의 실태분석 및 발전 방안에 관한 연구", 동국대학교 대학원, 석사학위논문.

김성훈(2008). “경찰정보활동의 법적 근거와 한계에 관한 연구”, 동아대학교 대학원, 박사학위논문.
김수행(2004). 『한국에서의 마르크스주의 경제학의 도입과 전개 과정』, 서울: 서울대학교출판부.
김연수(2004). 『사이버 역기능』, 서울: 진한도서.
김영수 교수 회갑기념 간행위원회(2000). 『헌법학의 제문제』, 서울: 학문사.
김용욱(2002). 『정치학 · 이슈와 성찰』, 서울: 법문사.
김재홍(1998). 『박정희의 유산』, 서울: 푸른숲.
김정순(2010). 『한국법제연구원』, 서울: 한국법제연구원.
김정환(2003). 『한국경비산업발전사 1』, 서울: 백산출판사.
김준형(2004). 『9 · 11 이후 국제환경 변화와 남북한』, 서울: 오름.
김준호 외(2003). 『청소년비행론』, 서울: 청목출판사.
김충남(2006). 『경찰학개론』, 서울: 박영사.
김홍순(2008). 『선거전술전략』, 서울: 도서출판 청어.
남재성 · 이강훈(2009). “지역경찰제에 대한 시민인식과 정책적 함의”, 『한국지방자치연구』, 한국지방자치학회.
래리 시겔(Larry J. Siegel) 지음, 이민식 외 옮김(2008). 『범죄학: 이론과 유형』, 서울: CENGAGE learning.
로널드 에이커스(Ronald L. Akers) 외 지음, 민수홍 외 옮김(2005). 『범죄학이론』, 서울: 나남출판.
리스카(A. E. Liska) · 메스너(S. F. Messner) 지음, 장상희 역(2004). 『일탈과 범죄사회학』, 서울: 경문사.
박경래 외(2009). 『집회 · 시위에 대한 경찰대응 기준과 개선 방안』, 서울: 한국형사정책연구원.
박귀선 · 이유봉(2012). 『출입국관리법과 국적법 개선에 관한 연구』, 서울: 한국법제연구원.
박기남 · 박종문(2005). 『경찰보안론』, 용인: 경찰대학.
박기선(2009). “외사경찰 조직의 특성과 환경에 관한 이론적 고찰”, 『자치경찰연구』, 2(1): 141.
박병식 외(2002). 『한국사회와 행정개혁』, 서울: 법문사.
박종문(2003). 『경찰보안론』, 용인: 경찰대학.
박주현(2004). 『민간경비실무론』, 서울: 학문사.
배문기(2005). 『노동경제학』, 서울: 경문사.
배철효 외(2007). 『경찰학개론』, 서울: 대영문화사.

성선제 외(2003).『CYBER LAW』, 서울: 길벗.
손광주(2009). “북한의 권력기구 변화가 남북관계에 미치는 영향”, 송영선의원실,「북한 권력구조 변화와 의미」, 송영선 Forum 7-2.
신현기(2010).『경찰학개론』, 파주: 21세기사.
신현기 외(2006).『경찰학개론』, 파주: 법문사.
―――(2011).『새 경찰학개론』, 서울: 우공출판사.
오병두(2006).『경찰개혁론: 경찰의 정보활동에 대한 검토』, 서울: 법문사.
오용훈(2008). “정보경찰의 발전 방향에 관한 연구: 경찰서 정보과를 중심으로”, 한세대학교 대학원, 석사학위논문.
오원이(2005).『사이버범죄 국내외 동향 및 방지를 위한 정책적 개선 방안』, 서울: 한국정보문화진흥원.
왕빈(2004).『손자에게 직접 배운다』, 서울: 휴머니스트.
이상원 · 김상균(2005).『범죄수사론』, 파주: 양서원.
이상훈(2011).『법령 해석 과정』, 서울: 법제처.
이석우(2007).『한미행정협정과 국제법 2』, 서울: 학영사.
이운주(2004).『경찰보안론』, 용인: 경찰대학.
이원상 · 채희정(2010).『사이버범죄의 새로운 유형과 형사정책적 대안연구』, 서울: 한국형사정책연구원.
이윤호(2010).『범죄학개론』, 서울: 박영사.
이재준(2008).『방재학개론』, 서울: 동화기술.
이종화(2007).『외사수사론』, 용인: 경찰대학.
이황우(2002).『경찰행정학』, 서울: 법문사.
임상곤(2003).『정보분석론』, 서울: 백산출판사.
임재강 · 한태천(2008).『경찰학원론』, 파주: 21세기사.
임종률(2005).『노동법』, 서울: 박영사.
임준태(2004).『범죄통제론』, 서울: 도서출판 좋은세상.
―――(2006).『경찰개혁론: 보안경찰의 새 바람직한 발전 방향』, 서울: 법문사.
―――(2009).『범죄예방론』, 서울: 대영문화사.
장노순 · 남재성(2008, 2009).『보안경찰의 새 패러다임 정립 방안』, 용인: 치안정책연구소.
전대양 외(2011).『새현대사회와 범죄』, 서울: 형설출판사.
전돈수(2008).『범죄학개론』, 파주: 21세기사.
정동근(2003).『시민사회론』, 서울: 법문사.
정창덕(2007).『유비쿼터스 컴퓨터 인터넷 윤리』, 서울: MJ미디어.

제임스 애덤스(James Adams) 지음, 부지영 옮김(2000). 『사이버 세계대전(하)』, 서울: 한국경제신문사.

조철옥(2008). 『경찰학개론』, 서울: 대영문화사.

존 샌더스(John Sanders) 지음, 김형만 · 이동원 옮김(2001). 『범죄학개론』, 서울: 청목출판사.

중앙경찰학교(2006). 『형사』, 충주: 중앙경찰학교.

———(2007). 『수사』, 충주: 중앙경찰학교.

차영구 외(2002). 『국방정책의 이론과 실제』, 서울: 오름.

최선우 · 손봉선(2009). 『실용 경찰학개론』, 서울: 백산출판사.

최양희(2008). 『국가전산망의 네트워크 및 시스템 보안에 관한 연구』, 서울: 한국과학기술한림원.

최원목(2007). 『국제법 강의』, 서울: 이화여자대학교출판부.

하상군 · 김종길 · 조성택(2013). 『경찰학개론」, 서울: 대영문화사.

하영선(2006). 『한미동맹의 비전과 과제』, 서울: 동아시아연구원.

한국정보보호진흥원(2001). 『해킹 · 바이러스 대응 요령』.

해양경찰청(2011). 『정보수사: 수사 정보 외사 국제협력』, 서울: 경안기획.

행정안전부(2007). 『보안업무편람』, 서울: 행정안전부.

허경미(2008). 『경찰학개론』, 서울: 박영사.

허화평(2007). 『이념은 날개가 아니다』, 서울: 새로운사람들.

Matza, David & Gresham Sykes(1961). "Juvenile Delinquency and Subterranean Value." *American Sociology Review* 26(5).

Shaw, Clifford R. & Henry D. McKay(1931). "Social Factors in Javenile Delinquency." *Wickersham Commissiom Report* 2(13).

일본 경찰청 홈페이지(http://www.npa.go.jp/koho1/sikumi.html, 2010년 12월 15일 검색).

일본 공안조사청 홈페이지(http://www.moj.go.jp/KOUAN/shoukai2.htm, 2010년 12월 15일 검색).

일본 내각정보조사실 홈페이지(http://www.cas.go.jp/jp/gaiyou/jimu/jyouhoutyousa.html, 2010년 12월 15일 검색).

경찰청 사이버테러대응센터(http://www.netan.go.kr/, 2013년 2월 6일 검색).

경찰특공대(http://www.smpa.go.kr/knp868/, 2013년 2월 6일 검색).

대검찰청 홈페이지(http://www.spo.go.kr/, 2013년 1월 6일 검색).

인터폴 홈페이지(http://www.interpol.int/, 2013년 2월 6일 검색).

http://100.naver.com/100.nhn?docid=925764(2010년 12월 16일 검색).

http://blog.naver.com/leinsoo?Redirect=Log&logNo=106028022(2010년 12월 16일 검색).

http://cafe.naver.com/kimtaeholove.cafe?iframe_url=/ArticleRead.nhn%3Farticleid =53(2010년 12월 16일 검색).

찾아보기

ㄱ

ㅂ

ㅎ

저자 소개

남재성(南在星)

동국대학교 대학원 경찰행정학과에서 경찰학박사학위를 취득하고 현재 원주 한라대학교 학생처장 겸 경찰행정학과 교수로 재직 중이다. 또한 현재 사단법인 한국공안행정학회 편집위원, 한국범죄심리학회 편집위원, 한국경찰연구학회 편집위원, 한국치안행정학회 이사, 사단법인 대한범죄학회 이사, 강원지방경찰청 시민감찰위원과 원주경찰서 집회시위자문위원으로 활동하고 있다.

주요 관심 분야는 범죄 원인 및 대책, 경찰 정책, 교정학 관련 분야 등이다. 최근 논문으로는 "중소기업의 산업기밀 유출범죄 실태 및 대책"(2012), "이명박 정부 이후 보안경찰의 변화와 정책적 함의"(2012), "청소년의 사이버폭력 피해에 관한 연구"(2011), "아동·청소년 성범죄자 신상공개제도에 대한 부모들의 인식"(2011) 등 30여편이 있으며, 저서로는 『새경찰학개론』(공저, 2013), 『경찰학사전』(공저, 2012), 『현대사회와 범죄』(공저, 2011) 등이 있다.

이정덕(李廷德)

동국대학교 대학원 법학과에서 법학박사학위를 취득하고 경기대학교 대학원 경찰행정학과에서 박사과정을 수료했다. 현재 원주 한라대학교 교수로 재직 중이며, 한국테러학회 편집위원, 사단법인 대한범죄학회 편집위원, 사단법인 한국자치경찰연구원 이사, 지식경제부 기술표준원 산업표준심의회 범죄예방환경설계 전문위원, 대한범죄학회 편집위원, 원주시 정보공개심의회 심의위원 및 지식재산위원회 위원으로 활동 중이다.

주요 관심 분야는 테러, 지적재산권, 범죄학 등이다. 최근 논문으로는 "범죄수사의 신뢰성 확보를 위한 수사 이의신청제도 개선 방안"(2012), "공무원 부패에 관한 국가간 비교연구"(2012), "대학생의 지역사회 통제 및 무질서 인식이 민간조사업 도입 수용도에 미치는 영향: 범죄의 두려움을 매개효과로"(2012), "고위공직자비리 수사기구 설치에 관한 다면적 연구"(2012) 등 30여편이 있다.

경찰학개론 II

펴낸날 / 제1판 제1쇄 2013년 3월 15일
지은이 / 이정덕 · 남재성
펴낸이 / 임춘환
펴낸곳 / 도서출판 대영문화사
주소 / 서울 용산구 청파동 1가 178-2 ㊄ 140-869
등록 / 1975년 12월 26일 제3-16호
전화 / (02)716-3883, (02)714-3062
FAX / (02)703-3839
홈페이지 / http://www.dymbook.co.kr

ISBN 978-89-7644-436-3

〔값 17,000원〕